◎高等职业教育物联网应用技术专业（智能网联）系列教材

Zhineng Wanglian

Jishu Daolun

智能网联技术导论

主　编　黄河清　张小恒　刘文晶

副主编　陈　笛

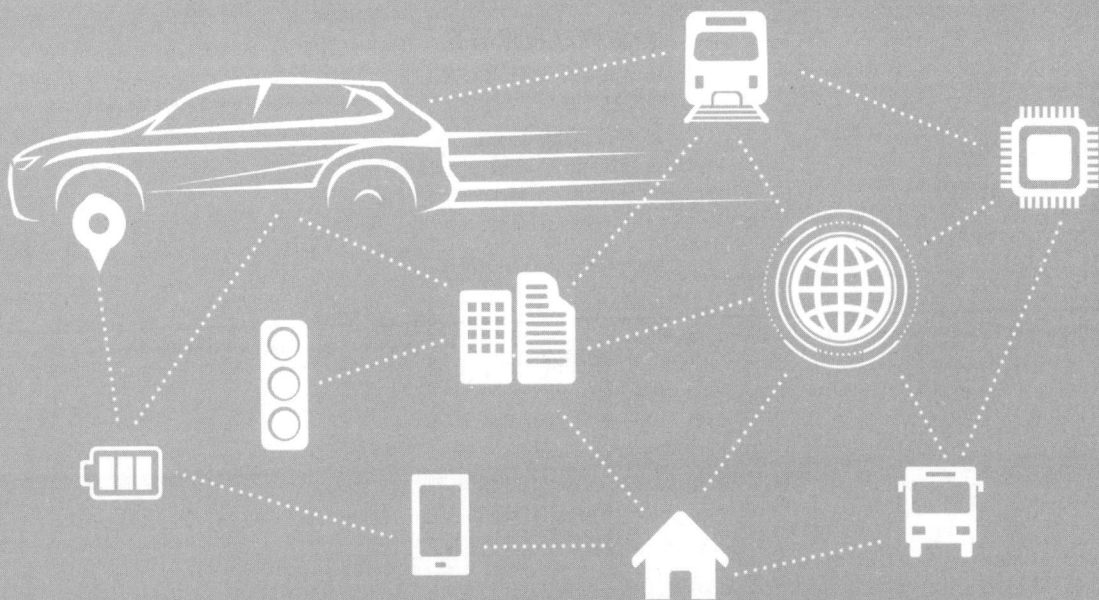

重庆大学出版社

内容提要

本书以智能网联汽车及相关技术为主线,介绍智能网联汽车与车联网等内容。本书共7章,第1章讲解智能网联汽车概念与发展,包括什么是智能网联汽车及发展架构等相关内容。第2章讲解智能网联汽车的架构组成,从架构上全面介绍智能网联汽车的结构组成。第3章讲解基于MCU/SoC的硬件栈的关键技术,剖析当前主要的硬件研发趋势以及智能网联汽车主要硬件配置与关键知识。第4章讲解智能网联汽车软件栈关键技术要素,从软件定义汽车的角度分析智能网联汽车的技术发展。第5章讲解智能网联汽车ADAS主流应用场景,列出了八大系统的相应案例。第6章讲解智能网联汽车的信息安全,介绍汽车信息安全的主要问题、解决方法论与常见的信息安全攻防。第7章讲解智能网联汽车发展与展望。相应章节通过实际案例加深读者对各个技术的理解与认知,通过阅读教材,读者即使没有任何智能网联汽车的基础知识,也可根据教材各个章节了解并掌握智能网联汽车的各个组成部分与相关内容。

本书可作为智能网联汽车入门的指导书,也可作为智能网联汽车知识普及的参考用书。

图书在版编目(CIP)数据

智能网联技术导论 / 黄河清,张小恒,刘文晶主编
. -- 重庆:重庆大学出版社,2024.1
ISBN 978-7-5689-4241-6

Ⅰ.①智… Ⅱ.①黄… ②张… ③刘… Ⅲ.①汽车—
智能通信网 Ⅳ.①U463.67

中国国家版本馆 CIP 数据核字(2023)第 240839 号

智能网联技术导论

主　编　黄河清　张小恒　刘文晶
副主编　陈　笛
策划编辑:杨粮菊

责任编辑:姜　凤　　版式设计:杨粮菊
责任校对:刘志刚　　责任印制:张　策

*

重庆大学出版社出版发行
出版人:陈晓阳
社址:重庆市沙坪坝区大学城西路 21 号
邮编:401331
电话:(023)88617190　88617185(中小学)
传真:(023)88617186　88617166
网址:http://www.cqup.com.cn
邮箱:fxk@cqup.com.cn(营销中心)
全国新华书店经销
重庆新荟雅科技有限公司印刷

*

开本:787mm×1092mm　1/16　印张:11.75　字数:288 千
2024 年 1 月第 1 版　　2024 年 1 月第 1 次印刷
ISBN 978-7-5689-4241-6　定价:39.00 元

前言
Foreword

智能网联汽车产业是汽车、电子、信息通信、道路交通运输等行业深度融合的新型产业形态。发展智能网联汽车产业，有利于提升汽车网联化、智能化水平，实现自动驾驶，发展智能交通，促进信息消费，对我国推进供给侧结构性改革、推动制造强国和网络强国建设、实现高质量发展具有重要意义。智能网联汽车的产业生态较为复杂，是一个多方共建的生态体系，参与者包括汽车制造商、互联网公司、ICT 企业、一级供应商和政府。如果把无人驾驶的智能汽车比作机器人出行，那么在智能网联汽车产业的生态全景图中，车辆是载体，实现智能化是目的，而网联化是核心手段。

本书作为智能网联汽车的入门书，知识面比较广，涵盖当前智能网联汽车整个生态系统主流的软硬件研发技术。书中内容全面、可读性强，以案例与知识普及为主，读者阅读后可逐步了解智能网联汽车领域的相关知识。

本书共 7 章，第 1 章以认知智能网联汽车概念与进入这个领域为导向，对相应的重要概念快速了解。第 2 章深入智能网联汽车的架构组成，全局性地掌握整体架构，包括智能驾驶与智能座舱两大当前主流方向，进而了解一些开发关键性技术与应用场景。第 3 章和第 4 章分别从硬件与软件两个角度认识众多的开发技术与知识概念。第 5 章对当前流行的 ADAS 八大应用场景列出了实际案例，方便读者学习。第 6 章深入分析智能网联汽车的信息安全问题。第 7 章对智能网联汽车的未来发展进行分析与展望。

本书由重庆工商职业学院黄河清、张小恒、刘文晶担任主编，陈笛担任副主编。具体编写分工如下：黄河清负责编写第 1、3、7 章，张小恒负责编写第 2、4 章，刘文晶负责编写第 5—6 章，陈笛负责统稿和校对。

由于编者水平所限，书中难免存在疏漏之处，恳请读者批评指正。

编　者
2023 年 6 月

目录
Contents

第1章
智能网联汽车概念与发展 ⚬⚬⚬⚬⚬⚬⚬⚬⚬⚬⚬⚬⚬⚬⚬⚬⚬⚬ ◎

1.1 什么是智能网联汽车

了解智能网联汽车,需要先明确两个概念。

什么是智能汽车? 智能汽车英文全称 Intelligent Vehicles,是一个集环境感知、规划决策、多等级辅助驾驶等功能于一体的综合系统,集中运用计算机、现代传感、信息融合、通信、人工智能及自动控制等技术,是典型的高新技术综合体。目前对智能车辆的研究主要致力于提高汽车的安全性、舒适性,以及提供优良的人车交互界面。

什么是车联网? 车联网英文全称 Internet of Vehicles,属于物联网中的一种,车辆的车载设备通过无线通信技术,对信息网络平台的所有车辆动态信息进行有效利用,在车辆运行中提供不同的功能服务。可以发现,车联网表现出以下几个特征:车联网能够为车与车的间距提供保障,降低车辆发生碰撞事故的概率;车联网可以帮助车主实时导航,并通过与其他车辆和网络系统的通信,提高交通运行的效率,如图1.1所示。

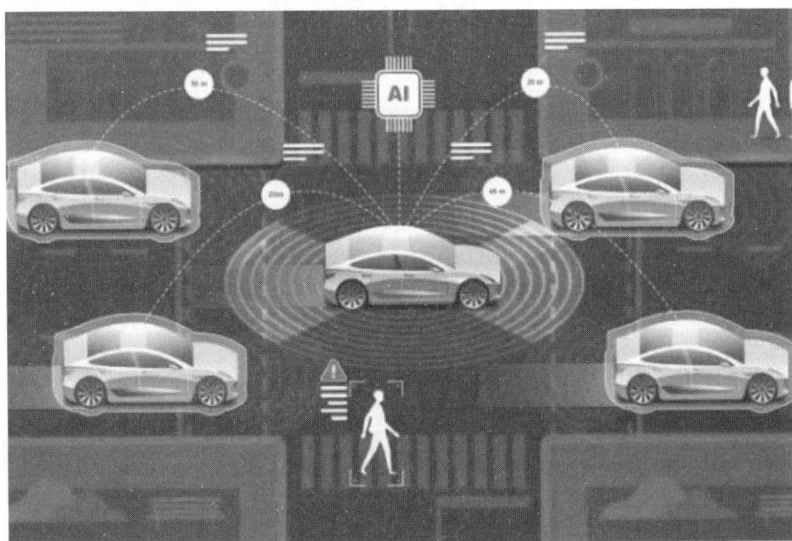

图1.1 智能网联汽车

结合上述两个概念,引出智能网联汽车的概念。智能网联汽车英文全称 Intelligent Connected Vehicle,是车联网与智能车的有机联合,是搭载先进的车载传感器、控制器、执行器等装置,并融合现代通信与网络技术,实现车与人、车、路、后台等智能信息交换共享,实现安全、舒适、节能、高效行驶,并最终可替代人进行操作的新一代汽车。车联网和智能汽车技术结合后就是智能网联汽车,智能网联汽车的最终目标是实现汽车的无人驾驶功能。

1.2 智能网联汽车的发展

智能交互、智能驾驶和智能服务是智能网联汽车的三大元素。其中,智能交互向着多元化、人性化的方向发展,终端不断迭代。智能服务注重对用户的闭环管理,汽车制造商必须构建自身的内容分发能力。而智能驾驶能力差异的核心是计算平台和软件开发。

智能网联汽车的产业生态较为复杂,是一个多方共建的生态体系,参与者包括汽车制造商、互联网公司、ICT 企业、一级供应商和政府。如果把无人驾驶的智能汽车比作机器人出行,那么在智能网联汽车产业架构图中,车辆是载体,实现智能化是目的,而网联化是核心手段,如图 1.2 所示。

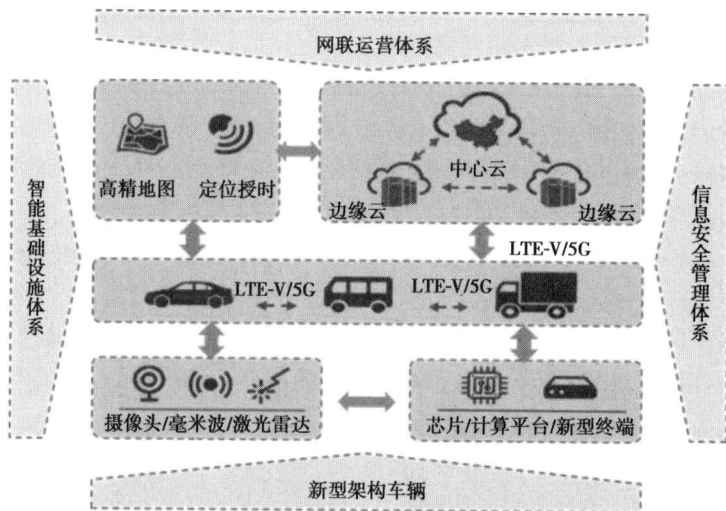

图 1.2 智能网联汽车产业架构图

在智能网联汽车产业体系下产生了支持未来智能网联汽车发展的五个基础平台,这五个基础平台包括车载计算基础平台、车载终端基础平台、云控基础平台、高精度动态地图基础平台和信息安全基础平台。这五个平台不是任何一家企业可以做好的,一定是跨界的。这五个平台有一定的逻辑关系,从车载的计算平台,到终端平台、云端平台,直至最后的信息保障。

1.2.1 研发方向的发展

目前,对智能网联汽车的发展产生了两大研发方向:单车智能和车路协同。

单车智能研发方向有两种:一种是采用以激光雷达为主要感知设备,采取了激光雷达、毫米波雷达、摄像头等多传感器融合的方案。通顶的 360°激光雷达最远可探测 300 m 外的物体,形成车辆全景图,在车辆周围的四个点安装了四个激光雷达,用于近距离检测正在靠近车辆的物体,增加探测的视野。另一种是以视觉识别为核心选择量产的计算机视觉方案,并通过神经网络的模型训练 Autopilot 算法,车路协同的前提是公路的智能化改造和基础设施投资。车侧智能和路侧智能的分配和发展受诸多因素的影响,如政府对公路智能化改造的支持力度、不同区域的路况等。

车路协同系统研发方向基于无线通信、传感探测等技术获取车辆和道路信息,通过车车、车路通信实现信息交互和共享,从而实现车辆和路侧设施智能协同与协调,实现优化使用道路资源、提高交通安全、缓解拥堵的目标。车路协同是 ITS 的重要子系统,也是日本及欧美一些交通发达国家的研究热点。

1.2.2 技术路线的发展

在技术路线的发展方面,有两条不同的发展路线。

第一种是"渐进演化"的路线,也就是在今天的汽车上逐渐新增一些自动驾驶功能,如特斯拉、宝马、奥迪、福特等车企均采用此种方式。这种方式主要利用传感器,通过车车通信(V2V)、车云通信实现路况分析。

第二种是完全"革命性"的路线,即从一开始就是完全的自动驾驶汽车,如谷歌和福特公司正在一些结构化的环境里测试的自动驾驶汽车。这种方式主要依靠车载激光雷达、电脑和控制系统实现自动驾驶。

从应用场景来看,第一种方式更加适合在结构化道路上测试,第二种方式除结构化道路外,还可用于军事或特殊领域。

1.2.3 不同国家的路径选择

对自动驾驶发展路径的抉择,中国、美国、日本、德国等国家从各自国情出发,基于相关产业的发展情况与核心能力,整合各自的战略优势,将选择适合自身的发展道路。

对于中国而言,4G 和 5G 基站数量多,覆盖面广,同时中国政府大力推行 5G 网络、物联网等新型基础设施建设,在道路的改造方面坚决推行 5G LTE-V2X 技术标准,支持 LTE-V2X 向 5G-V2X 平滑演进。未来中国有望通过车路协同实现自动驾驶领域的"弯道超车"。

对于美国而言,人工智能领域全球领先,人才储备充足,基础科研实力强。美国的人工智能企业数量位居全球首位,遍布基础层、技术层和应用层,在自动驾驶领域的人工智能算法方面有较为深厚的技术积淀,保持一定的优势。

1.3 智能网联汽车的架构要素

智能网联的整体架构,其根本体现为智能和网联。智能包括三个方面:具备计算能力的车载系统、具备感知和通信能力的智能路侧系统和远程云计算服务平台,如图 1.3 所示。

①具备计算能力的车载系统主要是通过汽车内部的车载芯片与车载储存器实现的,它们与计算机的芯片与存储器非常类似,都通过软件驱动,而当前的技术研发则是通过人工智能技术驱动汽车内部的芯片与存储器工作。

②具备感知和通信能力的智能路侧系统,目前高级驾驶辅助系统中较为常见的感知传感器主要包括车载摄像头、毫米波雷达、激光雷达等。智能路侧系统包括危险驾驶提醒、车辆违章提醒、道路异常提醒、智慧处理交叉路口、大范围协同调度等功能。

③远程云计算服务平台具有数据存储能力强、安全可靠、计算能力强、信息资源丰富等特点。凭借这些特点,云计算可以根据路侧传感器和车载传感器收集到的交通数据信息,实时高效地分析交通道路状况,并将结果信息提供给系统或下发给车辆,重新对交通进行部署和优化。

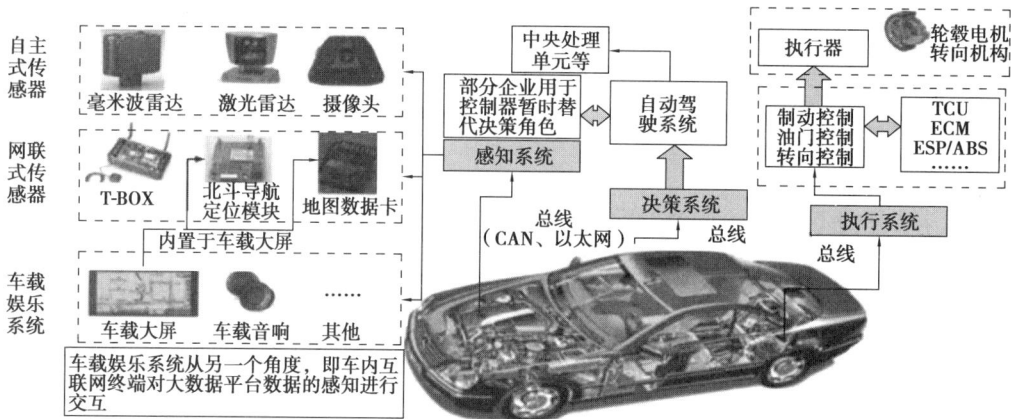

图 1.3　智能网联汽车要素架构图

网联是将互联网技术与传感器技术、图像处理技术、信息技术等相结合,将路侧端传感器的感知结果,通过互联网进行传输、存储和融合,从而实现对交通智能决策与管理,提高传感器的利用率,实现对复杂交通环境全方位感知的目的。例如,越来越多的 ETC 通道;使用频繁的手机导航;交通信息采集系统,通过安装在路侧端的多个摄像头、雷达等传感器,将车流量、车速、车牌、违章等信息,通过网络发送给后台,方便交管部门对车辆进行监管等。作为物联网应用的概念延伸,V2X 通过现代的 5G 通信技术和网络技术等,将车载传感器、路侧传感器等感知结果进行实时共享,实现"人-车-路-云"的真正协同智能,使车辆拥有超视距感知能力。

1.3.1　智能与网联

无人驾驶汽车,准确来说称为智能网联汽车,主要包含智能和网联两个核心,主要目的是实现汽车的自动驾驶,最终达到无人驾驶的状态。

智能包含感知与定位、计算与决策、执行三个层次,与汽车电子最基本的"传感器-控制器-执行器"逻辑关系是一致的,同时也包含智能座舱层。

网联主要包含通信与网络技术层,即实现 V2X 的车联网。

1.3.2　感知与定位

感知与定位包含了车载传感器、全球卫星导航系统(GNSS)、基于微机电系统的 IMU 惯性传感器以及高精地图几个要素。

如图 1.4 所示,车载传感器主要分为激光雷达(有机械和固态两种)、毫米波雷达(主要包含频率 24 GHz 短中距和频率 77 GHz 中长距两种)、超声波雷达(安装在汽车前后的 APA 和安装在侧面的 UPA 雷达)、车载摄像头(分为单目、双目、广角),以及恶劣天气条件下的红外传感器。

目前,全球有中国北斗、美国 GPS、欧洲伽利略、俄罗斯格洛纳斯四套卫星导航系统,通称为 GNSS(Global Navigation Satellite System)。无人驾驶汽车需要通过 GNSS 接收器,车载 IMU 惯性传感器,结合高精度地图(路网精确三维表征),输出实时高精度三维位置、速度、姿态信息,实现厘米级定位和导航。

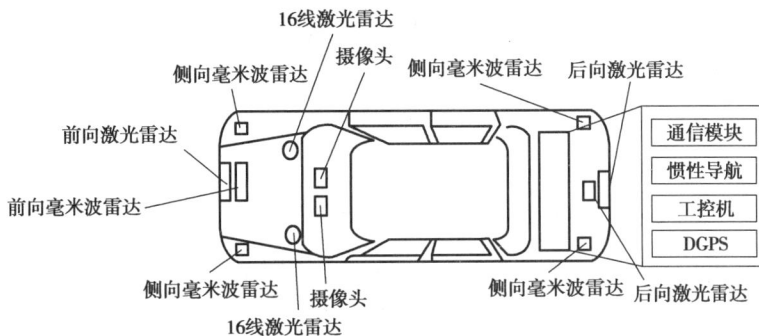

图1.4 汽车感知设备

1.3.3 计算与决策执行

接收来自感知与定位层的数据,通过车载芯片或者车外云端进行计算并做出预测,从而进行路径规划,最后对汽车的动力、转向、制动、灯光等系统(执行层)发出命令,自动实现汽车的加减速、转向、制动等无人操作。

完成这一系列操作的本质,实际上基于人工智能 AI,而汽车的 AI 芯片,是实现无人驾驶最核心的要素。AI 芯片主要有两种:一是基于传统冯·诺依曼架构的 FPGA(现场可编程门阵列)和 ASIC(专用集成电路)芯片;二是模仿人脑神经元结构的类脑芯片,当前 FPGA 和 ASIC 芯片在无人驾驶上应用得比较多。

无人驾驶的算法可以分为场景识别、路径规划及车辆控制三个类别,每一类别都是由多种算法组成的。根据选定的场景,建立相应模型,再进行大数据验证,最终通过芯片实现。

汽车的存储器主要分为两类:易失性,即断电后,存储器内信息流失;非易失性,即断电后,信息仍然存在。两种存储器在无人驾驶汽车上都有大量需求。

云计算能将资源和服务集中起来,汽车只要接入互联网,就能轻易、方便地访问各种基于云的应用信息,而边缘计算将在无网和紧急状况下保证无人驾驶汽车的安全,也是无人驾驶的重要组成要素。

1.3.4 通信与网络

车联网是无人驾驶网联层的核心,即通过现代信息通信技术,实现车辆"云-管-端"三个层次的全面互联,最终实现"车路协同"的目的。

①"云"主要指云端,即综合平台。

②"管"主要指网络,针对车内,逐步从 CAN 总线过渡到以太网;针对车外,目前分为非蜂窝的 DSRC 和蜂窝 C-V2X 两种通信标准,C-V2X 是 5G 诸多应用中最重要的商用场景之一。

DSRC 由 IEEE 制定,是美国大力提倡的通信技术;C-V2X 由 3GPP 制定,基于蜂窝网演进而来。在 5G 大带宽、大规模连接、低延时赋能的背景下,C-V2X 有望成为主流。

③"端"包含了车载 OBU,主要是 Tbox,还包含了路测单元 RSU,以及手机 App。如图 1.5 所示,一个完整的"云-管-端"的车联网将车与云平台、人、移动电子设备等进行连接。

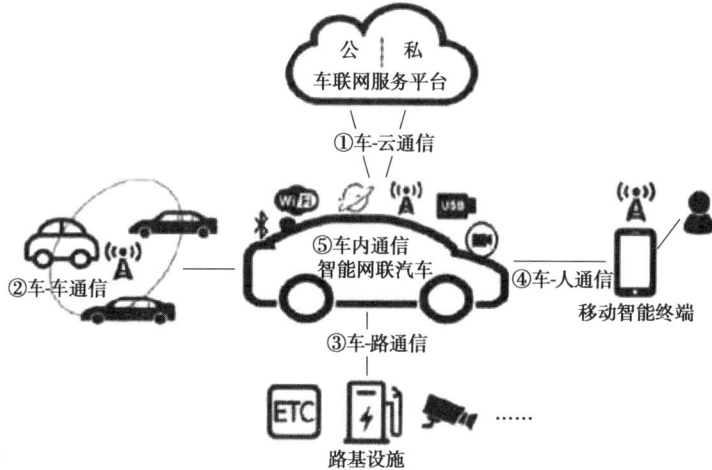

图 1.5 车联网

1.3.5 智能座舱

在无人驾驶的发展下,以人机交互为载体的智能座舱成为汽车另一大发展主题,智能座舱应用场景多,想象空间大,而车载信息系统是智能座舱的核心要素。

无人驾驶汽车交互界面将无处不在,从全液晶仪表到一机多屏,未来屏幕将被"无屏形式"替代(全息、智能玻璃、HUD 等)。

个性化和情感化是智能座舱发展的一个重要方面,通过指纹验证、语音手势交互、面部 3D 扫描、眼球跟踪、生物传感器(心跳等)判定用户状态,改变车内灯光、气味、声音、音乐、图像等配合用户心情,以此满足用户个性化和情感化的需求。

1.4 智能网联汽车与自动驾驶

智能汽车通常也被称为智能网联汽车、自动驾驶汽车、无人驾驶汽车等,智能汽车与自动驾驶汽车不完全等同。

智能网联汽车是中国工信部制定汽车路线图时,适应国际走向而给出的一个非常完整的定义。重构以后,智能网联汽车就是智能汽车新技术的体现,美国、欧洲称为 CAV。无人驾驶是智能汽车最高阶段,智能网联汽车是智能汽车新的技术阶段。

自动驾驶汽车又称无人驾驶汽车、电脑驾驶汽车或轮式移动机器人,是一种通过电脑系统实现无人驾驶的智能汽车。自动驾驶汽车依靠人工智能、视觉计算、雷达、监控装置和全球定位系统协同合作,电脑可以在没有任何人类主动操作下,自动安全地操作机动车辆。

智能汽车技术路线主要分为自主式和网联式发展模式。

(1)自主式

自主式主要基于先进传感技术与传统汽车制造技术的深度融合,搭载雷达、单目/多目摄像头、夜视仪等传感器,收集车辆周围环境数据,并结合人工智能算法,形成高级辅助驾驶系统或自动驾驶系统。

（2）网联式

网联式指车辆通过网络系统感知周边环境,实施决策控制,实现自动驾驶。

自主式和网联式相结合是智能汽车的主流发展模式。

根据美国汽车工程师学会(SAE)提出的自动驾驶等级划分见表1.1,按照 Level 0 到 Level 5 的发展路径,逐步提升汽车智能化水平。例如,宝马、奥迪、福特等均采用在传统汽车的基础上逐步新增一些自动驾驶功能,利用传感器、摄像头,通过车-车通信、车-云通信实现路况分析。

表1.1　自动驾驶等级划分

自动驾驶分级(SAE)		SAE 定义	主题			
			驾驶操作	周边监控	支援	系统作用域
Level 0	无自动化	由人类驾驶者全权操作汽车,在行驶过程中得到警告和保护系统的辅助	人类驾驶者	人类驾驶者	人类驾驶者	无
Level 1	驾驶辅助	通过驾驶环境对方向盘和加减速中的一项提供驾驶支撑,其他驾驶动作都由人类驾驶员进行操作	人类驾驶者、系统			部分
Level 2	部分自动驾驶	通过驾驶环境对方向盘和加减速中的多项提供驾驶支援,其他驾驶动作都由人类驾驶员进行操作	系统			
Level 3	特定条件自动驾驶	由无人驾驶系统完成所有的驾驶操作。根据系统要求,人类驾驶者提供适当的应答		系统	系统	
Level 4	高度自动驾驶	由无人驾驶系统完成所有的驾驶操作。根据系统要求,人类驾驶者不一定需要对所有的系统请求做出应答,限定道路和环境条件等				
Level 5	全自动驾驶	由无人驾驶系统完成所有的驾驶操作。根据系统要求,人类驾驶者在可能的情况下接管,在所有的道路和环境条件下接管				全部

自动驾驶可分为感知层、决策层和执行层。感知层零部件主要包括摄像头、毫米波雷达、激光雷达、红外夜视系统等环境传感器,未来的智能汽车将搭载多个不同类别的传感器,用于数据收集并呈现融合趋势;决策层包含图像处理芯片(如 Mobileye 的 EyeQ4 等)、逻辑控制芯片以及算法;执行层为传统的底盘电子控制系统和安全提醒系统,控制层和执行层通过 CAN 总线进行信息交互,如图1.6所示。

可用于自动驾驶环境感知的硬件设备有很多,主要包括摄像头、激光雷达、毫米波雷达、超声波雷达、GPS、夜视系统等。目前高级别自动驾驶汽车正处于研发测试阶段,众多车企巨头均在汽车上采用多种型号或多种类型设备的组合方案。

通常单个感知设备在探测方面具有局限性,多个传感器获取的信息能够相互补充,存在冗余和矛盾,而汽车"大脑"最终只能下达唯一正确的指令,这就要求汽车"大脑"必须对多个传感器所得的信息进行融合,进行综合判断,从而保证决策的快速性和正确性。而摄像头、激光雷达、毫米波雷达是感知层最为重要的传感设备。

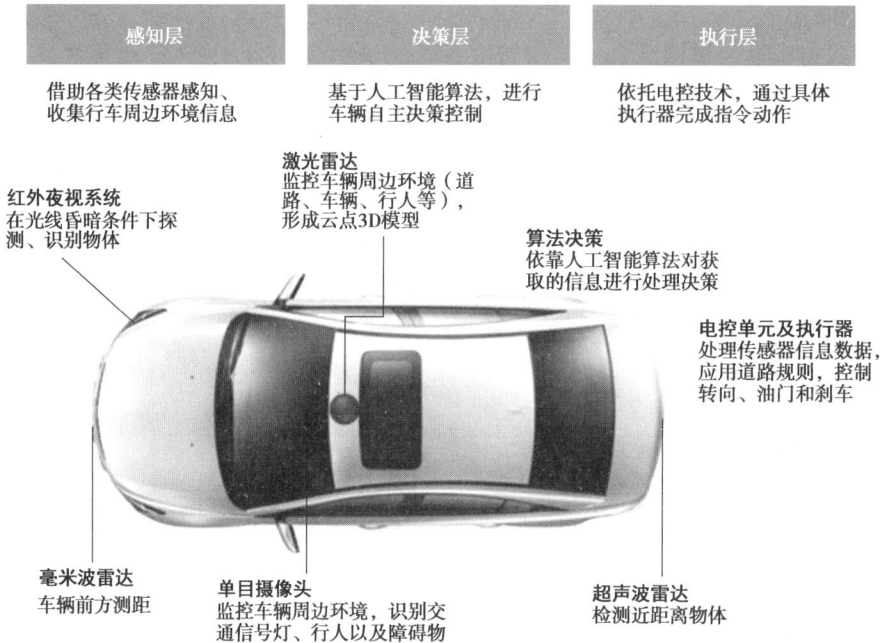

感知层	决策层	执行层
借助各类传感器感知、收集行车周边环境信息	基于人工智能算法，进行车辆自主决策控制	依托电控技术，通过具体执行器完成指令动作

红外夜视系统
在光线昏暗条件下探测、识别物体

激光雷达
监控车辆周边环境（道路、车辆、行人等），形成云点3D模型

算法决策
依靠人工智能算法对获取的信息进行处理决策

电控单元及执行器
处理传感器信息数据，应用道路规则，控制转向、油门和刹车

毫米波雷达
车辆前方测距

单目摄像头
监控车辆周边环境，识别交通信号灯、行人以及障碍物

超声波雷达
检测近距离物体

图1.6　自动驾驶层级划分

车联网概念引申自物联网,以车内网(车内局域网)、车际网(车跟车)和车载互联网(车与以太网连接)为基础,按照约定的通信协议和数据交互标准,在车-X(车、路、行人以及互联网等)之间进行无线通信和信息交换的系统网络,并最终实现智能交通、智能汽车、智能驾驶等功能。

随着未来自动驾驶的实现,人们在出行中的主要精力将会集中在座舱内,汽车将兼顾办公、居家、娱乐等功能,从智能座舱产业链出发,最为核心的是车载娱乐系统。智能座舱的发展,以车载终端设备平台为基础,沿着软硬件结合的发展路径,可实现多层次信息的处理操作和拥有情感设计的人机交互模式,同时具备了更多内容服务以及与驾驶相关的操作,形成车载信息娱乐系统,满足未来出行多样化、个性化、人性化的需求。相对于传统座舱,智能座舱产业中硬件既包括传统中控、后视镜和仪表盘,对其进行数字化、液晶化的更新升级,又纳入了抬头显示器HUD、后座显示屏等HMI多屏。除此之外,座椅也成为智能座舱的重要组成。而软件部分,由于对硬件进行虚拟化同时加入手势与语言在内的交互技术,这就需要底层嵌入式操作系统、车联网服务、内容软件、ADAS系统等应用的支撑。

车载信息娱乐系统指提供音频与视频娱乐的汽车车载软硬件集合。当今信息娱乐系统安全连接至移动装置,预期与司机及乘客一直保持联系,与行程线路上发生的事宜及关乎他们的所有事宜保持联系。

车联网成为车载信息娱乐系统未来发展趋势是基于移动互联网以及车联网等应用的智能化车载信息娱乐系统已成为市场的发展主题,包含内容服务、通信服务、TSP等。越来越多的互联网企业进入(百度CarLife、阿里YunOS、腾讯MyCar等),随着用户量的提升,它们将占据越来越重要的地位。同时,车载硬件向模块化方向发展,软件系统比重不断增加:一些汽车厂商开始将IVI进行模块化布局,能够减少不同车型配置的复杂度、加大单品模块的重复利用率。另外,车联网生态圈整体可分为TSP平台、整车厂商、应用/

内容服务提供商、电信运营商、车辆零部件厂商、芯片厂商、汽车后向服务商、传统线下厂商、交管局等。

TSP汽车远程服务提供商。Telematics产业链居于核心地位,上接汽车、车载设备制造商、网络运营商,下接内容提供商。Telematics服务集合了位置服务、GIS服务和通信服务等现代计算机技术,为车主和个人提供强大的服务:导航、娱乐、资讯、安防、SNS、远程保养等。除专门的TSP平台服务商(如休斯、飞驰镁物等),目前,许多第三方服务商(如整车厂商、电信运营商、互联网内容服务商等)也开始进入TSP领域,构建属于自己的TSP平台。

小结

本章讲解智能网联汽车的概念与发展,重要的架构要素及主要的相关知识。智能网联汽车是搭载先进的车载传感器、控制器、执行器等装置,并融合现代通信与网络技术,实现V2X智能信息交换共享,具备复杂的环境感知、智能决策、协同控制和执行等功能,可实现安全、舒适、节能、高效行驶,并最终可替代人进行操作的新一代汽车。

练习题

1. 填空题

(1)_____、_____和_____是智能网联汽车的三大元素。

(2)对智能网联汽车的规范,强调重要的两个方面:_____、_____。

(3)美国的人工智能企业遍布_____层、_____层和_____层。

(4)智能网联的整体架构,其根本体现在_____和_____两个方面。

(5)计算与决策主要是通过汽车内部的_____与_____实现的。

2. 选择题[(1)—(3)为单选题,(4)—(5)为多选题]

(1)自动驾驶等级划分,属于全自动驾驶的是(　　)。

A. Level 1　　　　　　B. Level 3　　　　　　C. Level 4　　　　　　D. Level 5

(2)不属于自动驾驶分层的是(　　)。

A. 感知层　　　　　　B. 决策层　　　　　　C. 执行层　　　　　　D. 中间件层

(3)下列(　　)系统不属于嵌入式操作系统。

A. Windows CE　　　　B. Linux　　　　　　C. MySQL　　　　　　D. LynxOS

(4)汽车内部芯片计算与决策的结果用来执行汽车的各项功能,包括(　　)。

A. 动力转换　　　　　B. 转向控制　　　　　C. 智能制动　　　　　D. 智能灯光

(5)自动驾驶控制层和执行层通过(　　)总线进行信息交互。

A. CAN　　　　　　　B. CDN　　　　　　　C. DNS　　　　　　　D. NPM

3. 简答题

(1)什么是智能汽车?

(2)什么是车联网?

(3)简述智能网联汽车的规范智能化。

(4)简述智能网联汽车的规范网联化。

第2章
智能网联汽车架构组成 ⚬⚬⚬⚬⚬⚬⚬⚬⚬⚬⚬⚬⚬⚬⚬⚬⚬⚬⚬⚬⚬ ◎

2.1 智能网联汽车的整体架构

从产业角度来看智能网联汽车的整体架构如图 2.1 所示。

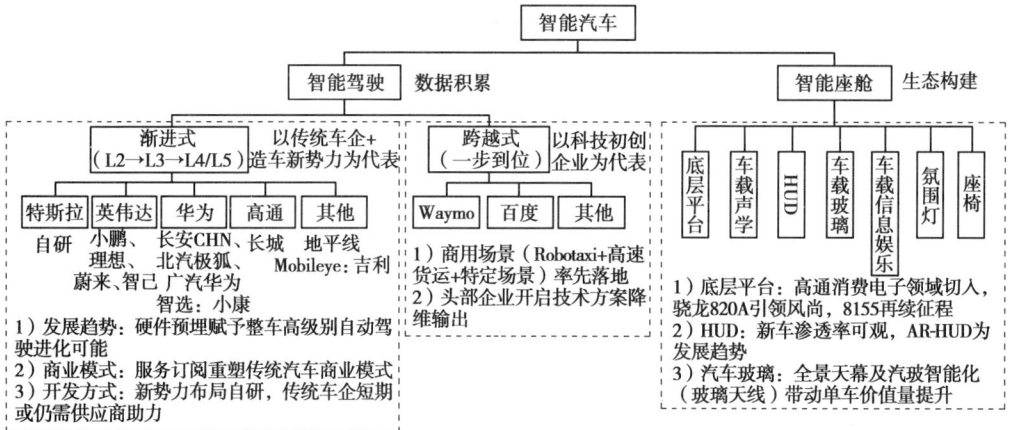

图 2.1　智能网联汽车架构

通过以上层次划分,智能汽车按产业结构划分为智能驾驶和智能座舱两大部分,智能驾驶又分为渐进式开发模式和跨越式开发模式。其中,L2,L3,L4,L5 分别表示不同级别的自动驾驶等级,级别越高,汽车智能化水平越高,而 L5 是目前等级最高的。可以看到,国内多家汽车厂商与 IT 厂商参与其中。智能座舱主要以芯片及消费电子领域为切入点。而课程体系的硬件相关内容集中在智能驾驶领域,软件体系相关内容,则大多集中在智能座舱生态结构中。

2.2 智能驾驶

智能驾驶是在驾驶的基础上添加了人工智能算法,该智能算法包括感知—规划—控制的能力。智能驾驶的前提条件是,选用的车辆满足行车的动力学要求,车上的传感器能获得相关视听觉信号和信息,并通过认知计算控制相应的随动系统。

智能驾驶 = 单车智能(ADAS)+ 车联网(V2X),如图 2.2 所示。下面对智能驾驶的这两个组成部分进行展开说明。

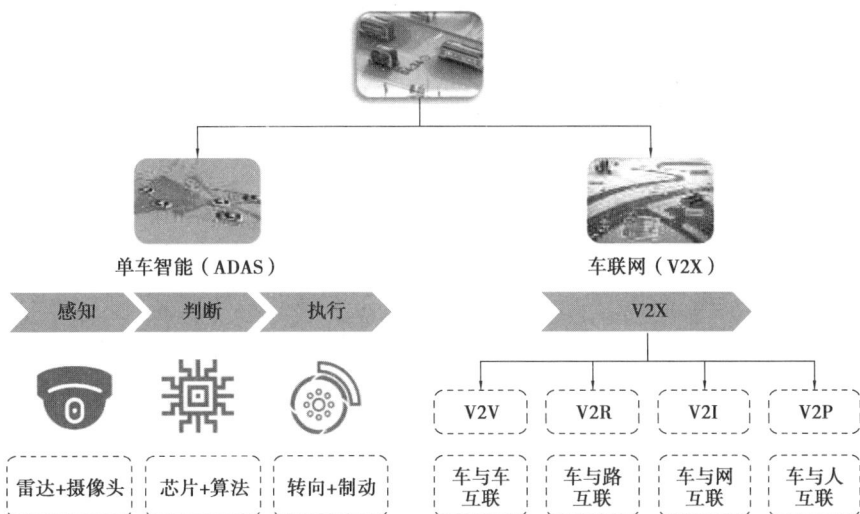

图 2.2　单车智能+车联网

2.2.1　单车智能

单车智能即单个车不需要联网也可以完成智能驾驶，强调本车的智能，而不依赖于本车之外的传感器，是目前较为先进的高级辅助驾驶方法。

单车智能的技术核心是使汽车机器人化，即能够通过综合应用毫米波雷达、激光雷达和光学摄像头等多种传感器使汽车感知车身周围的环境，然后车载驾驶计算机根据环境的变化，结合通过 CAN 总线上收集的汽车工况信息，综合计算出下一秒的控制策略。

单车智能的需求聚焦解决汽车自身的智能化问题。汽车自身具备感知、决策、控制等能力，能够应对行进过程中的各种情况，以实现安全驾驶。目前的技术情况是，实际场景中的很多问题暂时都难以解决。例如，视效局限性雨雪天气，雨雪遮挡了摄像头或雷达设备，将会在一定程度上影响整车的自动驾驶行为决策。另外就是视野局限性，对于一辆高速行驶的智能汽车而言，视觉盲区内突然窜出一个物体，由于惯性的客观存在，系统无论做出紧急制动还是继续行驶的决策，都很难避免事故发生，如图 2.3 所示。

图 2.3　单车智能

单车智能的另一个问题是成本昂贵，据统计，目前每辆自动驾驶汽车平均价格是 20

万美元,但这样高昂的成本在落地上是非常困难的。由于单车智能的这些局限性,如果想要打造安全、经济的自动驾驶系统,不仅要研发聪明的车,也离不开研发聪明的道路和交通设施,它们相互配合实现自动驾驶。基于这样的现状,我国正在大力发展车路协同的智能网联汽车体系。

2.2.2 V2X

V2X 即 Vehicle to Everything,作为智能网联汽车的信息交互关键技术,主要用于实现车与车间信息共享与协同控制的通信保障。V2X 包括车辆与车辆 V2V(Vehicle to Vehicle)、车辆与基础设施 V2I(Vehicle to Infrastructure)、车辆与行人 V2P(Vehicle to Pedestrian)、车辆与外部网络 V2N(Vehicle to Network)等。基于 V2V 通信车辆能实现前方碰撞预警、变道辅助、左转辅助、协同式自适应巡航控制等;基于 V2I 通信可以实现速度建议、交通优先权、路况预警、闯红灯预警、当前天气影响预警、停车位和充电桩寻位等应用;基于 V2P 通信,能实现弱势道路使用者的预警和防护;基于 V2N 通信,可实现实时交通路线规划、地图更新等服务。

V2X 的目的是减少交通事故,提升行驶安全性,安全应用有交叉路口来车提醒、前方事故预警、盲区监测、道路突发危险情况提醒等,降低交通拥堵,提高交通效率,应用包括前方拥堵提醒、红绿灯信号播报和车速诱导、特殊车辆路口优先通行等,减少汽车污染物的排放、提供出行信息服务等。

2.2.3 V2X 技术方案

目前国际上主要有 DSRC(专用短程通信)和 C-V2X(基于蜂窝网络的 C-V2X)两种技术方案。其中,DSRC 技术发展时间较久,早在 1992 年美国 ASTM 就开始发展 DSRC 技术,美国和日本已经形成完善的标准体系和产业布局;C-V2X 技术依靠移动网络的发展,正处于快速发展阶段,得到中国、欧盟成员国的高度重视。

2.2.4 C-V2X 技术

针对 DSRC 技术可能存在的问题,通信产业提出了 C-V2X 解决方案。C-V2X 是一项利用和提高现有的长期演进技术特点及网络要素的信息技术。

相比于 DSRC 技术,C-V2X 具有独有的优势和特点。首先 C-V2X 物理层采用频分复用技术(频分复用技术就是将用于传输信道的总带宽划分成若干个子频带),能比 DSRC 提供更长的预警时间和 2 倍的通信范围;其次 5G 技术的导入以及移动生态系统的完善将为 C-V2X 制定清晰的技术演变路线支持;最后利用移动蜂窝技术,能够快速实现 C-V2X 系统的商业化,并且和车载远程信息处理服务相结合,进一步提高效率、降低成本。

C-V2X 是由 3GPP 定义的基于蜂窝通信的 V2X 技术,它包含基于 LTE 以及未来 5G 的 V2X 系统,是 DSRC 技术的有力补充。它借助已存在的 LTE 网络设施实现 V2V、V2N、V2I 的信息交互,这项技术最吸引人的地方是能紧跟变革,适应更复杂的安全应用场景,满足低延迟、高可靠性和带宽要求。

目前 C-V2X 的基础技术 LTE 还存在以下不足。

①目前蜂窝网络难以达到毫秒级的低延迟。

②LTE 采用增强型多媒体广播多波等技术进行单点到多点的接口管理,但是主要支持静态场景,对车辆拥挤的情况可能无法提供所需的效能。

③未来 5G 将充分考虑这方面的特殊场景,针对汽车使用场景,5G V2X 具备以下特点:a. 采用毫米波频谱提升频谱带宽,实现超高速数据传输;b. 吞吐量达到 1 Gb/s,具有更好的网络覆盖均匀性;c. 实现毫秒级的端对端延迟;d. 实现穿透式增强现实,查看前方车辆反馈的视频,并发现弱势道路使用者。

目前全球正在加紧制定 5G 国际技术标准,中国已于 2017 年展开 5G 第二阶段测试,在 2018 年进行大规模组网实验,于同年 6 月正式发放 5G 牌照,标志中国 5G 由试运行转至商用。由于 LTE 的 V2X 平滑演进至 5G,基于 LTE 的 C-V2X 能够与未来 5G 进行复用。

欧洲和亚洲是 C-V2X 的积极倡导者,并且结成了各种旨在开发、测试、推进 C-V2X 的伙伴关系,包括法国"驶向 5G"战略合作、德国"汽车连接未来一切"等。中国将 V2X 作为智能网联车和智能交通的一部分,纳入"中国制造 2025""互联网+"等国家战略。

2.3　智能座舱

2.3.1　什么是智能座舱

座舱就是目光所及,触觉所至,耳朵所听到的一切人机交互,包括座椅、灯光、空调、按键、仪表、HUD、方向盘等内饰或可交互的器件。

智能座舱是对汽车人机交互体验的创新,对车辆在线服务的扩展,自动驾驶带来的全新体验,以及汽车人工智能服务,如语音控制、VR 等。

经常关注汽车或者是高阶车迷,一定听说过"电子电气架构",它并不是一个新词汇,对电子电气架构的理解,可以简单将智能座舱定义为娱乐域内的电子电器软硬件集合。当然这不是一个严格的定义,但是有益于学习者快速达成共识。

自从汽车装上了收音机,它就不再是纯粹满足出行需要的产品。结合智能座舱提供的各项服务,可提供更具个性化的产品,满足用户更多需求的同时,扩充了企业盈利的结构组成。

互联网从 PC 时代来到移动互联网时代,手机用户流量已经见顶,包含大量数据的汽车成为互联网厂商待开发的洼地。

芯片算力的提升和 5G、语音识别等技术的成熟和应用,为智能网联汽车和智能座舱的发展提供了技术基础,如图 2.4 所示。

2.3.2　智能座舱的核心技术

智能座舱的核心技术包括显示技术、车内感知技术、智能交互技术、人工智能、声音解决方案、智能座舱中央控制等。

从包括应用体验(用户可以感知)和基础能力(用户不可感知)的两大需求出发,对应的关键技术可以从硬件和软件两个层面进行探讨。

硬件方面,未来汽车座舱设计可根据不同模式进行伸缩折叠是一种趋势,座舱需要可以根据乘客对不同场景的使用需求,实现内饰空间的不断调整变化。核心中的电子硬件技术又包含芯片技术、显示屏技术、专用电器总成以及传感器技术。

软件方面,汽车的电子电气构架从分布式到中心化主要有操作系统和各种应用软件,软件数量不断增长。汽车智能化发展必然会趋向于一机多屏,通过操作系统实现一个车机芯片控制各屏的软件。软件两大支撑技术,分别是人工智能技术和云计算技术,如图2.5所示。

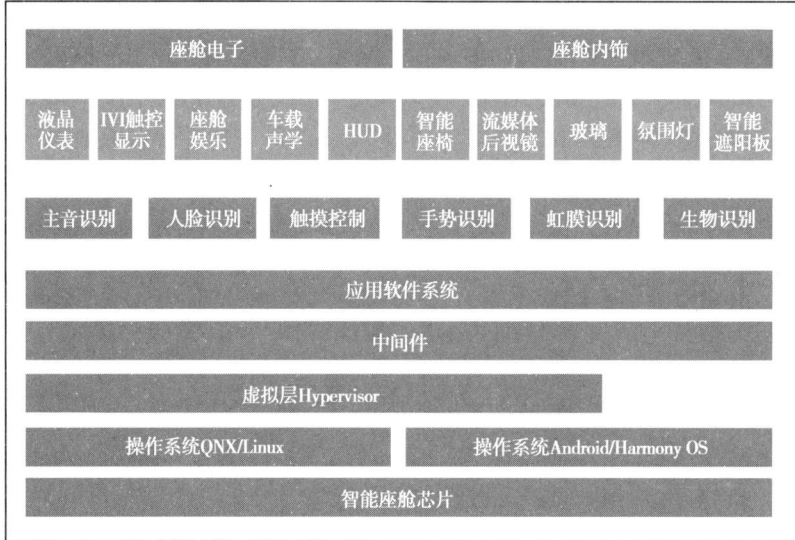

图 2.4　智能座舱全景图

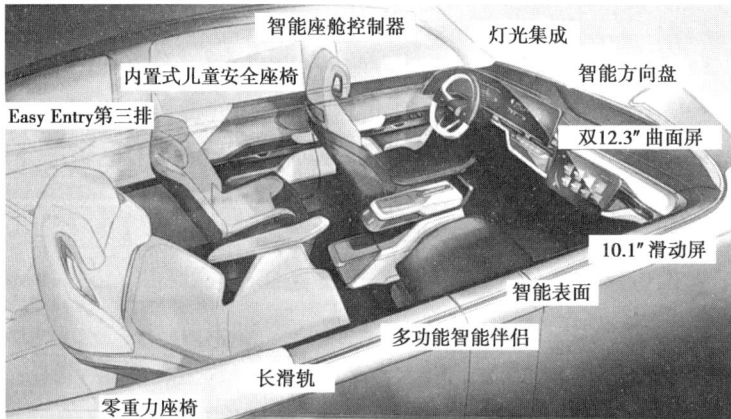

图 2.5　智能座舱

2.3.3　智能座舱应用生态现状

作为汽车智能化的重要组成部分,智能座舱的感官体验最为直接,近年来,其智能化程度正在以肉眼可见的速度增长。

特别是2020年,对于智能座舱行业来说是一个丰收年。高性能主控芯片、AR HUD、5G、C-V2X等新技术和新产品纷纷实现量产,移动端操作系统、"小场景"、"小程序"迅速移植上车,空气成像、智能表面材料等前沿科技不断加入候选队列。

用户对智能座舱的感受,除了一眼就能看到的高清信息娱乐大屏、HUD、数字仪表这些硬件,最直观感受到的便是来自应用层软件的差异。当前中国汽车制造商,尤其是电动汽车新势力纷纷发力,除了充电桩搜索、电量查询这些涉及汽车车身的应用,也将各种消费电子应用、影音视频软件、各种应用商城 App 加入汽车系统中。

2.3.4　智能座舱应用生态建设思路

智能座舱产品设计首先要满足用户需求,结合实际的业务场景进行设计,如乘客方面需要考虑:是否有老人、孕妇、小孩等特殊人群。出行目的考虑:如上班、逛街、就医、旅行、送孩子等。用车阶段考虑:如上车前、行车中、等红灯、等人、车内休息、下车后等可以通过 DMS OMS 安抚车内乘员及其情绪,从而提供适宜的服务。

通过开放手机 App 安装,可几乎无成本快速引入互联网内容和服务,如华为平行视界功能,开发者只需要进行少量适配工作,即可在华为平板上分屏显示不同层级的界面,如图 2.6 所示。

图2.6　中控娱乐平台使用场景

通过开放手机 App 安装,快速引入互联网内容后,持续挖掘座舱场景需求,优化智能座舱用户体验才是智能座舱的长久发展之道。

2.4　智能网联汽车的关键技术

2.4.1　智能网联汽车的开发技术

关键技术:以新能源汽车为智能网联技术率先应用的载体,支持企业跨界协同,研发复杂环境融合感知、智能网联决策与控制、信息物理系统架构设计等关键技术。

核心技术:突破车载智能计算平台、高精度地图与定位、车辆与车外其他设备的无线通信(V2X)、线控执行系统等核心技术和产品,如图 2.7 所示。

在三横两纵的关键技术架构下,目前产业中热度较高的研究技术如下:

(1)传感器技术

车联网服务需要大量数据的支持,通过各类传感器采集原始数据,不同的传感器或大量的传感器通过采集系统组成一个庞大的数据采集系统,动态采集一切车联网服务所需的原始数据。

(2)人机交互技术

目前车载导航娱乐终端不利于车联网的发展和应用,所以要开发一个开放、智能的车载终端平台,并且能搭载 Android、iPhone、iPad 等系统产品终端。

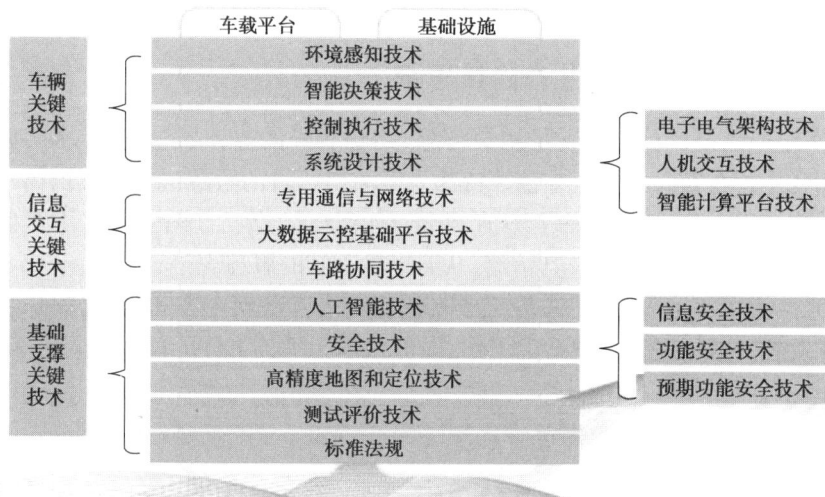

图 2.7　智能网联汽车三横两纵关键技术架构

（3）5G 技术

在 5G 和车联网高度普及的前提下，智能座舱与高级别的自动驾驶相融合，逐渐进化成集"家居、娱乐、工作、社交"为一体的智能空间。

（4）大数据与云计算

车联网通过新一代信息通信技术，实现车与云平台、车与车、车与路、车与人、车内等全方位网络链接，主要实现了"三网融合"，即将车内网、车际网和车载移动互联网进行融合。车联网是利用传感技术感知车辆的状态信息，并借助无线通信网络与现代智能信息处理技术实现交通的智能化管理，以及交通信息服务的智能决策和车辆的智能化控制。

（5）信息安全技术

车联网和物联网相似，在应用中，每辆车及其车主的信息都将随时随地连接到网络并随时随地被感知，这种暴露在公开场所中的信号很容易被窃取、干扰甚至修改等，从而直接影响车联网的体系安全。

（6）无线通信技术

长距离无线通信技术用于提供即时的互联网接入，主要用 4G/5G 技术，特别是 5G 技术，有望成为车载长距离无线通信专用技术。短距离通信技术有 DSRC、蓝牙、Wi-Fi等，其中 DSRC 重要性较高且亟需发展，它可以实现在特定区域内对高速运动下移动目标的识别和双向通信，如 V2V、V2I 双向通信，实时传输图像、语音和数据信息等。

（7）车载网络技术

目前，汽车上广泛应用的网络有 CAN、LIN 和 MOST 总线等，它们的特点是传输速率小、带宽窄。随着越来越多的高清视频应用进入汽车，如 ADAS、360°全景泊车系统和蓝光 DVD 播放系统等，它们的传输速率和带宽已无法满足需要。以太网最有可能进入智能网联汽车环境下工作，它采用星形连接架构，每一个设备或每一条链路都可以专享100 MB/s 带宽，且传输速率达到万兆级。同时以太网还可以顺应未来汽车行业的发展趋势，即开放性、兼容性原则，从而可以很容易地将现有的应用投入新的系统中。

（8）软件自动更新和固件升级技术

空中软件下载技术（Over-the-Air Technology, OTA）可用于未来智能汽车软件的自动更新。在功能上，OTA 除了简单优化一下 UI，更新一下娱乐系统，还具备深度更新车辆软件的能力，包括整辆汽车的动力系统、制动系统、电池管理系统等所有与车辆行驶和安全有关的系统都可以进行软件升级。在不久的将来，驾驶一辆能够运行应用程序的汽车，这些应用程序的功能不亚于现在智能手机上的应用程序。对于普通大众而言，汽车软件的自动更新可能针对某些国家或城市的专用应用程序，为旅行者提供有关餐馆、购物中心或其他景点的当地信息。此外，目前市场上已经出现了部分可以进行固件更新的车型，这些固件升级可以改善汽车的某些功能，包括无线电、轮胎压力、Wi-Fi 连接和充电容量。特斯拉 Model S 就是其中一种具有这种固件更新的汽车。随着技术创新将追加自动驾驶和加速功能，车主不用换车也能使汽车性能保持最新状态。

（9）外部接口设备

自动驾驶域控制器以环境感知数据、GPS 信息、车辆实时数据和 V2X 交互数据等进行输入，基于环境感知定位、路径决策规划和车辆运动控制等核心控制算法，输出驱动、传动、转向和制动等执行控制指令，实现车辆的自动控制，并通过人机交互界面（如仪表）实现自动驾驶信息的人机交互。为了实现智能驾驶系统高性能和高安全性的控制需求，自动驾驶域控制器汇集了多项关键技术，包括基础硬件/软件技术、系统功能安全技术、整车通信技术、云计算技术、核心控制算法技术等。同时为了达到智能驾驶功能安全等级 ASIL D 的要求，目前一般采用主、从两个主控制器，实现故障监测和冗余控制等。

（10）智能网联汽车 AI 技术

人工智能（Artificial Intelligence, AI）是当下最热门的技术，正渗透颠覆着每一个可能的行业，汽车行业也概莫能外。人工智能由数据驱动。而汽车发展趋势朝着自动化、电气化和网联化方向深度演化，越发由软件所定义并由数据驱动。车辆生成的数据为车内 AI 能力提供基础保障。进出车辆的数据流动决定了构建的人工智能类型。人工智能所在位置的选择赋能不同的应用程序，并解决数据和 AI 带来的隐私和安全问题。因此，自动驾驶汽车的人工智能，跟踪汽车在各种 AI 应用程序的辅助下，通过不同自动化级别导航的过程是很重要的，对这些应用程序如何将计算机世界的整套技术堆栈带到汽车上同样重要。

有时数据被用于通过语音 Voice、虚拟现实 VR 或增强现实 AR 为车内人员创造设计体验。其中一个例子是，梅赛德斯-奔驰使用一种称为"Ask-Mercedes"的增强现实 AR 体验将其驾驶手册数字化，数据可以存储在车内，以个性化用户体验。在这种情况下，它被称为边缘智能。如果机器学习模型在边缘上运行，比如在 ECU 上，那么它被称为 EgdeML。在这种情况下，模型从设备数据中学习，并进行迁移学习，以共享其人工智能学习，而无须将数据从车辆转移到云中，从而使其他车辆在学习中得到改进。如今，这种边缘人工智能已被用于汽车认知。

2.4.2　智能网联汽车的相关概念关系

智能网联汽车是将智能车与车联网相结合，为用户提供智能实现安全、舒适、节能、高效行驶服务。智能网联汽车的相关概念大致分为以下几个部分：

①智能网联汽车与智能交通系统、车联网智能网联汽车与车联网智能网联汽车是车联网的重要组成部分，是车联网体系的一个节点，通过车载信息终端实现与车、路、行人、

业务平台等之间的无线通信和信息交换。智能网联汽车的技术进步和产业发展有利于支持车联网的发展。智能网联汽车与车联网应并行推进、协同发展。智能网联汽车依托车联网,不仅要通过技术创新连接互联网,还能使 V2X 实现多种方式的信息交互与共享,提高智能网联汽车的行驶安全性。车联网系统是智能网联汽车、智能汽车的最重要载体,只有充分利用互联技术才能保证智能网联汽车真正智能和互联。②智能网联汽车与智能交通系统是智能交通系统的核心组成部分。③智能网联汽车与无人驾驶汽车智能网联汽车的终极目标是无人驾驶汽车。④智能交通系统与车联网的聚焦点是建立一个比较大的交通体系,发展重点是为汽车提供信息服务,终极目标是智能交通系统。⑤无人驾驶汽车与车联网无人驾驶汽车是汽车智能化与车联网的完美结合。

2.5 智能网联汽车的应用场景

驾驶员在行驶弯道时的场景:比如,前方急转弯提醒。主要展示的是路侧平台根据路况,在车辆需要左转弯之前发出告警信号,车辆结合告警信息和车载传感器信息进行综合决策减速通过,避免急刹、追尾等事故。

路侧施工变化时的场景:比如,道路施工改造提醒。主要展示的是前方道路发生交通事故或道路施工,路侧平台提前发送提醒信号,车辆结合车载传感器信息提前进行减速及绕行通过,避免道路拥堵和二次事故发生。与单车自动驾驶相比,借助车联网路侧平台提醒,车辆可以在前车遮挡的情况下,提前做出相应操作,提高通行效率。

交通规则的场景:比如,红绿灯车速引导。主要展示的是车辆驶向交叉路口,收到由路侧平台发送的道路数据及信号灯当前状态和倒计时,结合车载平台得出建议车速,从而经济舒适地通过路口,避免闯红灯、急刹和追尾。与单车自动驾驶相比,车辆借助车联网可以获得更多的信息调整驾驶策略,还可以获得周边其他红绿灯状态信息,选择最优行驶方案,提升效率。

行驶中遇到紧急情况的场景:比如,紧急车辆避让。主要展示的是车辆对救护车等需要紧急通行的车辆让行。路侧平台根据救护车和其他车辆实时上报的车速、位置等行驶数据,将救护车预警信息广播给行驶路线上的所有车辆,实现提前避让,提高救护车等特种车辆的通行效率。与单车自动驾驶相比,这个场景直观地体现了车路协同、车车协同的优势。

2.6 智能化基础平台架构

智能化基础平台架构由三个部分组成:硬件平台、系统软件和功能软件。硬件平台由异构芯片组成,并采用模块化设计,是平台的基础;系统软件由设备管理程序、操作系统、基础服务软件(如协议栈)等组成,是保证系统运转的核心;功能软件运行在系统软件之上,主要用于实现平台各类基础服务,为应用程序的开发提供支撑智能的两大核心功能:智能化和网联化。

2.6.1 汽车智能化

智能化方面,汽车具备智能的人机交互,如语音、手势、图像及其他生物特征的交互。

车上人员可以通过语音或者手势,向车辆发出控制、询问以及娱乐互动等信息;车辆也可以通过语音播报、回复问询和娱乐互动,并进行主动安全驾驶预警;车辆可以通过驾驶员的生物特征,做身份识别和个性化配置,通过监测驾驶状态和健康信息,进行主动安全的预警和防护等。

2.6.2　汽车网联化

网联化方面,智能汽车必须支持多元异构化通信网络的数据传输和管理,为车辆提供多网络的数据接入能力,实现车辆自身数据与外界数据的融合交互。例如,通过C-V2X 实现车辆与云端交通生态的信息传递,利用车载 Wi-Fi/蓝牙/NB-IoT/手机投屏等实现设备互联互动。

2.6.3　交互类设备

交互类设备指具备交互接口,能实现人机互动的设备或模块,如中控屏、仪表、流媒体后视镜、电子外后视镜、HUD、方控等。过去的传统汽车,这些设备功能分散、孤立,在交互逻辑上,"指令-响应"即可完成。今天,随着智能化的发展,数据更融合,功能更聚合。交互方式的呈现演变为"识别-服务"。当然,为支持这种智能化的服务,座舱要具备高算力的 SoC 芯片和丰富的传感器。系统基于识别引擎的结果和分析,才能提供智能化的用户体验。

2.6.4　域控制器

随着汽车功能越来越丰富,ECU(Electronic Control Unit)越来越多,域控制器为实现以太网和云端的互联,以及兼顾先进架构和低成本,目前域控制器支持更多集成式的功能。满足了几个 ECU(多个 SoC 或者 MCU)分工合作功能由一个 SoC 完成,支持一芯多屏、多屏互动,支持整车 OTA、支持域控制器之间以及域控制器与主机的通信、数据共享及功能协作,才能满足智能化的要求,如图 2.8 所示。

图 2.8　车载芯片过去是以 CPU 为核心的 ECU

(1)ECU 的核心 CPU

ECU 是电子控制单元,也称行车电脑,是汽车专用微机控制器。一般 ECU 由 CPU、存储器(ROM、RAM)、输入/输出接口(I/O)、模数转换器(A/D)以及整形、驱动等大规模集成电路组成,如图 2.9 所示。

图2.9 汽车ECU

ECU的工作过程就是CPU接收各个传感器的信号后转化为数据,由Program区域的程序对Data区域的数据图表调用进行数据处理,从而得出具体驱动数据,并通过CPU针脚传送到相关驱动芯片,驱动芯片再通过相应的周边电路产生驱动信号,用来驱动驱动器,即传感器信号—传感器数据—驱动数据—驱动信号这样一个完整工作流程。

(2)分布式架构向多域控制器发展

汽车电子发展的初期阶段,ECU主要是用于控制发动机工作,只有汽车发动机的排气管(氧传感器)、气缸(爆震传感器)、水温传感器等核心部件才会放置传感器,由于传感器数量较少,为保证传感器—ECU—控制器回路的稳定性,ECU与传感器一一对应的分布式架构是汽车电子的典型模式。

后来,随着车辆的电子化程度逐渐提高,ECU占领了整个汽车,从防抱死制动系统、四轮驱动系统、电控自动变速器、主动悬架系统、安全气囊系统到现在逐渐延伸至车身各类安全、网络、娱乐、传感控制系统等领域。

随着汽车电子化的发展,车载传感器数量越来越多,传感器与ECU一一对应使车辆整体性下降,线路复杂性也急剧增加,此时DCU(域控制器)和MDC(多域控制器)等更强大的中心化架构逐步替代了分布式架构。

域控制器的概念最早是由以博世、大陆、德尔福为首的Tier1提出,为了解决信息安全及ECU瓶颈的问题。根据汽车电子部件功能将整车划分为动力总成、车辆安全、车身电子、智能座舱和智能驾驶等几个域,利用处理能力更强的多核CPU/GPU芯片相对集中地控制每个域,以取代目前分布式汽车电子电气架构。

而进入自动驾驶时代,控制器需要接受、分析、处理的信号大且复杂,原有的一个功能对应一个ECU的分布式计算架构或者单一分模块的域控制器已经无法适应需求,比如摄像头、毫米波雷达、激光雷达乃至GPS和轮速传感器的数据都要在一个计算中心内进行处理,保证输出结果对整车自动驾驶最优。

因此,自动驾驶车辆的各种数据聚集、融合处理,为自动驾驶的路径规划和驾驶决策提供支持的多域控制器将会是发展的趋势,例如,奥迪与德尔福共同开发的zFAS,即通过一块ECU能够接入不同传感器的信号并对信号进行分析和处理,最终发出控制命令。车载芯片现在是以GPU为核心的智能辅助驾驶芯片。

人工智能的发展也带动了汽车智能化发展,过去以CPU为核心的处理器越来越难以满足处理视频、图片等非结构化数据的需求,同时处理器也需要整合雷达、视频等多路数据,这些都对车载处理器的并行计算效率提出更高要求,而GPU同时处理大量简单计算任务的特性在自动驾驶领域被取代。

(3)GPU和CPU

CPU的核心数量只有几个(不超过两位数),每个核都有足够大的缓存和足够多的数字及逻辑运算单元,并辅助很多复杂的计算分支。而GPU的运算核心数量则可以多达上百个(流处理器),每个核拥有的缓存大小相对较小,数字逻辑运算单元也少而简单。CPU和GPU最大的区别是设计结构及不同结构形成的不同功能。CPU的逻辑控制功能强,可以进行复杂的逻辑运算,并且延时低,可以高效处理复杂的运算任务。而GPU逻辑控制和缓存较少,使每个运算单元执行的逻辑运算复杂程度有限,但并列大量的计算单元,可以同时进行大量较简单的运算任务。

(4)GPU 占据现阶段自动驾驶芯片主导地位

相较于消费电子产品的芯片,车载的智能驾驶芯片对性能和寿命要求都比较高,主要体现在以下几个方面:

①耗电每瓦提供的性能,行业深度研究。

②生态系统的构建,如用户群、易用性等。

③满足车规级寿命要求,至少 1 万小时稳定使用。

目前无论是尚未商业化生产的自动驾驶 AI 芯片,还是已经可以量产使用的辅助驾驶芯片,由于自动驾驶算法还在快速更新迭代,都对云端"训练"部分提出很高要求,既需要大规模的并行计算,又需要大数据的多线程计算,因此以"GPU+FPGA"解决方案为核心,在终端的"推理"部分,核心需求是大量并行计算,从而以 GPU 为核心。

2.6.5　产业角色说明

汽车智能化平台诞生的一个重要原因就是要融合、协同这些产业关系。汽车产品的研发生产是由车企、系统集成商以及零部件供应商共同参与的。OEM、一级供应商、二级供应商是最常听到的角色,简单介绍三者的关系:OEM(汽车制造商)→一级供应商(TIER1)(一级供应商,直接跟 OEM 签订合同)→二级供应商(TIER2)(二级供应商,跟一级供应商签订合同)。

小结

智能网联汽车按产业结构划分为智能驾驶和智能座舱两大部分,而课程体系的硬件相关内容集中在智能驾驶领域;软件体系相关内容,则多集中在智能座舱生态结构中。本章讲解智能驾驶中的单车智能、V2X、DSRC 等相关技术。智能座舱部分讲解了相关核心技术、生态现状、基础平台架构、TBOX、汽车网联化、域控制器、产业角色说明与智能化基础等知识。

练习题

1.填空题

(1)智能汽车按产业结构划分为_____和_____两大部分。

(2)智能驾驶又分为_____与_____。

(3)单车智能的高阶自动驾驶核心是:_____+_____。

(4)智能座舱的 5G 通信技术作为最新一代的_____通信技术。

(5)各类传感器通过采集系统组成一个庞大的_____。

2.选择题[(1)—(3)为单选题,(4)—(5)为多选题]

(1)下列不属于智能网联汽车的应用场景是(　　)。

A.行驶弯道时的场景　　　　　　　　B.施工变化时的场景

C.交通规则场景　　　　　　　　　　D.喝酒开车的场景

（2）智能化基础平台网关接口不包括（　　）。

A. 车载以太网（ETH）　　　　　　　　　　　B. 控制器局域网（CAN、CANFD）

C. 本地互联网（LIN）　　　　　　　　　　　D. 车内 IoT 设备

（3）ECU 电子控制单元的核心是（　　）。

A. CPU　　　　　　　B. ROM　　　　　　　C. RAM　　　　　　　D. LynxOS

（4）以下哪些选项是智能座舱产品设计需要考虑的因素与场景？（　　）

A. 车内乘员　　　　　B. 出行目的　　　　　C. 用车阶段　　　　　D. 智能灯光

（5）智能网联汽车的核心技术包括（　　）。

A. 突破车载智能计算平台　　　　　　　　　　B. 高精度地图与定位

C. 车辆与车外其他设备的无线通信（V2X）　　D. 线控执行系统

3. 简答题

（1）什么是单车智能？

（2）什么是 V2X？

（3）什么是智能座舱？

（4）简述智能网联汽车的关键技术。

第3章
基于MCU/SoC硬件栈的关键技术 .... ◯

3.1 MCU

　　微控制单元(MCU)又称单片机,是嵌入式技术时代的产物。显而易见,它为各色嵌入式产品提供适度的计算能力以及实现某些专门用途。MCU 将 CPU 的频率与规格做适当缩减,并将内存、计数器、USB、A/D 转换、UART、PLC、DMA、LCD 驱动电路等多种接口都集成在一块芯片上,形成芯片级的计算机,为不同的应用场合进行不同组合控制。

　　汽车电子开始发展的初期,功能非常简陋而且单一,功能实现的逻辑也非常简单,即新增一个功能就对应新增一个 ECU,这便是汽车电子历史上的第一个发展点:典型的分布式电子电气架构。因此,汽车包括若干个 ECU,而每个 ECU 又分别管理不同的功能。作为嵌入在 ECU 中的运算大脑,MCU 就成了重中之重,其结构如图 3.1 所示。

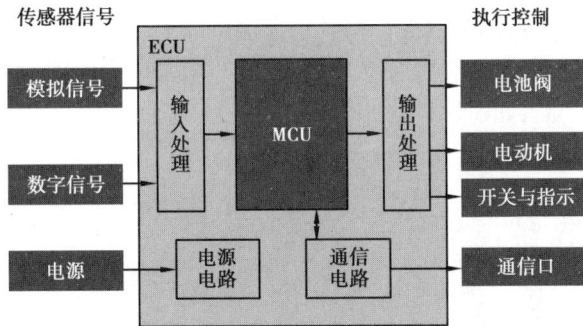

图3.1　传感器

　　MCU 的工作原理:传感器将信号通过输入处理进行模数转换、系统放大等处理后,传递到 MCU 进行运算处理,然后通过输出处理对信号进行功率放大、数模转换等处理,使其驱动如电池阀、电动机、开关等被控元件工作。根据总线或数据暂存器的宽度,MCU 又分为 1、4、8、16、32 位甚至 64 位单片机,其处理能力随字长变长而变强。

　　4 位 MCU 大部分应用在计算器、车用仪表、车用防盗装置、呼叫器、无线电话等领域;8 位 MCU 大部分应用在电表、马达控制器、电动玩具机、变频式冷气机等领域;16 位 MCU 主要用于一般的控制领域,一般不使用操作系统;32 位 MCU 大部分应用在 Modem、GPS、PDA、HPC、STB、Hub、Bridge、Router 等领域。随着汽车电子的不断发展,汽车电器对于 MCU 的使用,也逐渐从 8 位 MCU 向着 32 位 MCU 不断演进。

　　随着汽车朝着自动化、电动化、智能化、网联化发展,显而易见,这将大幅拉动 MCU 的需求,同时因为系统复杂度日益增加,车用 MCU 逐渐由 8、16 位升级到 32 位。以现今主流的 ADAS 系统为例,Level2 车型就搭载了自适应巡航、车道保持、紧急制动刹车等功能,其中大量使用的车载传感器和车载摄像头需要高性能的 MCU 做模拟数据的处理与驱动控制,未来更高级别的自动驾驶系统有望促进 MCU 市场的快速增长。现今国内 32 位 MCU 占据主要份额的 45%,8 位占比为 40%。

将来随着人工智能与物联网技术的不断发展,MCU 会向着更高性能、更高 AI 智能、更低功耗、更小尺寸、更安全和全集成无线方向发展,64 位 MCU 的应用会越来越广泛。

MCU 在汽车中应用广泛,数量占比达三成。汽车电子是全球 MCU 最大的下游应用领域,占比超过 1/3。纵观整个汽车电子芯片领域,MCU 主要作用于最核心的安全与智能自动驾驶方面,自动驾驶(辅助)系统的控制,中控系统的显示与科学运算、发动机、底盘和车身控制等,应用范围十分广阔。在一辆汽车所装备的所有半导体器件中,MCU 大概占了三成。一辆传统汽车需要用到 70 颗以上的 MCU 芯片,智能汽车的需求量更大,有的甚至超过 300 颗。

车规级 MCU 具有较高的行业壁垒,全球市场由海外厂商垄断。主要的车规级半导体产品在工作温度、寿命、良率、认证标准等指标上要求严苛,显而易见,系统的认证过程也相当复杂,一家从未涉足过汽车电子的供应商若想进入汽车制造商的供应链体系至少要花费两年的时间。另外,汽车制造商在生产制造的过程中,MCU 产品替代意愿不强,倾向于使用已通过验证的 MCU 产品,而非导入新厂商的产品。较高的行业壁垒使车规级 MCU 市场具备较高的市场集中度。

全球 MCU 芯片主要集中在日本和北美企业,如图 3.2 所示,其中瑞萨电子和恩智浦等企业占据绝对优势,CR5 达到 75.6%。海外厂商瑞萨电子、恩智浦、英飞凌、赛普拉斯、德州仪器、微芯科技、意法半导体市场占有率达到 98%。国内车规级 MCU 起步晚,仅少数厂商能量产车规级 MCU 产品,如杰发科技、比亚迪、芯旺微、赛腾微电子、中微半导体等。

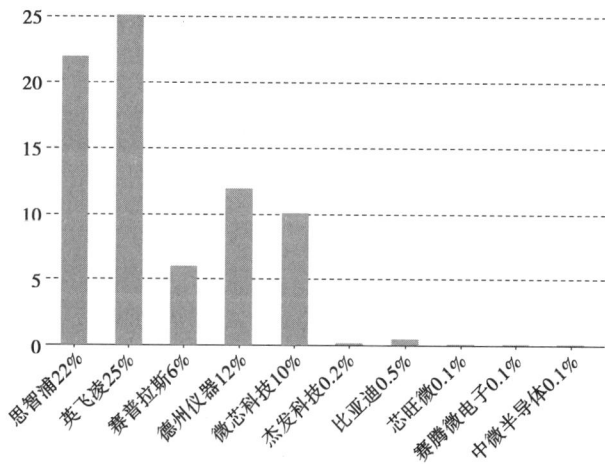

图 3.2　MCU 芯片行业市场份额

中国 MCU 市场现今的状况以海外厂商为主,国内厂商为辅。国内厂商的研发与生产主要在中低端具备较强竞争力,如图 3.3 所示。而且相比于海外厂商实力强大,各领域产能配置均衡,中国的 MCU 厂商产能主要集中在初级电子领域。显而易见,由于车规级 MCU 产品门槛较高,因此研发与生产推进较慢。行业内推进较快的厂商包括华大北斗、兆易创新、比亚迪半导体、杰发科技等,其他厂商还处于研发或认证阶段。

中国MCU芯片行业部分代表企业概览

应用领域	中国部分代表企业	2019年中国市场规模（亿元）及占比
消费电子	中颖电子、灵动微电子、中微公司	65.5（25.6%）
物联网	芯海科技、乐鑫科技、兆易创新	34.0（13.3%）
智能表、IC卡	国民技术、上海贝岭、复旦微电子	39.2（15.3%）
计算机网络	东软载波、华芯科技	47.1（18.4%）
工业控制	华大半导体	28.7（11.2%）
汽车电子	杰发科技、芯旺微电子	46.5（16.2%）

图3.3　中国 MCU 芯片行业部分代表企业

而现今国内 MCU 厂商营收体量较小，仍处于百花齐放阶段。国内龙头华大半导体 MCU 营收不过 10 亿元左右，兆易创新、中颖电子、乐鑫科技营收均在 8 亿元左右，其他厂商就更小了，所以国内的 MCU 厂商还要经历很长的研发之路。

3.1.1　MCU 的分类方式

根据用途可分为通用型和专用型；根据存储器架构可分为哈佛架构和冯诺伊曼架构；根据指令结构可分为 CISC（复杂指令集计算机）和 RISC（精简指令集计算机微控制器）。早期的 MCU 都是 CISC 架构，它具有庞大的指令集，试图使用最少的机器语言/代码行数，从而牺牲整台机器的执行效率。RISC 架构的计算机系统只有少数指令，且每条指令的长度相同，执行时间短，因此 MCU 能够用很高的频率进行运算。但 RISC 架构使处理器运行速度更快、设计更简单、更廉价、制造更简单的同时，编写的代码量会非常大，软件的开发会变得更加复杂。

根据数据总线的宽度和一次可处理的数据字节长度可将 MCU 分为 4、8、16、32、64 位。8 位 MCU 工作频率为 16～50 MHz，强调简单效能、低成本应用；16 位 MCU，则以 16 位运算、频率为 24～100 MHz，由于在 32 位出现并持续降价及 8 位简单耐用又便宜的低价优势下，夹在中间的 16 位 MCU 市场不断被挤压，成为出货比例较低的产品。32 位 MCU 是 MCU 市场主流，单颗报价为 1.5～4 美元，工作频率大多为 100～350 MHz，执行效能更佳，应用类型多元化。剩余的 64 位 MCU 市场还在萌芽阶段。

3.1.2　MCU 在汽车电子市场上的战略意义

MCU 在汽车电子领域的广泛应用，使其在汽车电子市场具有极其重要的战略意义，具体体现为：芯片集成度越发复杂，单价提升。以发动机管理系统 ECU（MCU 为其核心芯片）为例，汽车电子发展的初期，ECU 最早仅应用于发动机的控制，如汽车发动机的排气管、气缸、水温传感器等核心部件才会放置传感器，数量少。之后随着国三至国五标准的提升，在油耗控制、信号输出控制等方面需要芯片处理的能力增强，显而易见，这会推动 MCU 芯片集成度提升，产品升级带来价值提升。

现阶段不论是在燃油车还是纯电动车中，单车 MCU 价值量都大体相当。主要在于现阶段电动车发展刚起步，多为经济型车，仅新增如电源管理系统等 MCU，但是也减少了如发动机管理系统等 MCU。随着电动化、智能化、网联化进程的加快，无论是电控系统还是信息娱乐系统、网络系统等都需要更多的 MCU,MCU 单车价值量将持续快速提升。

芯片用量提升,应用领域由传统机械系统延伸至整车。随着汽车电子化发展,ECU 逐渐占领整个汽车,从防抱死制动系统、四轮驱动系统、电控自动变速器、主动悬架系统到现在逐渐延伸至车身各类安全、网络、娱乐控制系统等领域。

随着智能化进程加速,显而易见,汽车控制功能成为主流,单车平均 MCU 个数由 2018 年的 50 个将达到 2030 年的 62 个。从分类来看,2018 年 MCU 8 位、16 位、32 位个数分别为 20、20、10。现阶段,随着智能化对算力要求增加,相关的技术逐渐成熟,32 位 MCU 用量将会快速提升,而 8 位 MCU 因体积小、成本低等优势单车使用数量仍将保持稳定,而 16 位 MCU 市场将逐渐被 32 位和 8 位 MCU 挤压,到 2030 年 8 位、16 位、32 位个数分别为 20、14、28。

3.1.3 MCU 的主要厂商

因为 8 位具有低成本、低功耗、易开发等优点,32 位应用场景比较高端,主要用于智能家居、物联网、电机及变频控制、安防监控、指纹识别等重要领域。目前,MCU 厂商大多采用自研芯片内核,但随着计算要求越来越复杂,MCU 的市场分工出现细化,各大厂商开始采用采购内核转而将主要精力放在其他部分的研发上。

采购内核当以 ARM 公司的 Cortex-M 系列占据主导地位,相比于其他系列,Cortex-M 系列流水线短、功耗更低,专门面向 MCU 及深度嵌入系统市场。现今国内 32 位 MCU 占据主要份额的 45%,8 位占比为 40%。全球 MCU 芯片主要集中在发达国家的企业,其中瑞萨电子和恩智浦等企业占据绝对优势,CR5 达到 75.6%。

中国 MCU 市场现今被外国厂商占据,国内厂商主要在中低端具备较强竞争力。由于车规级 MCU 产品门槛较高,推进较慢。行业内推进较快的厂商包括华大北斗、兆易创新、比亚迪半导体、杰发科技等。

海外大厂恩智浦、瑞萨、微芯的 MCU 业务营收体量均超过 200 亿元人民币,而现今国内 MCU 厂商营收体量较小,仍处于百花齐放阶段。32 位 MCU 产品相比 16 位和 8 位的产品集中度更高,全球主要芯片厂商都有布局,其中瑞萨和恩智浦在 32 位市场占有率均接近 20%。

从内核技术来看,现今海外厂商已经在高中低端产品全面覆盖,而国内厂商在高端领域的布局仍有待提升,显而易见,国内技术也在快速追赶。从材料来看,国内工厂与国外仍有 10 倍差距。全球龙头瑞萨和恩智浦现今主攻车载市场,而国内厂商现在主攻消费市场,意法半导体是 32 位消费市场的主导者,也是国内企业的主要竞争对手。

3.1.4 MCU 的下游应用与行业现状

全球 MCU 下游应用主要为汽车电子、工控、计算机和消费电子四大领域,占比分别为 33%、25%、23% 和 11%。国内 MCU 下游需求以消费电子、计算机、汽车电子为主,占比分别为 26%、19%、16%,合计占比 61%,如图 3.4 所示。

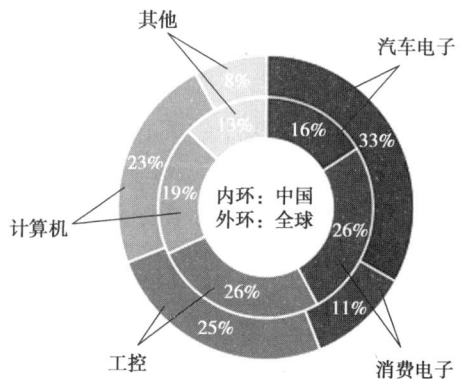

图 3.4 2020 年全球及中国 MCU 芯片应用领域结构

MCU 芯片是 ECU 的主要运算处理器件,是汽车电子系统内部运算和处理的中央系统。无论是开关雨刷和窗户,调整座椅,还是车载娱乐,辅助驾驶,大多数都用 MCU 控制。现今单辆汽车的半导体器件数量中,MCU 芯片占 30%,仅次于功率半导体。随着新能源汽车的普及,以及智能化程度越来越高,显而易见,MCU 的用量将进一步提升。而物联网 MCU 现今增长较快的领域是消费物联网和车联网,其中一个重要应用是智能控制器,采用传感器+无线模块通信+MCU 三者协同的模式发展,而且这个领域发展很快。

3.2 高级驾驶辅助系统 ADAS

3.2.1 ADAS 基本概念

ADAS 高级驾驶辅助系统,英文名称 ADAS(Advanced Driver Assistance System),利用安装在车上的各式各样传感器(毫米波雷达、激光雷达、单/双目摄像头以及卫星导航),在汽车行驶过程中随时感应周围的环境,收集数据,进行静态、动态物体的辨识、侦测与追踪,并结合导航地图数据进行系统的运算与分析,从而预先让驾驶者察觉到有可能发生的危险,有效增加汽车驾驶的舒适性和安全性。

ADAS 与自动驾驶是有区别的,它们的研究重点和自动驾驶完全不同。ADAS 的核心是环境感知,而自动驾驶则是人工智能。ADAS 之于自动驾驶如手脚之于大脑。ADAS 相当于人的手脚,而自动驾驶就是大脑。

高级驾驶辅助系统通过车载传感器、摄像头、雷达等实现对环境的感知,再通过车辆控制决策系统,对外界环境进行判断、处理,并发出控制信号,底盘执行机构直接干预汽车的行驶状态或辅助驾驶员操作。在无人驾驶技术并未成熟的今天,各大 OEM 厂商多采取辅助驾驶技术逐渐过渡到自动化无人驾驶,如图 3.5 所示。

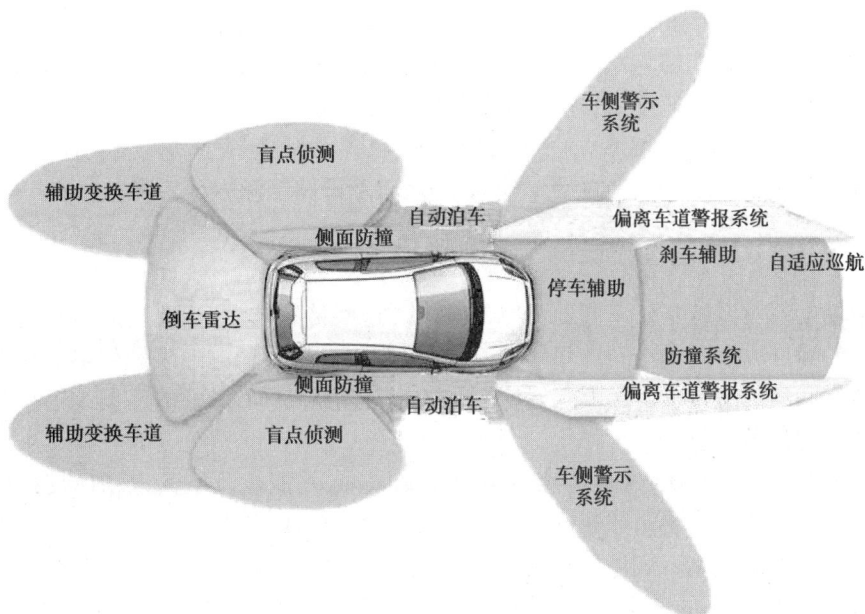

图 3.5 ADAS 高级驾驶辅助系统

高级驾驶辅助系统的研发,需要整合政府与企业多方力量。实际开发工作,由汽车制造商与零部件厂商独立或合作完成。

高级驶辅助系统作为前沿的主动安全技术,能够有效降低多数事故类型的发生频率。因此,从应用角度来看,显而易见,各国政府和消费者都已经深刻认识到降低事故频率、减轻事故伤害的重要性,因此各国政府纷纷立法要求强制安装获得某些验证的先进驾驶辅助系统技术,将其作为汽车中的标准配置,希望以此保护驾车者、乘客、行人以及其他道路用户。

3.2.2　高级驾驶员辅助系统(ADAS)基础型后视摄像头

后视摄像头是倒车影像车载摄像头的其中一种,主要是倒车时驾驶员前面的显示屏能够显示后视摄像头的图像,很直观地看到车后的实时视频图像情况,因此而得名。后视摄像头系统能够帮助驾驶员发现车后的物体或人员,以便在确保安全的情况下倒车并顺利停车入位。

各种车载倒车后视摄像头有夜视倒车摄像头、牌照架式倒车摄像头、半牌照架式倒车摄像头、打孔摄像头、外挂摄像头等,专车专用车载倒车摄像头,如本田倒车摄像头、现代倒车摄像头、丰田倒车摄像头、凯美瑞倒车摄像头、锐志倒车摄像头、奥迪倒车摄像头、帕萨特倒车摄像头、速腾倒车摄像头、高尔倒车摄像头、宝来倒车摄像头、雅阁倒车摄像头、君越倒车摄像头、荣威倒车摄像头、皇冠倒车摄像头、尼桑天籁倒车摄像头等400余种。盛泰智能STsmart可配300多款车型的专车专用摄像头,并且其如今研发上市的360°全景泊车系统投入市场就受到了广大车主的喜爱。

3.2.3　高级驾驶员辅助系统(ADAS)前视摄像头

高级驾驶员辅助系统中的摄像头系统能够分析视频内容,以便提供车道偏离警告(LDW)、自动车道保持辅助(LKA)、远光灯/近光灯控制和交通标志识别(TSR)。前视摄像头通过CAN接口,能够将车辆前方车道上的各种目标相对于本车辆的坐标位置,相对距离、相对速度、相对角速度、目标大小等实时输出,应用于自动紧急刹车(AEBS)、车道保持(LKA)、自适应巡航(ACC)、盲点探测(BSD)、主动限速等主动安全功能,主要应用于高级辅助驾驶功能ADAS和自动驾驶的研究,以及道路探测方面。

3.2.4　ADAS的传感器

高级辅助驾驶系统基于不同的传感器技术。这些传感技术,主要是通过传感器丈量前方车辆的速度以及两车之间的间隔,同时能够监测自身车辆的速度和间隔。现今已经在中级轿车和经济型轿车市场上开始应用的机载激光雷达(Lidar)传感器是远程传感器中比较进步的选择。

与普通雷达进行对比,这种传感器发射激光脉冲,并能检测从其他物体反射回来的光线。与其他物体的间隔能够通过信号延迟的时间进行计算。

ADAS主要由三大系统构成:负责环境识别的环境感知系统,负责计算分析的中央决策系统,负责执行控制的底层控制系统。其中,负责感应的传感器主要包括摄像头、毫米波雷达、超声波雷达、夜视仪等;负责分析的主要是芯片和算法,算法是由ADAS向无人驾驶进步的突破口,核心是基于视觉的计算机图形识别技术;执行主要是由制动、转向等功能的硬件负责。

ADAS工作原理模仿人体的生理机制,主要分为感应、分析和执行三个方面。汽车的各类传感器(五官)收集关于周围环境不同种类的数据,如图像、距离等,进行标志、行人的辨识、侦测与追踪,并将信息传输到中央处理芯片(大脑),再结合导航仪地图数据,利用相关算法进行计算(思考),根据计算结果做出反馈,通过汽车部件(肢体)执行,实现汽车的驱动、制动或转向等功能。

3.3 数字仪表

3.3.1 基本概念

数字仪表,顾名思义,用数字显示被测值的仪表,把测量转化为数字量并以数字形式显示出来的仪表。对于汽车仪表,数字仪表改变了汽车仪表的显示方式。显而易见,它已不再只是一个提供转速、车速的简单元件,而能展示更多重要的汽车信息,甚至发出警告。集成和数字控制技术的普及,让汽车仪表的功能前所未有的丰富,并且视觉效果也更与时俱进。

3.3.2 早期仪表

早期的汽车仪表是汽车与驾驶员进行信息交互的窗口,是汽车信息显示的中心,能够集中、直观、迅速地反映汽车在行驶过程中的各种动态指标,如行驶速度、里程、电系状况、制动、压力、发动机转速、冷却液温度、油量、各种危险报警,如图3.6所示。之后汽车仪表还需要装置车用稳压器,稳定电源的电压,抑制波动幅度与抖动消除,以保证汽车仪表的精确稳定性。

图3.6 早期仪表

随着科技进步,早期仪表越来越被电气式仪表替代,汽车电子化程度越高,汽车电子控制程度也越高,汽车排放、节能、安全和舒适性等使用性能不断提高,汽车仪表也迎来了新的发展。

3.3.3 电气式仪表

电气汽车仪表盘是一种适应汽车电子化、数字化、信息化发展的高新技术产品,汽车数据反馈也更多更及时地在显示技术上不断更新,显示车速、挡位状态、电机转速、电机状态、电池组状态等其他汽车特定的信息,同时实现电机故障报警、电池组低压、不均衡报警等功能,显示屏显示的信息越来越清晰,可视化效果与用户体验也在不断提升,如图3.7 所示。

图3.7　电气式仪表

汽车电气式仪表的电控单元设计工作量占其整个产品设计的80%,功能特性产品设计考量标准,例如车速、转速信息采用指针,指示灯信息采用 LED 灯点亮形式,而其他信息则采用 TFT 屏可视化处理,仪表盘可以采用诸如步进电机驱动指针进行车速、工作电流、电池组电压的显示。

电气式汽车仪表应用的细分粒度需求设计是根据电流正弦规律变化的细分控制表,通过调节控制表索引步距实现对底层步进电机的细分控制;指针调度的产品设计逻辑是,以可变长时间槽的形式划分调度周期对指针进行分时段控制,设计指针在单个调度周期内的转动方式为加速启动、匀速运转、减速停止、惯性消止四个阶段。通过在线圈电流调节步距、运转调度周期时长、转动角速度控制、指针位置更新、惯性消止时间、启动加速度、停止减速度上进行设计,保障汽车仪表盘各个指针的平稳启动和停止,实现对快速变化信息的迅速响应以及对缓慢变化信息的平滑反映,可以快速启动和平稳停止,同时保障低速运转时无抖动。

3.3.4 全液晶仪表

全液晶汽车仪表随着智能网联汽车发展,其应用普及化程度越来越高,这种网络化、智能化的仪表,无论在内容上还是在功能上,都比之前的仪表系统更强大、更丰富、更人性化地满足了驾驶需求,如图3.8 所示。

液晶汽车仪表用屏幕取代了指针、数字等现有仪表盘上最具代表性的部分,其内部的工作机制由数据采集、处理以及显示三个模块组成。其中,数据采集模块负责接收车

图 3.8　全液晶仪表

辆的各种数据,并将数据预处理后发送至微处理器。其中模拟量信号、脉冲信号以及开关量信号等传感器信号在各传感器处采集后,分别经过滤波整形、分压、光电隔离后发送至微处理器。而水温、发动机转速和故障代码等 CAN 总线数据通过发动机 CAN 模块发送至 CAN 总线后,由 CAN 收发器进行接收。微处理器接收数据后,根据预定的算法对数据进行处理,并将处理结果输出。显示模块包括液晶屏虚拟指针,以及各种数字化参数的显示。微处理器将发动机转速、车速等结果输出至微处理器,微处理器直接驱动液晶数据进行可视化处理。

液晶仪表在软件设计上分为主程序、数据采集处理、CAN 总线通信和数据显示四个模块。主程序模块通过调用各个子程序处理总线实时的各种数据。而数据处理与 CAN 通信模块负责发送和接收数据,数据采集及处理模块完成对各种类型数据的采集以及计算;数据显示模块将总线信息、油压、车速以及信号灯等信息显示在仪表上。目前而言,虚拟仪表是现今为止最先进的汽车仪表,也是未来的发展方向与趋势,如图 3.9 所示。

图 3.9　虚拟图像的生成和处理

奥迪的 Virtual Cockpit 仪表屏幕分辨率达到 1 680 px×640 px。具有多种布局切换能力,同时可以根据驾驶模式的不同需求,呈现不同的仪表显示功能,比如侧重娱乐信息,或者侧重驾驶体验;在系统层面,奥迪的仪表采用的是 QNX 的 Neutrino 实时系统。在汽车行业中,通常不同的厂商会根据自身的自研能力,给出采用不同技术栈的解决方案。

3.3.5 虚拟仪表盘

虚拟仪表以计算机为核心,充分利用计算机强大的显示、处理、存储能力模拟物理仪表的处理过程。以特斯拉的虚拟仪表为例进行说明。

特斯拉仪表使用的是自研发的液晶屏,同样也是 12.3 in(1 in≈2.54 cm),但分辨率仅为 1 440 px×480 px,这个仪表盘的显示布局一般是固定的,特点是变换信息是按特定模块进行的,如图 3.10 所示。特斯拉的仪表盘用的是 Tegra 2 处理器,用的是一个基于 Linux 底层的系统,如像 Ubuntu 这样的 Linux 操作系统。与 QNX 这样的嵌入式系统不同,Ubuntu 操作系统除 PC 外还广泛应用于企业级大规模开发服务器。

图 3.10 特斯拉仪表

3.3.6 自主品牌全虚拟仪表

上汽车机中搭载的是以全虚拟仪表为主,通常采用的是飞思卡尔 XHY MCU+IMAX6 双核 GDC 系统架构,支持 12.3 in TFT,最大支持分辨率可达 1 920 px×720 px,具有高响应度、高亮度、高对比度等优点,如图 3.11 所示。

图 3.11 飞思卡尔 XHY MCU+IMAX6

另一个亮点是采用非常稳定可靠不易死机的封闭式操作系统,可实现卓越的 2D/3D 图形渲染能力,并根据驾驶情况动态显示内容,酷炫的场景渲染,造就先进酷炫的用户体验;基于 KANZI HMI 集成开发软件设计,主题风格可灵活定制,彰显个性与时尚。

领克 01 采用的 10.25 in 液晶仪表方案,显示效果和功能都较丰富,由于屏幕相对 12.3 in 小很多,易读性不是太好,如图 3.12 所示。

图 3.12　领克 01

3.3.7　数字仪表的技术发展方向

高清、集成、智能是汽车仪表三大发展方向。

汽车行业向着更智能与网联化方向发展,仪表盘将能够显示更多的安全和娱乐信息,汽车仪表也会集成更多的主动安全、ADAS 信息,车联网的互动也变得更频繁,显而易见,系统变得越来越开放。和中控娱乐信息系统一体化融合,集成手势控制、语音控制等操作功能。HUD 平视显示技术的加入,将安全信息与娱乐导航等信息更直观安全地传递给驾驶员。

3.4　智能网联汽车传感器技术

3.4.1　汽车传感器分类

根据使用场景不同,汽车的传感器分为:提升单车信息化水平的传统微机电传感器(MEMS),以及为无人驾驶提供支持的智能传感器。依照功能,传统微机电传感器又分为压力传感器、方向位置传感器、温度传感器、加速度传感器、角速度传感器、流量传感器、气味浓度传感器和液位传感器八种。为无人驾驶提供支持的智能传感器则能概括地分为:视觉传感器、距离传感器、障碍物传感器等。

汽车电子通常指的传感器,主要应用于动力总成系统、车身控制系统以及底盘系统。它们在汽车电子中的作用包括信息的采集和传输。传感器采集的信息由电控单元进行处理之后,形成向执行器发出的指令,完成对车身的电子控制。

进入智能车联网时代,为了保证单车信息化水平的延续,传统传感器仍然需要作为汽车的"神经元",继续保证汽车各系统控制过程中的信息反馈和处理。同时,为汽车装备智能传感器作为汽车的"眼睛""耳朵""嘴"等。

智能化时代,汽车正在向一个安全联网的自动驾驶机器人快速演进,智能传感器成为自动驾驶的核心,进行环境感知、规划决策,最终实现安全抵达目的地。现今智能传感器应用于环境感知的主流传感器产品主要包括激光雷达、毫米波雷达、超声波雷达和摄像头四类。

3.4.2　激光雷达

激光雷达是一种综合的光探测与测量系统,通过发射接受激光束,分析激光束遇到目标对象后的折返时间,计算出与目标对象的相对距离,如图 3.13 所示。其高精度、实时 3D 环境建模的特点,使其成为 L3-L5 自动驾驶中的关键。

图 3.13　激光雷达

1)激光雷达的原理

向外发射激光束,根据激光遇到障碍物后的折返时间、强弱程度等,计算目标与自己的相对距离、方位、运动状态及表面光学特性。激光光束能够准确测量视场中物体轮廓边沿与设备的相对距离,这些轮廓信息组成所谓的"点云"并绘制出 3D 环境地图,精度可达到厘米级别,激光雷达组件如图 3.14 所示。

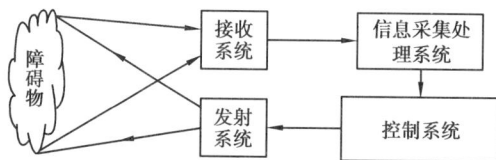

图 3.14　激光雷达组成

2)激光雷达的优缺点

因为用的是激光束定位,所以定位非常准确,能够达到厘米级别的精度全天候工作,不受光照条件的限制,在浓雾天气下,激光有机会打到空气中的一些漂浮物质,如果漂浮物的直径较大,可影响激光雷达的效果。谷歌的无人驾驶车辆使用的 64 线激光雷达,价格高达 7 万美元,在使用过程中时刻都在产生海量的点云数据,而给出的原始数据只是反射物体的距离信息,需要对所有的点进行几何变换,且在后期处理中也要进行大量的坐标系转换等工作,这些对计算硬件提出了很高的要求。

应用(L4 级)在定位方面,激光雷达能够联合 GNSS/IMU 与高精地图等手段进行加强定位,首先通过 GNSS(全球导航卫星系统)得到初始位置信息,再通过 IMU(惯性测量单元)和车辆的 Encoder 编码器配合得到车辆的初始位置;其次将激光雷达的 3D 点云数据,包括几何信息和语义信息进行特征提取,并结合车辆初始位置进行空间变化,获取基于全局坐标系下的矢量特征;最后将初始位置信息、激光雷达提取的特征与高精地图的特征信息进行匹配,从而获取一个准确的定位。

在目标检测方面,LiDAR 生成的点云能够很好地探测反射障碍物的远近、大小甚至表面形状,辅助摄像头检测,有利于障碍物检测准确性的提高。

在高精地图采集方面,激光雷达采集点云信息,进行周围环境的感知与建模。激光雷达采集到的信息是构成高精地图的主要部分。

3.4.3　超声波雷达

超声波雷达是一种运用超声波定位的雷达,由于检测距离比较短,通常把它布置在车身的两侧以及后端,如图 3.15 所示。

超声波雷达的工作原理是通过超声波发射装置向外发出超声波,通过接收器收到发送过来的超声波测量距离。超声波雷达成本低,在短距离测量中具有优势,且精度高,非常适合应用于泊车系统。但它的测量距离有限,也很容易受到外界环境的影响。

超声波雷达的特点:可直接测量较近目标的距离,小于10 m;结构简单、体积小、成本低,且能够进行实时控制;对外界光线和电磁场也不敏感,可用于黑暗、有灰尘或烟雾、电磁干扰等恶劣环境;对色彩、光照度不敏感,适用于识别透明、半透明及漫反射差的物体。

图3.15 超声波雷达

车载摄像头是ADAS系统的主要视觉传感器,是最为成熟的车载传感器。借镜头采集图像之后,摄像头内的感光组件电路及控制组件对图像进行处理并转化为电脑能够处理的数字,从而实现对车辆周边路况的感知。

3.4.4 车载摄像头

1)车载摄像头的工作原理

首先采集图像,将图像转换为二维数据;其次对采集的图像进行模式识别,通过图像匹配算法识别行驶过程中的车辆、行人、交通标志等;最后依据目标物体的运动模式或使用双目定位技术,以估算目标物体与本车的相对距离和相对速度。

2)车载摄像头的优缺点

范围广、数据多,分辨率比较高,能够感知颜色。使用环境严格,受光照条件影响较大。

应用在(L1—L4级)目标检测方面,摄像头由于分辨率较高,且能够感知颜色,自动驾驶感知系统主要用其进行周围环境的感知,包括车道线、车辆、交通标志等。在高精地图采集方面,摄像头采集周围环境的图像,进行环境的感知与建模。

3)车载摄像头的特性

在高速行驶场合能够实现识别,要求摄像头具有高速采集图像的特性。在较暗环境以及明暗差异较大时能够实现识别,要求摄像头具有高动态的特性。在非极度恶劣雨雪天气下仍然能够实现识别,要求摄像头具有较好的防雨雪特性。

3.4.5 毫米波雷达

其是ADAS系统核心传感器。其中,77 GHz汽车雷达系统具有广阔的前景。其巨大优势是,高精度以及从短距离到长距离的出色可量测性,能够实现一系列的驾驶员辅助功能。但是相应地,它的技术复杂性也很高。而24 GHz汽车雷达,则以其易用性弥补了这一缺陷,在此前提下,具备实现诸如自动制动辅助或盲点检测等广泛需求的功能,如图3.16所示。

图3.16 毫米波雷达

1)毫米波雷达的测量原理

一般分为脉冲方式和调频连续波方式两种。脉冲方式测量原理简单,但受技术、元器件等方面影响,实际应用很难实现。采用脉冲方式的毫米波雷达需在短时间内发射大功率信号脉冲,结构复杂,成本高。大多数车载毫米波雷达都采用调频连续波的方式,其雷达结构简单,体积小,能够同时获得目标的相对距离和相对速度。

2)毫米波雷达的特点

工作频率通常选在 30～300 GHz 频域(即波长为 1～10 mm)。其结构简单,体积小,能够同时获得目标的相对距离和相对速度以及相对角速度信息。

3)毫米波雷达的优缺点

可测距离远,与红外激光设备相比较,具有对烟尘雨雾良好的穿透、传播特性,不受雨雪等恶劣天气的影响,抗环境变化能力也比较强,但是存在定位不准确的问题,通常毫米波雷达对镜像的定位是比较准确的,而它的侧向定位并不准确,并且会有很多误判,分辨率低。存在互相干扰的问题,随着道路上装载毫米波雷达的车辆增加,相似频段的雷达信号也随之增加,雷达之间的干扰不可避免。干扰信号能够通过直线传播直接干扰,也能够经过物体反射从而间接干扰。这样的结果是大大降低了信号的信噪比,甚至会导致雷达"致盲"。

3.4.6 汽车传感器的发展趋势

汽车传感器行业的周期性特别明显。作为新兴的智能网联汽车,通过搭载先进的车载传感器、控制器、执行器等装置,融合现代通信与网络技术,能够感知复杂的环境,并做到智能决策、协同控制和执行,最终可实现自动驾驶,如图 3.17 所示。

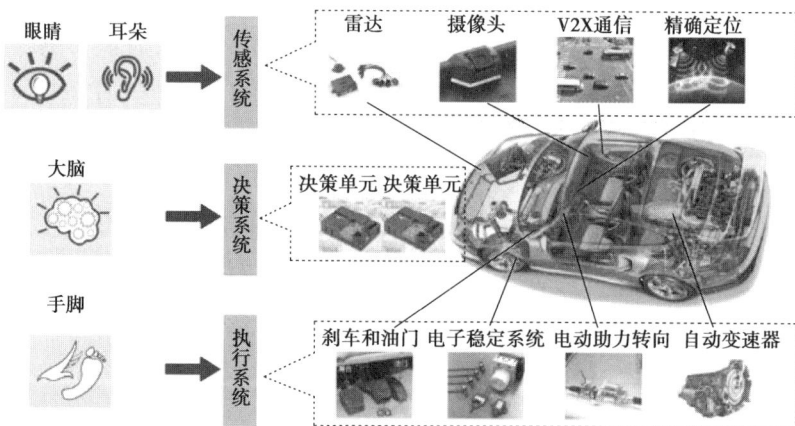

图 3.17 智能网联汽车感知图

汽车的自动化程度越高,对传感器的依赖就越强。对智能网联汽车而言,现今车载传感器根据装备目的的不同,可分为提升单车信息化水平的传统传感器和为无人驾驶系统提供支持的智能传感器两大类。

传统传感器包括压力、位置、温度、加速度、流量、气体传感器等几类,主要应用于动力总成系统、底盘系统、车身控制系统。而汽车进入智能网联时代后,显而易见,除必备的传统传感器外,还需要更多的智能传感器作为汽车的五官,进行外部环境感知和内部人机交互。

现今用于环境感知的主流车载传感器包括激光雷达、毫米波雷达、超声波雷达、摄像头等;用于车内人员感知交互的传感器主要有驾驶员监控摄像系统、语音识别传感器等。高级自动驾驶汽车装配的环境感知传感器数量普遍在30个以上,并且随着智能网联汽车的逐步发展,车载传感器的需求还将成倍增长。

低时延要求促使车载传感器向着近传感器计算方向发展。自动驾驶汽车需要快速分析数据并做出实时决策,而在传统的感知计算架构中,传感器和计算单元在物理空间上的分离会导致信号严重延迟。采用近传感器计算(例如边缘计算、雾计算)能够有效解决信息延迟问题。其中边缘计算技术是在靠近传感器的位置安装集存储、计算、网络等功能于一体的开放平台,例如将汽车电子控制单元置于各个传感器附近,就近接收并处理传感器数据,并作出相应决策;雾计算是将服务器大量放置在道路两侧,从而能够就近对车载传感器数据进行分析计算,以实现更快、更可靠的导航和决策。

另外,安全性要求促使传感器系统向着车路协同方向发展。受限于传感器的安装位置、感知范围,以及路边障碍物和周围车辆尺寸的影响,仅使用车载传感器无法对道路情况进行全面准确感知,而在道路两侧安装感知传感器则能够为自动驾驶车辆提供"上帝视角",从而与车载传感器信息形成互补。5G技术的发展也为车路传感器的快速协同提供了基础通信技术保障。在道路两侧密集部署感知传感器也在一定程度上减轻了车载传感器的成本压力,更有利于自动驾驶汽车后期的市场推广,如图3.18所示。

图3.18　智能网联汽车

传感器技术的升级满足了自动驾驶的需求,随着新产品的不断迭代,车载传感器市场规模也将迅速扩大,未来车载传感器必将迎来更大的发展机遇和更为广阔的前景。

3.5　智能网联汽车通信技术

3.5.1　蓝牙通信

蓝牙是旨在帮助电子设备通过短距离无线电信号进行连接和传输的通用无线电频率,是现有无线电技术的一种增强技术方案。该技术能让低功耗、小尺寸和低成本的无线电设备广泛地嵌入消费者电子产品中。

人们日常使用的蓝牙,是在1996年由英特尔、爱立信和诺基亚共同发起而成立的联盟,意在为短距离无线传输制定标准,以支持不同产品和行业之间的连通与协作,蓝牙与低功耗蓝牙对比表见表3.1。

表3.1 蓝牙与低功耗蓝牙对比表

技术规范	蓝牙	低功耗蓝牙
无线电频率	2.4 GHz	2.4 GHz
距离	10 m/100 m	30 m
空中数据速率	1 ~ 3 Mb/s	1 Mb/s
应用吞吐量	0.7 ~ 2.1 Mb/s	0.2 Mb/s
节点/单元	7 ~ 16 777 184	未定义
安全	64/128 bit 及用户自定义的应用层	128 bit AES 及用户自定义的应用层
强健性	自动适应快速跳频,FEC,快速 ACK	自动适应快速跳频
非连接状态延迟	100 ms	<6 ms
发送数据的总时间	0.625 ms	3 ms
语音能力	有	没有
网络拓扑	分散网	量状拓扑、总线拓扑、网状拓扑
耗电量	1	0.01 ~ 0.5
最大操作电流	<30 mA	<15 mA

蓝牙对我们来说已不再是陌生的字眼,从移动设备到电脑,再到各种 PC 设备,放眼望去,现在市场上已经有越来越多的产品武装上了蓝牙,人们已经从生活的方方面面开始逐步体会到蓝牙所带来的便利,例如采用蓝牙技术的智能穿戴可谓风靡全球,或利用蓝牙技术的智能家居设备等,甚至连传统的汽车领域也不甘落后,刮起了阵阵蓝牙之风。

汽车行业采用蓝牙技术主要有以下一些优势:

①蓝牙支持双向通信,省去了专用工具,从而降低了工具的复杂性和成本。

②蓝牙是全球性的标准,因此只需开发一个应用平台就够了。

③蓝牙能够有比现有 RF 解决方案更高的安全性。

④所有蓝牙功能都能够连接到汽车中的一个主控设备,降低了复杂度和成本。

⑤可直接将智能移动设备等设备轻松连接到汽车中。

在汽车行业中,自动驾驶、持续安全、预防系统改进和更高的舒适性等趋势正在推动对无线技术的需求。

过去很多年来蓝牙技术之所以能够在汽车行业取得成功,主要得益于两个蓝牙解决方案,一是音频传输,二是数据传输。而未来随着蓝牙技术的不断创新,第三个解决方案"位置服务"也将在汽车上得到更多的应用,也就是前文所提及的无钥匙进入,如图3.19所示。

图3.19　蓝牙钥匙

随着蓝牙技术成为大多数新车的出厂标配,蓝牙技术也正成为汽车无钥匙进入的标准,这是由蓝牙技术本身的低成本、易实施以及用户希望用移动设备开锁的趋势所决定的。

蓝牙无钥匙进入方案在不断升级中。首先推出的是基于接收信号强度(RSSI)的定位系统,其工作原理是通过在汽车上部署的定位器以及相关传感器确定驾驶员和汽车的相对位置,并对驾驶员的动作做出反应,如锁定、开锁、解锁等。该技术方案于2017年推出,具备米级精度。

不久的将来,另一项可实现厘米级精度的解决方案出炉:寻向功能。主要通过天线确定到达角和出发角捕捉数据,然后进行相关操作。该解决方案的特点是对标签和移动设备平台无附加硬件要求,具有成本效益的规模和准确性,且精度相对更高。

为更好满足无钥匙进入应用的市场需求,蓝牙技术还在持续创新中,如安全测距功能。该功能能够非常准确地测量一个物体和另外一个物体之间的距离,还能够知道另外一个物体接近其他物体时的速度,以便保证应用时的准确性和安全性。

当然,在无钥匙进入应用中,除蓝牙外,还有NFC、RFID、Wi-Fi、UWB等不同的短程无线通信技术。这些不同的技术应用,每一项技术都有其优势,很难互相取代。就蓝牙技术而言,其优势在于:消费者了解并熟悉蓝牙,且蓝牙的互通性较好,可应用于不同的场景;此外,蓝牙始终致力于创新,不断推出新的技术方案,并关注数据安全和用户隐私。除了与汽车生产商保持协作,蓝牙技术联盟还和世界级的汽车行业组织进行协作,包括CE4A、JASPAR、Thatcham、CCC等。

蓝牙在汽车上的应用主要有四大场景。

场景一:车载蓝牙无线传感器网络,可发送实时诊断信息和警报,如胎压监测信息,从而简化商用车队和私家车辆的维护。

场景二:智能移动设备通过蓝牙变身车钥匙,车主可通过智能移动设备设定控制汽车某些指定车门的开解锁功能。此外,蓝牙具有能通过距离检测实现车辆的自动锁定和解锁,根据驾驶员的状况进行个性化座椅定位,以及将虚拟钥匙发送给其他驾驶员等各种功能。

场景三:车用蓝牙信息娱乐系统,可与智能移动设备建立无缝连接,无须驾驶员手动操作,就能播放音乐,拨打电话,以及控制应用程序。

场景四:专为驾驶员设计的蓝牙可穿戴设备,监测驾驶员的血压、心率等生理数值,以及睡眠或疲劳迹象,从而触发警告,提高驾驶安全性。

3.5.2 Wi-Fi 通信

虽然由 Wi-Fi 技术传输的无线通信质量不是很好,数据安全性能比蓝牙差一些,传输质量也有待改进,但传输速度非常快,能够达到 54 Mb/s,符合个人和社会信息化的需求。Wi-Fi 最主要的优势在于不需要布线,能够不受布线条件的限制,因此非常适合移动办公用户的需要,并且由于发射信号功率低于 100 mW,低于移动设备发射功率,所以 Wi-Fi 上网相对也是比较安全的。

汽车 Wi-Fi 是面向公交、客车、私家车、游轮等公共交通工具推出的特种上网设备,Wi-Fi 终端通过无线接入互联网获取信息、娱乐或移动办公的业务模式。车载 Wi-Fi 设备装载在车辆上,通过 3G/4G/5G to Wi-Fi、无线射频等技术,提供 3G Wi-Fi 热点的无线路由器。

车载 Wi-Fi 热点与普通的 Wi-Fi 热点使用方法相同,只要个人电脑、手持设备(如 Pad、移动设备)等终端设备支持 Wi-Fi 功能,打开无线网络连接,在车上搜到相应的车载 Wi-Fi 信号即可登录连接 Wi-Fi 网络,开启无线上网体验,如图 3.20 所示。

图 3.20　Wi-Fi

汽车电子以及信息传输网络的发展为车联网奠定了技术基础。随着移动互联网、车联网及物联网的发展,一个智能汽车的时代正在到来,无线通信技术与汽车电子技术整合的趋势正在加速,通过配备电子车载 Wi-Fi 产品,汽车等移动交通工具摇身一变成为一个移动网络,从而让用户享受到无处不在的信息服务。

1)车载 Wi-Fi 特性

车载 Wi-Fi 设备不同于消费级的移动 Wi-Fi 设备,车规级的 Wi-Fi 设备要在高速、高温、振动环境中工作,对设备的稳定性、灵敏度、抗恶劣环境能力等方面提出更苛刻的要求。

①防震等级:3 重抗震(抗震结构设计,有效减缓外力冲击)。

②工作温度范围:-45 ~ 105 ℃(非洲热带气候和俄罗斯寒冷天气均能正常工作)。

③防尘等级:IP5。

④防水等级:IP_5。

⑤防火等级:B1 级难燃型。

⑥AP 接入数/站点:30 ~ 50 人同时在线使用。

⑦操作系统:定制化的嵌入式 Linux 系统。

⑧Wi-Fi 特性:共享数据。

2）车载 Wi-Fi 的工作过程

USB 口连接 3G/4G 网卡，Wi-Fi 模块设置为 AP 模式，客户端通过与 AP 建立连接，共享 3G 信号连接网络。AP 支持动态 DHCP 功能、客户端安全认证、客户端过滤。作为无线网络接入点，虚拟 SSID 用于客户端连接，支持无线接入认证，客户端设备过滤。Wi-Fi 模块提供有线网络接口，在 AP 模式下无线 AP 功能将有线网络转为无线信号，提供多个客户端通过无线与有线网络接入。在客户端模式下，Wi-Fi 模块指定连接无线路由 SSID，配置认证信息与无线路由建立连接。

注意：AP Router 和 AP client 要设置为相同信道。USB 口连接存储设备，如 U 盘；网络设备与 Wi-Fi 模块网络连接后，通过进入 Wi-Fi 模块的 IP 地址访问 U 盘，实现网络数据下载与上传。SD 卡存储设备与 Wi-Fi 模块 SDIO 连接后，通过进入 Wi-Fi 模块的 IP 地址访问 SD 卡，实现网络数据下载与上传。

无线中继也称为无线信号放大器，就是利用无线路由器之间的无线连接功能，将无线信号从一个中继点传递到下一个中继点，实现信号的增强，并形成新的无线覆盖区域。Wi-Fi 在 2.4 GHz 频段下，20 MHz 的频宽能达到 144 Mb/s 的速率，40 MHz 的频宽能达到 300 Mb/s 的速率；在 5 GHz 频段下，80 MHz 的频宽能达到 867 Mb/s 的速率，因此，千兆 Wi-Fi 模块就比较适合这类应用。UART 接口设备与 Wi-Fi 模块 UART 接口连接后，可实现串口到 Wi-Fi 的数据透传。

802.11 无线网络包含的主要物理组件有 Wireless Medium（无线媒介），规范缩写为 WM。其本意指能传送无线 MAC 帧数据的物理层。规范最早定义了射频和红外两种物理层，但现今使用最多的是射频物理层。

Station（工作站）：规范缩写为 STA。通俗点说，STA 指携带无线网络接口卡（即无线网卡）的设备，如笔记本、智能移动设备等。另外，无线网卡和有线网卡的 MAC 地址均分配自同一个地址池以确保其唯一性。

Acess Point（接入点）：规范缩写为 AP。由其定义可知，AP 本身也是一个 STA，它还能为那些已经关联的 STA 提供分布式服务。

802.11 规范中，基本服务集（Basic Service Set，BSS）是整个无线网络的基本构建组件。BSS 有两种类型，分别是：Independent BSS（独立型 BSS），这种类型的 BSS 不需要 AP 参与，各 STA 之间可直接交互，这种网络也称为 ad-hoc BSS（自组网络或对等网络）；Infra-structure BSS（基础结构型 BSS），所有 STA 的交互必须经过 AP，AP 是基础结构型 BSS 的中控台，这也是家庭或工作中最常见的网络架构。在这种网络中，一个 STA 必须完成诸如关联、授权等步骤后才能加入某个 BSS。

3.5.3 GPS 通信

全球定位系统（Global Positioning System，通常简称 GPS），又称全球卫星定位系统，是北美国防部研制，北美太空军运营与维护的中距离圆形轨道卫星导航系统。它能够为地球表面绝大部分地区（98%）提供准确定位、高精度的标准时间和测速。全球定位系统可满足位于全球地面任何一处或近地空间的军事用户连续且精确地确定三维位置、三维运动和时间的需求。该系统包括太空中的 31 颗 GPS 人造卫星，地面上 1 个主控站、3 个数据注入站和 5 个监测站，以及作为用户端的 GPS 军用接收机器、智能移动设备等。最少只需其中4颗卫星,就能迅速确定用户端在地球上所处的位置及海拔高度,所能接收到的卫星信号数越多,解码出来的位置就越精确。

该系统由北美政府于20世纪70年代开始进行研制,1978年2月首次发射,并于1994年全面建成。使用者只需拥有GPS接收芯片即可使用该服务。GPS信号分为民用的标准定位服务和军用的精确定位服务两类。由于GPS无须任何授权即可任意使用,原本北美因为担心敌对国家或敌对组织会利用GPS对北美发动攻击,故在民用信号中人为地加入选择性误差(即SA政策)以降低其精确度,使其最终定位精确度为100 m左右,军规的精度是20~1 ft(1 ft≈30.48 cm)以下。2000年以后,比尔·克林顿政府决定取消对民用信号的干扰。因此,现在民用GPS也能够达到20~1 ft的定位精度。

GPS系统拥有如下多种优点:使用低频信号,就算天气不佳仍能保持相当的信号穿透性;高达98%的全球覆盖率;高精度三维定速定时;快速、省时、高效率;应用广泛、多功能;可移动定位。不同于双星定位系统,使用过程中接收机不需要发出任何信号。

GPS通常是集成在车载电脑上的,OBC是一种用于汽车的嵌入式系统,能够提供多媒体娱乐、GPS导航、游戏、上网、电话、汽车信息和故障诊断功能。车载电脑是专门针对汽车运行环境设计的,因此它具有抗高温、抗尘、抗震功能,如图3.21所示。

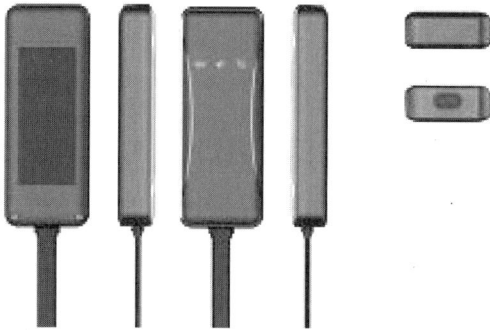

图3.21　GPS

图3.22　车载 GPS 应用

1)GPS 的典型应用

车载GPS主要是车载防盗GPS定位产品,如图3.22所示。汽车定位追踪器的功能一般包括短信定位、定时定位、网络查询、远程监听和远程锁车等。体积只有火柴盒大小,免拆车内线路,只需接汽车电瓶正负两根线即可定位,对车辆实时追踪保留车辆三个月行车路线,可打印中文地址报表,可对车辆自动实时定位,可分时段定时定位跟踪备案车,安装与操作相对简单。目标车辆在被偷、被盗、被抢等紧急情况下,可用移动设备或电脑,查询车辆所在位置,并实时跟踪定位车辆移动路线。

2)GPS 系统组成

GPS终端是车辆监控管理系统的前端设备,一般隐秘地安装在各种车辆内,GPS终端设备主要由GPS服务器设备组成。

监控中心是调度指挥系统的核心,是远程可视指挥和监控管理平台,对所有现场车辆进行监控,监控中心的电子地图就能够显示车辆所在的直观位置,并通过无线网络对车辆进行监控设置.同时可实现监控中心对可控范围的运营车辆进行实时、集中、直观监控和调度指挥。

GPS 包含如下三个段：

①空间段(Space Segment,SS)：空间段由 GPS 卫星组成。

②控制段(Control Segment,CS)：控制段用来控制和监视 GPS 的运行。控制段包括一个主控站、数个监控站、地面控制站以及地面天线。

③用户段(User Segment,US)：用户段主要是 GPS 的使用者。GPS 中，用户被分为民用用户和军用用户两大类。其中，军用用户需要得到相关部门的授权才能获取更高精度的 GPS 数据。

GPS 这三个段将借助 GPS 规定的通信频段以及数据封装格式进行通信。其中，空间段和控制段能双向通信，而用户段只能从空间段获取数据。

GPS 空间段由 32 颗 GPS 卫星组成，这些卫星分布在 6 个轨道上，每个轨道与地球赤道面的倾角为 55°。GPS 卫星轨道高度为 20 180 km，卫星在轨道上的运行周期大约为 12 h。不过，由于地球的自转，人们在地面上观测 GPS 卫星，在 23:56 分左右会回到最初的观测位置。

GPS 一共使用三种频段的无线电波，由于它们都位于无线电频谱的 L 频段，所以它们分别被称为 L1(中心频率 1 575.42 MHz)、L2(中心频率 1 227.60 MHz)和 L5(中心频率 1 176.45 MHz)。

在 2005 年之前，GPS 卫星使用 L2 和 L1 频段的无线电波。其中，L1 频段传输两种 GPS 信号，一个是民用的 C/A 码，它代表粗捕获码数据。另外一个是军用的 P(Y)码，它代表精测数据(P 代表 Presice，Y 代表数据是加密的)。L2 频段仅传输 P(Y)码，即仅供军用。

GPS 信号包含三个组成部分。

①载波：分别是 L1 和 L2，其中心频率分别是 1 575.42 MHz 和 1 227.60 MHz。

②测距码：用来测量卫星和接收器之间距离的一种信号。测距码其实是一种经过精心设计的伪随机噪声。

GPS 有 C/A 码和 P 码两种测距码。

C/A 码(粗捕获码)，频率为 1.023 MHz，周期为 1 ms，码长为 1 023，码元的宽度为 293.05 m，测距精度为 2 ~ 3 m。

P 码(精捕获码)，频率为 10.23 MHz，是和粗捕获码对应的测距码，其周期为 7 d，码长为 6.187 1×1 012，码元周期为 0.097 752 μs，相应码元宽度为 29.3 m，测距精度为 0.3 m。P 码供军事应用，故能够对它进行加密。加密后的 P 码称为 Y 码。

③导航电文(Navigation Data，也称 D 码)：在定位计算时，除了测距码还需要卫星的一些信息，例如星历、时间等。这些数据封装在 GPS 导航电文中，其传输率为 50 b/s。

C/A 码仅在 L1 频段上发送，而 P 码同时在 L1 和 L2 频段发送，根据双频知识来说，接收器可通过接收 L1 和 L2 频段的 P 码以消除大气电离层造成的延时影响，从而进一步提高定位精度。

GPS 导航电文的基本单位是帧，一帧包含 1 500 bit。导航电文的传输速率为 50 b/s，故传输完整的一帧数据需 30 s。

每一帧中的 1 500 bit 又被平均分配，每 300 bit 组成一个子帧，所以一帧包含 5 个子帧。每一个子帧又由 10 个字码组成，每一个字码包含 30 位数据。子帧的第一个字码称

TLM(Telemetry Word,遥测码),第二个字码称 HOW(Handover Word,转换字)。

一个完整的 GPS 导航电文由 25 帧组成,共 37 500 bit,全部传输完共需 12.5 min。

除了计算接收器的坐标位置,GPS 还能计算接收器的移动速度,这是基于多普勒效应实现的。以 GPS 为例,多普勒效应就是当 GPS 卫星与接收器存在相对运动时,接收器一端收到的 GPS 信号频率和 GPS 卫星实际发送的信号频率并不相同,二者之差称为多普勒频移。由于 GPS 卫星的速度可根据导航电文中的信息推算出来,接收器根据多普勒频移的相关公式就很容易计算出自己的移动速度。

3.5.4 V2X

车联网简称 V2X,是汽车和其他车辆或是有机会影响汽车的设备所进行的通信。车联网是包括其他种类通信的汽车通信系统,其他的通信有 V2I(汽车对基础设施、汽车对道路系统)、V2N(汽车对网络)、V2V(汽车对汽车)、V2P(汽车对行人)、V2D(汽车对设备)。

V2X 是指车对外界的信息交换,是一系列车载通信技术的总称。V2X 包含汽车对汽车(V2V)、汽车对路侧设备(V2R)、汽车对基础设施(V2I)、汽车对行人(V2P)、汽车对机车(V2M)及汽车对公交车(V2T)六类。现今以 V2V 的发展最为成熟。

V2X 是未来智能交通运输系统的关键技术,它能够通过通信获得实时路况、道路信息、行人信息等一系列交通信息,提高驾驶安全性、减少拥堵、提高交通效率、提供车载娱乐信息等。基于 V2X 技术不仅能够大幅提升交通安全、降低交通事故率,而且能够为自动驾驶、智能交通和车联网创新提供低成本、易实施的技术路线和基础平台。

以 V2X 技术为主导的智能网联汽车技术,是一个完整的端到端网络通信系统生态,涉及端-管-云协同的整体布局。从车联网产业技术的发展阶段看,行业认为从车联网信息服务角度能够划分为三个发展阶段:车载信息服务阶段、智能网联服务阶段、智能交通出行服务阶段。针对不同阶段,端、管、云需要提供不同能力的解决方案。

车载信息服务阶段:初期车联网信息服务主要是通过云端将互联网信息通过通信管道呈现在车载端的人机交互界面上。云端负责提供基础车联网云平台以及面向车的垂直业务应用,通过运营商 3G/4G 通信管道,传输到车载端的 T-BOX 部分,通过车智能网联端-管-云协同策略机端 OS 界面实现云端业务在用户端的呈现,完成信息的交互。该阶段的车联网信息服务相对简单,主要以 App 方式复制移动设备端的应用,为用户提供语音、在线导航、升级、诊断等服务。

智能网联服务阶段:在传统车联网服务基础上,新一代的车联网技术融合了 V2X 技术,实现了车到路、车到车、车到环境的信息交互。方案层面,云端平台进一步增强了与智能交通云平台和城市交通系统的对接,通信管道层面 V2X 技术的应用丰富了管道参与车辆行驶的过程,车载端的数据通过网络(U 口数据)或路边 RSU 进行数据传输,感知道路通行情况、环境安全情况,V2X 服务器提供关键冲突数据的决策,为车辆提供更加可靠、更加便捷的行驶,使环境信息参与驾驶决策成为一种基础服务。

智能交通出行服务阶段:在未来车联网阶段,汽车不再是一个工具,而是一种出行服务,通信参与汽车的智慧出行,ADAS 系统、V2X 系统、5G 技术等的应用,方便汽车更加智能地出行。网络侧增强的 MEC 边缘计算服务支撑本地短时延信息的快速决策,云端非敏感时延数据服务支撑智慧交通、智慧出行服务的个性化体验,通过对车、路、网以及周边环境数据的采集和分析,为出行提供更安全经济便利的服务,管道能力由传输向边缘计算、交通使能演进,车载用户端也进一步丰富计算能力,成为移动计算数据中心。

3.5.5　V2V

V2V 作为 V2X 中发展最为成熟的一种通信/技术,重点了解一下 V2V 的原理及应用也十分必要。V2V 通信是指为了防止事故发生,通过专设的网络发送车辆位置和速度信息给另外的车辆。依靠技术的实现,驾驶员收到警告后就能降低事故的风险或车辆本身就会采取自治措施,就像自动减速。

1)V2V 通信原理

V2V 通信需要一个无线网络,在这个网络上汽车互相传送信息,告诉对方自己在做什么,这些信息包括速度、位置、驾驶方向、刹车等。V2V 技术使用的是专用短程通信(DSRC),由类似 FCC 和 ISO 的机构设立的标准。有时候它会被描述成 Wi-Fi 网络,因为有机会使用到的一个频率是 5.9 GHz,这也是 Wi-Fi 使用的频率。不过更准确地说,DSRC 是类 Wi-Fi 网络,它的覆盖范围最高达 300 m。

如今 V2V 通信范围一般比较有限,大部分情况下在几百米的范围内。

在发展之初,V2V 对驾驶者来说只是闪烁的红灯警告,或是指示哪个方向有危险,当然这些都还在概念阶段。现在已经有数千辆测试车,多数原型车都能够达到自动刹车或转弯避开危险的水平。交通信号或其他固定设备即为 V2I,也就是汽车-基础设施。

关于 V2V 还有很多其他说法,一些厂商把它叫作"Car-to-X",还有"internet of cars"以及"connected car",现今看来 V2V 正脱颖而出。

2)V2V 通信的应用

V2V 通信被期望能够在车道偏离、自适应巡航控制、盲点侦测、后方停车声波定位、备份照相方面发挥更多的作用,比肩当前的 OEM 预埋系统,因为 V2V 技术开启了对四周威胁的 360°智能感知。V2V 通信成为普适计算不断壮大的应用趋势——物联网的分支部分。

V2V 通信和智能交通系统的实现现今还存在三个主要障碍:汽车厂商对于标准的一致意见、数据隐私安全和项目资金。

3.5.6　V2R

V2R 的使用从具体来说,第一种是高速公路,第二种是城市道路。高速公路是第一步,而城市道路需要在其基础上,对城市道路中的增加标识进行识别后,实现更复杂的数据判断和数据通信。

高速路上的 V2R 相对来说比较容易。首先,标识明确,没有人行道、红绿灯、行人等复杂路况因素的影响,只需要识别高速路车辆行驶和高速公路出入口标识等就够了。其次,高精地图已经提前布局高速路。高精地图能够精确到厘米级,对车辆的路线规划和自动驾驶有着很大帮助。显而易见,有高精地图的支撑,V2R 的交互就会相对变少,处理起来更加方便。最后,尽快实现 V2V 也能够助力 V2R 的快速开发。因为每一辆车都能够共享采集到的道路信息,并将这个信息传递到云端,促进道路信息的合理化和完善化。

而对城市道路来说,需要处理的信息就更多一些,这也就要求车辆采集的信息更多,处理能力更强,同时对 V2I 和 V2P 都有关联,是实现自动驾驶的最困难障碍。有可能专有的交通路线或者公共交通才是未来人类出行的主要方式。

V2R 现在通过毫米波雷达和摄像头进行开发的方案很多,再辅助高精地图和云端支持,只要实现 V2V,半自动驾驶和自动驾驶在高速公路上实现并不遥远。

3.5.7 V2I

V2I 中的 I 不是指电信基础设施,而是指车辆行驶过程中遇到的所有基础设施,包括红绿灯、公交站、电线杆、大楼、立交桥、隧道等一切人类的建筑设施。

V2I 通信功能具体将采用车载智能交通运输系统的 760 MHz 频段,使用该频段能够在不影响车载传感器的情况下实现基础实施与车辆之间相互通信功能,从而获取必要的关键信息。在交叉路口能见度较差时,V2I 通信系统就能够接收红绿灯的信息,并通过 V2V 和 V2P 系统,接收车辆和行人的信息,汇总提交给车脑(AB)系统,车脑通过车载操作系统(AOS)分析处理,控制汽车继续行驶还是继续等待。

3.5.8 V2P

V2P 是智能网联汽车未来的重要技术,除了技术问题,也有相关的更重要角度,使其上升到隐私、道德层面,因而变得实现难度较大。随着人人都有一部移动设备的时代逐渐来临,无论是移动设备,还是可穿戴设备,都能够连接到 P 模块,实现和车辆中 V 模块的交互通信。

在应用中 LTE-V 中的 LTE-V-Cell 是实现 V2I 的有效工具,因为所有 P(活动的人,人只有活动才有意义)都是需要随时移动的,搭载一个长距离随时能够互联的模块才能够保证车辆随时接收。车辆再辅以摄像头、雷达传感器等识别技术,便能够有效地实现 V2P。

现今主要有专用短程通信技术标准(DSRC)与研制中基于 4.5G/5G 的 LTE-V 技术标准在性能上符合需求,V2X 的主流通信标准之争将在这两者之间展开。当前智能交通系统 ITS 正处在第三阶段,5G 标准在 LTE-V 的基础上,为满足未来自动驾驶的需求,性能指标会更进一步提升。

3.5.9 DSRC 技术概要

DSRC 是一种短距无线通信技术,通信距离一般为数十米(10~30 m),可实现高速数据传输,带宽可达 3~27 Mb/s。实现安全可靠的通信,特点是能快速获取网络,实现主动安全相关应用的高速更新;通信延迟能达到毫秒级,满足车辆信息交互的时间要求;高可靠性满足车辆高速行驶下工作,并且性能不会受极端天气的影响,支持 V2V 和 V2I 通信,有助于普遍部署应用。

DSRC 技术的产生基于三个标准:第一个是 IEEE 1609,标题为"车载环境无线接入标准系列(WAVE)",其定义了网络的架构和流程。第二个是 SAE J2735 和 SAE J2945,它们定义了消息包中携带的信息。该数据包括来自汽车上的传感器信息,如位置、行进方向、速度和刹车信息。第三个标准是 IEEE 802.11p,它定义了汽车相关的"专用短距离通信"(DSRC)的物理标准。

DSRC 顶层协议栈是基于 IEEE 1609 标准开发的,V2V 信息交互使用轻量 WSMP 而不是 Wi-Fi 使用的 TCP/IP 协议,TCP/IP 协议用于 V2I 和 V2N 信息交互。DSRC 底层、物理层和无线链路控制基于 IEEE 802.11p。使用 IEEE 802.11 系列标准的初心是利用 Wi-Fi 的生态系统,但是 Wi-Fi 最初设计用于固定通信设备,后来制定 IEEE 802.11p 支持移动通信设备。

DSRC 由物理层标准 IEEE 802.11p 又称为 WAVE 及网络层标准 IEEE 1609 所构成,在此基础上,北美汽车工程团队协会规范 V2V 与 V2I 信息的内容与结构,欧洲相关标准由 ETSI CT-ITS 规范。IEEE 802.11p 由 IEEE 802.11 标准扩充,专门应用于车用环境的无线通信技术,支持 915 MHz 与 5.9 GHz。

802.11p 物理层架构与 802.11a 大致相同,采用正交多频分工调变技术,且 52 个子载波可支持正交振幅调变、相位移键调变等调变技术,同时搭配向前错误校正技术,减少信息重新传输所发生的延迟情况,能够实现在高速移动下信息传递的实时性。

802.11p 在 915 MHz 频段中,支持传输距离小于 300 m,传输速率低于 0.5 Mb/s,使用 5.9 GHz 频段通信时,传输距离最远可达 1 000 m,以频道带宽 10 MHz 为单位,传输速率最高为 27 Mb/s,允许在车速 260 km/h 下进行车与车以及车与道路设备的信息传输。

DSRC 系统包含车载装置与路侧装置两项重要组件,通过 OBU 与 RSU 提供车间与车路间信息的双向传输,RSU 再通过光纤或行动网络将交通信息传送至后端平台。由于车间与车路通信应用情境复杂,汽车数量多寡、距离与道路气候等都会影响无线网络通信,通信速度与质量将对路人安全造成极大影响,因此车联网安全应用相关通信网络通常要求具备高移动性与低延迟率,IEEE 将安全应用通信延迟容许范围定在 50 ms 内,最大限度不超过 100 ms,允许接收数据后有足够反应时间。

DSRC 技术包含车载单元与路侧单元,能够支持车与车和车与路侧设备的双向数据传输。

3.5.10　LTE-V 技术概要

车间与车路间的通信技术除 DSRC,国内多家厂商还积极推动以 LTE 网络为基础的 LTE V2X 技术,3GPP 自 2015 年底将 LTE-V 技术纳入 Release 14 标准制定,现今于 SA WG1 内进行相关服务之研究及讨论。

德国电信也宣布将与华为、丰田(Toyota)及奥迪(Audi)汽车合作,在因哥尔斯塔特高速公路的测试场域上进行 LTE-V 技术实证。德国电信将在 LTE 基地台上设置华为供应的 LTE-V 硬件,Toyota 及 Audi 车载 LTE-V 装置同样由华为提供。中国政府也看好 LTE 应用于车联网环境中,由中国信息通信研究院主导成立 LTE-V 核心工作组,在中国通信标准化协会与 3GPP 架构下推动 LTE-V 的标准化与商业化发展。

在 3GPP 架构下,与 V2X 相关技术标准包含多媒体广播群播(MBMS)与 LTE Direct 通信。利用 MBMS 技术可同时对大量装置广播,如公共警示等紧急数据、LTE Direct 通信部分,3GPP 于 2011 年展开相关研究,并正式将其纳入 Release 12 的标准制定,LTE Direct 可自动搜寻邻近上千台装置,能够让处于 LTE 信号覆盖范围内外之车辆、路侧装置等在不通过基地台情形下相互沟通。

LTE-V 的技术分类包括 LTE-V Cell(集中式)与 LTE-V-Direct(分布式)两种不同通信模式。前者由基地台提供服务,后者则类似 DSRC,可实现直接联机。

3GPP 在 TS 22.185 文件中描述 LTE-V 应用情境与传输要求,LTE-V 应用情境包含 LTE 网络范围内及范围外的 V2V、车对基础建设/网络(V2I/N)及车对行人(V2P)等。传输部分须达到支持最大相对速度 280 km/h、绝对速度 160 km/h 的高速移动,以及 V2V 环境下延迟速度低于 100 ms 等要求。

LTE-V 的实际运作可分为 LTE 覆盖范围外的 V2X 通信,单一营运商通过基地台管理的 V2X 通信以及多营运商通过基地台管理的 V2X 通信等。在多营运商提供 V2X 服务的情境下,数据传递有三种情形需要考虑:第一,特定区域仅有一家营运商拥有 V2X 频段,该营运商分享基地台给其他营运商限定提供 V2X 服务;第二,特定区域仅有一家营运商有基地台,该营运商与其他营运商分享基地台提供包含 V2X 等多种服务;第三,特定区域有 2 家营运商都拥有基地台,V2X 服务器分配 V2X 数据给 2 家营运商的网络。终端应能够接收不同营运商之 V2X 数据,避免漏接重要信息。

3.5.11　DSRC、LTE 标准对比

在标准进程与导入方面,DSRC 发展较成熟,北美、欧洲等国家已提出相关标准规格,LTE-V 现今已在 3GPP 进入标准制定流程,但至少需到 Release 14 中才会完成,在布建上 DSRC 由于需要安装新的路侧设备,将增加导入成本与时间,LTE-V 则能够整合既有的基地台装置,不需要大量布建新基础建设,可缩短导入时间,两者互有优势。

DSRC 关键指标:支持车速 200 km/h,反应时间 100 ms,数据传输速率平均 12 Mb/s(最大 27 Mb/s),传输范围 1 km。根据北美交通运输部的报告,违反交通信号灯指示的时延要求是小于 100 ms,车辆防碰撞指示的时延要求是小于 20 ms。

LTE-V-Cell 关键指标:传输带宽最高可扩展至 100 MHz,峰值速率上行 500 Mb/s,下行 1 Gb/s,时延用户面时延不大于 10 ms,控制面时延不大于 50 ms,支持车速 500 km/h,覆盖范围与 LTE 范围类似。LTE-V-Direct 现今还没有详细的技术指标,LTE-D 具备能寻找 500 m 范围内寻找数以千计的装置和提供服务的能力。

车间与车路间通信技术可协助提升车辆安全,也是未来自动驾驶车辆的关键技术之一,DSRC 与 LTE-V 都利用车载装置之间以及车辆与路侧装置之间进行信息交换,达到实时信息传递,提供驾驶者判断或车辆自动控制,两者在技术上都必须达到一定传输要求实现车辆安全应用。

现今 DSRC 产业链更为成熟,但 LTE-V/5G 有机会后来居上,总体来看政府政策影响极大。智能驾驶和智能交通融合将催生 V2X 的巨大市场,正如 NB-IOT 在物联网低频低速率数据场景下的应用,中长期看好 LTE-V/5G 在车联网 V2X 领域的发展潜力。

3.6　基于 SoC 的硬件栈技术

3.6.1　SoC 片上解决方案

单片系统或片上系统(SoC)是一个将电脑或其他电子系统集成到单一芯片的集成电

路。单片系统能够处理数字信号、模拟信号、混合信号甚至更高频率的信号。单片系统常常应用在嵌入式系统中。单片系统的集成规模很大,一般达到几百万门到几千万门。

尽管微控制器通常只有不到100 kB的随机存取存储器,但是事实上它也是一台小电脑的结构,一种简易的、功能弱化的单芯片系统,这个系统的功能现在足够强大,而一般认知的"单片系统"这个术语常被用来指功能更加强大的处理器,这些处理器能够运行Windows和Linux的某些版本。单片系统更强的功能要求它具备外部存储芯片,以及其他一些外设功能,如有的单片系统配备了闪存。单片系统往往能够连接额外的外部设备。单片系统对半导体器件的集成规模提出了更高的要求。为了更好地执行更复杂的任务,一些单片系统采用多个处理器核心,以增加功能的复杂性。

3.6.2 SoC 系统组成

一个完整单片系统由硬件和软件两部分组成,当然,它们本身具有很强的扩展性。其中软件用于控制硬件部分的控制器、微处理器或数字信号处理器核心以及外部设备和接口,如图3.23所示。单片系统的设计流程主要是其硬件和软件的设计。

图3.23 SoC 系统组成

由于单片系统的集成度已经达到数百万门,系统集成度的复杂性已经足够高,工程团队必须尽可能采取可重用的设计思路。大部分的单片系统都使用了预定义的半导体知识产权核(IP核,包括软核、硬核和固核),以可重用设计的方式完成快速设计。与以往的集成电路设计相比,可重用设计要求设计人员的工作更加标准化、集成化。例如,规范的代码书写风格等。设计人员需要关注硬件驱动程序的实现,从而实现具体的功能。其中,相关协议栈是一个重要的概念,它与诸如通用串行总线接口的工业标准有关。设计人员通常使用计算机辅助工程工具把已经设计(或者购买)的核连接在一起,这时集成开发环境能够被用来集成包含不同子功能的模块。

设计的芯片被送到工厂进行硬件工艺制造之前,设计人员会采取不同方式对芯片的逻辑功能进行验证。功能验证的过程十分复杂并且重要,功能验证的重要性丝毫不亚于集成电路设计,对于现代的超大规模集成电路,这一步骤在整个设计周期中将花费相当的时间和金钱。为了应对芯片极高的复杂程度,类似SystemVerilog、System C、e验证语言和OpenVera的硬件验证语言逐渐变得流行。在验证阶段,系统软件的程序错误能够被反馈到设计人员那里,以便进行针对性的修正。

通常,工程团队会使用经过设计的仿真器,或者在通用的现场可编程逻辑门阵列(FPGA)上进行测试工作,测试之前进行的系统级、行为级(或用另一个术语寄存器传输级,即RTL)的设计代码,这一步的目的是在设计项目进行最后的硬件生产(投片)之前,其软、硬件的功能、性能得到最后确认,并改正所有功能、时序、功耗上的错误。

其中,使用现场可编程逻辑门阵列构建产品原型的工作方式能够让工程团队评估、测试各种刺激施加在系统时,系统的运行状态。相关的电子设计自动化工具包括Certus,它能够被用来分析、检测系统设计的寄存器传输级代码,监视其中的变量和信号在整个运行过程中的变化。

3.7 汽车外接诊断系统 OBD

图 3.24 OBD

汽车外接诊断系统(OBD,又译为车载自动诊断系统),是一种设置在车中用以监控车辆运行状态和回报异常的系统,车辆的子系统出现问题时,产生故障代码和提醒信号通知车主和车厂诊断维修,目前,OBD 的使用已经越来越普及了,如图 3.24 所示。1980 年车上诊断系统发明后,早期仅能以指示灯形式回报故障发生与否。随着电脑科技的进步,现今已经能回报各式各样的实时数据和标准化故障代码,汽车故障诊断维修方法发生了翻天覆地的变化。

车上诊断系统的设计约起于 20 世纪 80 年代中期的北美,在北美率先进行应用,当时发现配备空燃比控制系统的车辆如果排放污染超过管制值,其含氧感知器通常也有异常,由此逐渐派生出设计一套可监控各排放控制组件的系统,以早期发现有可能超出污染标准的问题车辆。当时北美是规定车辆必须装配车上诊断系统的区域,之后欧盟与日本也陆续采行。中国则自 2006 年陆续对新车提出了设置车上诊断系统的要求。

3.7.1 OBD 原理

OBD 装置,通过监测多个系统和部件诊断汽车故障。故障监测范围比较广泛,检测目标包括发动机、催化转化器、颗粒捕集器、氧传感器、排放控制系统、燃油系统、EGR 等。OBD 通过内部系统读取各种与排放有关的部件信息,并能够连接到 ECU,ECU 通过读取OBD 传输的这些信息,检测和分析与排放相关故障。当出现排放故障时,ECU 记录故障信息和相关代码,并通过故障灯发出警告告知驾驶员。ECU 通过标准数据接口,保证对故障信息进行访问和处理。

3.7.2 OBD 发展

OBD 最早起源于 20 世纪 80 年代的北美。初期,通过恰当的技术方式提醒驾驶员发生的失效或是故障。在 2000 年以后欧盟和日本引入 OBD 技术,2004 年之后,发达国家的汽车 OBD 技术进行第三个阶段。

欧洲和北美在 OBD 检测的项目和限值方面存在一定差别。北美 OBD 监控的目的在于成为高排放标准车辆之前发现故障,欧洲 OBD 监控的目的在于发现高排放车辆。我国导入的 OBD 技术,将在三个阶段以后等效采用欧洲 OBD 系统的相关规定。

3.7.3 OBD 申报与引入

车辆加装 OBD 需要有一个申请过程,而且需要企业对加装 OBD 的车辆进行多项试验后,向相关部门提供达标的数据,周期一般为 10 个月。加装 OBD 的车辆,需要重新申请车辆的公告。OBD 在研发阶段用时较长,成本费用也相对较高,在实现规模化生产后,单台分担的技术成本才会降低。OBD 的引入与使用环境、燃油特性、驾驶习惯、车辆状况四个主要方面紧密相关。其中任何一个环节的短板,都会影响 OBD 的扩展和应用。OBD技术的引入,需要以下相关的配套条件相应提高:机械性能、燃油质量、车辆维修保养技能、相关零部件的一致性、驾驶者水平、OBD 技术和社会各方面的支持。相当长一段时间,我国对 OBD 技术是引入与学习研发的过程。因为 OBD 技术,不仅与汽车本身相关,也与燃油和驾驶者等其他多个环节相关,OBD 技术的引入和扩展,是对汽车产业链的一个考验和提高。

3.8　娱乐控制系统 IVI

3.8.1　智能座舱的信息娱乐系统 IVI

车载信息娱乐综合性的处理过程,一般是采用车载专用多集成的中央处理器,基于车身总线系统和互联网服务,形成的车载综合信息处理系统,IVI 包括(3D 技术)导航、实时路况、辅助驾驶、车辆信息、移动办公、无线通信、基于在线的娱乐功能等一系列应用,如图 3.25 所示。

图 3.25　智能座舱的信息娱乐系统

3.8.2　IVI 的硬件系统

IVI 的硬件系统以 ECU 为主核心,通过多个 ECU 的接口与各个部件实现连接和信号交互。ECU 的主要作用:提供信号的输入/输出接口、接收信号、处理信号、输出信号,如图 3.26 所示。

通常一个主要功能对应一颗 ECU,比如四轮驱动系统、车门控制、中控大屏、仪表等。ECU 数量越多,线束、逻辑也就越复杂,于是便有了"域"的架构与概念,进而"域控制器"成了智能座舱的高频词汇,当然现在也有高性能 ECU(中央计算平台)出现,以减少 ECU 的复杂度与集成性。

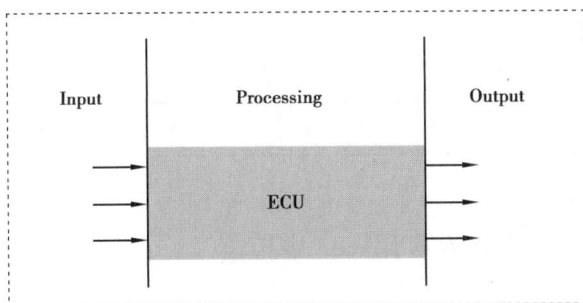

图 3.26　控制器(ECU)

域控制器是汽车电子第二次发展的产物,它提供的输入、输出接口类型非常丰富,域控制器的接口类型以及与各输入、输出端部件的关系,如图 3.27 所示。

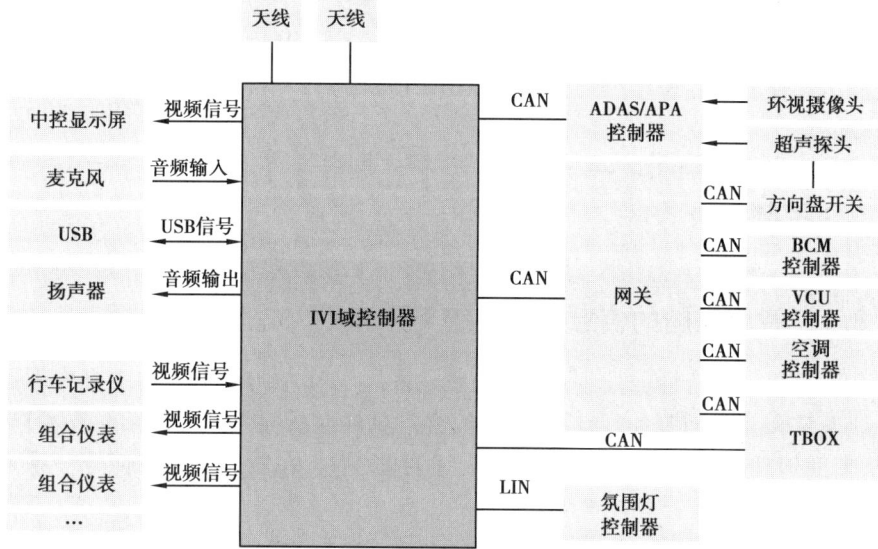

图 3.27 域控制器的接口类型以及与各输入、输出端部件的关系

ECU 与以下各关联硬件共同构成 IVI 的硬件系统,见表 3.2。

表 3.2 ECU 与各关联硬件共同构成 IVI 的硬件系统

主机	关联硬件	输入/输出关系
IVI ECU	TBOX	提供 4G/5G 网络通道
	ADAS 控制器	提供 ADAS 信息交互
	麦克风	提供语音输入
	天线	提供天线信号
	扬声器	提供声音输出
	网关	提供整车的网络信号
	中控屏	提供 HMI 和 App 交互
	组合仪表	提供仪表端信号显示
	氛围灯	为氛围灯提供信号
	APA 模块	提供环视全景影像、APA 泊车信息
	DVR 摄像头	提供车前、后影像

3.8.3 IVI 包含的软件应用——中控屏

早期的 IVI,其多媒体应用以本地收音电台、蓝牙周边应用等内容为主。发展至今,随着互联网应用的车机化,IVI 的内容越来越多。车机中控屏除了车身控制项的功能,已经成为新的互联网终端设备,见表 3.3。

表3.3　域控制器的接口类型以及与各输入、输出端部件的关系

多媒体娱乐	电台	本地电台	在线电台					
	音乐	蓝牙音乐	本地(USB)音乐	在线音乐				
	视频	本地视频	在线视频					
电话	电话	拨号盘	呼入/呼出	接听/挂断	…			
导航	导航	基础地图	基础导航	路线规划	实时路况	…		
语音	语音控制	语音搜索	多轮对话	唤醒词	…			
显示及控制	空调	空调显示	空净显示	…				
	全景影像	3D影像	视图模式	…				
	倒车影像	倒车影像	倒车辅助线	…				
	行车记录显示	行车录像	行车记录	…				
	仪表信号	方控设置	仪表功显示	…				
	服务电话	I-CALL	B-CALL	E-CALL				
	能量回收	回收等级	…					
	座椅加热	开关	挡位	控制				
	连接显示	4G/5G	蓝牙	Wi-Fi				
	驾驶模式	运动	常规	节能				
	车辆设置	行车落锁	驻车解锁	报警提醒	后视镜调节	车窗调节	ESC/HDC/EPB/AUTO HOLD/ADAS	…
车生活互联服务	保险	ETC	小程序/轻应用	智能家居	…			

3.8.4　IVI 包含的软件应用——仪表

不同汽车仪表板的仪表功能不尽相同,但是规范化的汽车常规仪表有车速里程表、转速表、机油压力表、水温表、燃油表、充电表等。仪表的主要作用是展示车辆状况,以及作为方向盘按键功能的人机反馈。随着仪表智能化的发展,仪表有自己独立的 ECU 处理

系统和外设相关配置,汽车仪表由各种仪表、指示器,特别是驾驶员用警示灯报警器等组成,为驾驶员提供所需的汽车运行参数信息。按汽车仪表的工作原理,可大致分为三代:第一代汽车仪表是机械机芯表;第二代汽车仪表称为电气式仪表;第三代汽车仪表为全数字汽车仪表,是一种网络化、智能化的仪表,其功能更加强大,显示内容更加丰富,线束链接更加简单。

3.9 OTA(空中下载)技术

OTA 空中下载技术是通过移动通信(GSM 或 CDMA)的空中接口对 SIM 卡数据及应用进行远程管理的技术。空中接口可以采用 WAP、GPRS、CDMA1X 及短消息技术。OTA 技术的应用,使移动通信不仅可以提供语音和数据服务,而且还能提供新业务下载。这样,应用及内容服务商可以不受平台的局限,不断开发更具个性化、贴近用户需求的服务,如信息点播、互动娱乐、位置服务以及银行交易等,如图 3.28 所示。

图 3.28 OTA

3.9.1 OTA 主要作用

1)快速修复系统缺陷

随着车联网、自动驾驶等新技术的快速发展,软件故障问题或更加突出。OTA 技术能够通过远程快速数据包的形式完成缺陷的修复,避免持续数月召回进厂带来的风险。

2)节约成市和时间

OTA 方式能够有效提高召回效率和完成率。现在一个召回有可能需要两年时间,而通过 OTA 召回,有可能两周就能解决,同时,还可大幅降低召回成本。

3)快速迭代,提升使用体验

智联网汽车操作系统能够通过一次次 OTA 升级,不断给车主逐步开启新功能,优化产品体验,进行快速迭代,提供更加优质的系统服务。

4)实现软件收费的突破

OTA 技术的出现,让汽车软件功能的定义与开发分布在汽车产品的这个生命周期中,软件功能在车型间的通用性越来越强。OTA 能够突破传统汽车的维修升级桎梏,实现改善或添加车辆功能和价值,让车的功能迭代更加灵活和便捷,最终变成一台能够不断进化的智能终端。

3.9.2　OTA 技术分类

现今,汽车 OTA 分为 SOTA(软件 OTA)和 FOTA(固件 OTA)两种升级方式,见表3.4。

表3.4　OTA 技术分类

SOTA	SOTA 又称软件升级,在操作系统的基础上对应用程序进行升级,指那些离用户更近的应用程序、UI 界面和车载地图、人机交互界面等功能
FOTA	FOTA 又称固件更新,用户可以通过特定的刷新程序进行 FOTA 升级,影响的是控制系统、动力系统等

相比 SOTA,FOTA 升级实现难度更大,一般被应用于车辆性能的完善层面。此外,FOTA 须针对车辆上不同的通信环境更新刷写机制,利用在不同 ECU 上分别植入主/从代理程序建构整车 OTA 的架构,并搭配完善的 OTA 平台管理系统达到整车更新的功能。

3.10　抬头显示 HUD

HUD,即抬头显示,又称平视显示系统。智能汽车的安装应用率越来越普及,它的作用就是把时速、导航等重要的行车信息,投影到驾驶员前面的挡风玻璃上,使驾驶员尽量不低头、不转头就能看到,如图 3.29 所示。

图 3.29　抬头显示 HUD

HUD 应用在汽车上已经有十几年,随着智能座舱的技术发展,HUD 对驾驶员也起到主动安全的促进作用,继而催生出最初的 C-HUD、W-HUD,多见于高端车型。AR-HUD 是 AR 增强现实技术和 HUD 抬头显示相结合的一种新型的车用 HUD,与 C-HUD 和 W-HUD 最大的不同之处在于,AR-HUD 拥有更大的视场角和更远的成像距离,而且能够直接将显示效果叠加到现实路面。

3.10.1　HUD 功能分类

AR-HUD 的功能角度从整体来看,分为三类:车况及导航系统内容、车生态服务信息、行人预警。

车况及导航系统内容:主要作用是显示当前车况及行驶信息,道路识别以及导航引导,包含的功能,如图 3.30 所示。

图 3.30　车况及导航系统

车生态服务信息:主要作用是显示附近生活服务类的信息,如图 3.31 所示。

图 3.31　车生态服务信息

行人预警:主要面向复杂环境下的行人监测和提醒,助力安全出行。比如在多路口的特殊路段、夜晚行车环境下,通过监测车辆前方的行人,在车内提醒和预警驾驶员注意行人,如图 3.32 所示。

图 3.32　行人预警

3.10.2　HUD 技术原理

HUD 的主要设计原理是离轴三反射镜光学系统,即图形显示器产生图像—小反射镜折转光路—大反射镜反射放大—挡风玻璃反射进入人眼成像,如图 3.33 所示。

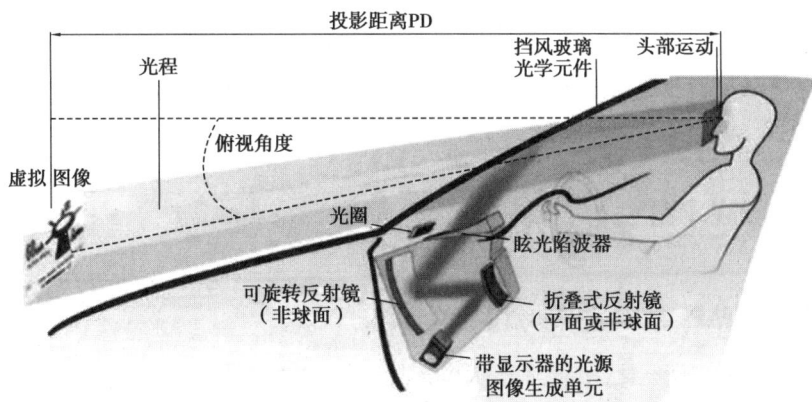

图 3.33　HUD 技术原理

HUD 将显示效果和内容叠加到现实路面,系统架构图及系统框图,如图 3.34 所示。

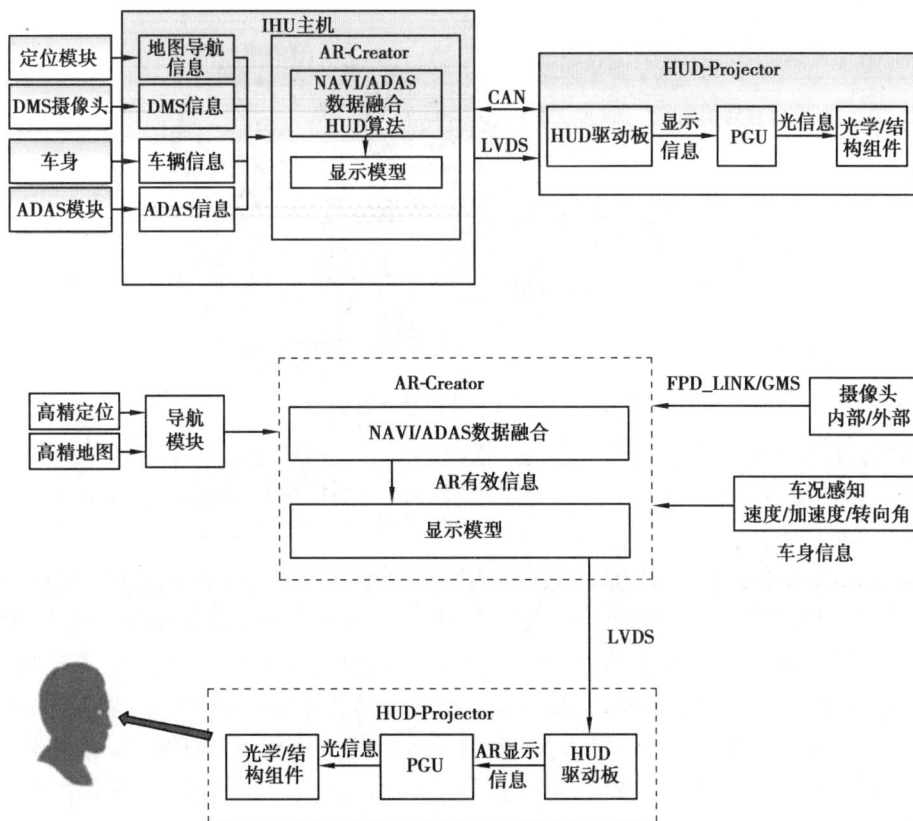

图 3.34　HUD 系统架构图及系统框图

3.10.3 HUD 开发方式

AR-HUD 的开发方式采取行业标准化工业接口定义,以主机厂商规范标准实现为主,主机厂基于域控制器平台,目前主要的开发方式是采用类似 AR-Creator 这样的软件与相关算法,AR-HUD 算法供应商提供库或可执行文件给主机厂集成到域控制器中。系统由 AR-Creator 算法及 HUD-Projector 显示光机组成。AR-Creator 负责融合导航、ADAS、车辆信号等信息,进行图像渲染及虚实重叠后,把显示模型输出给光机,光机负责解码、显示。

3.11 汽车总线平台

3.11.1 CAN 控制器局域网

控制器局域网(简称 CAN 或者 CAN bus)是一种应用领域与功能丰富的车用总线标准,这种标准在智能网联汽车上越来越普及,如图 3.35 所示。被设计用于在不需要主机的情况下,允许网络上的单片机和仪器相互通信。它基于消息传递协议,设计之初在车辆上采用复用通信线缆,以降低铜线使用量,后来也被其他行业所使用。

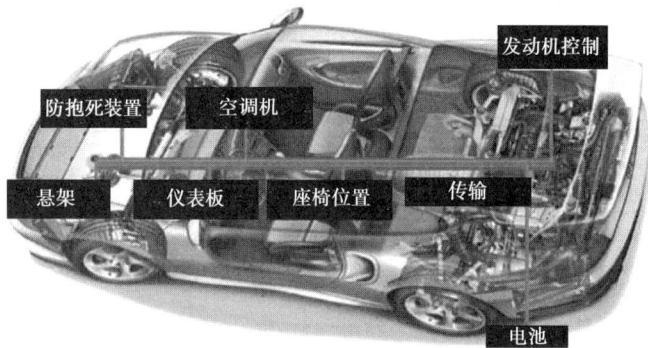

图 3.35 CAN 控制器局域网

CAN 创建基于信息导向传输协定的广播机制。其根据信息的内容,利用信息标志符(每个标志符在整个网络中独一无二)定义内容和消息的优先顺序进行传递,而并非指派特定站点地址的方式。

因此,CAN 拥有良好的弹性调整能力,能够在现有网络中增加节点而不用在软、硬件上做出调整。除此之外,消息的传递不基于特殊种类的节点,增加了升级网络的便利性。

CAN 作为标准化的工业总线,最早由罗伯特·博世公司于 1983 年开发了控制器局域网(CAN bus)。该协议在 1986 年北美密歇根州底特律市举行的国际汽车工程团队学会(SAE)会议上正式发表。第一个 CAN 控制芯片由英特尔和飞利浦生产,并且于 1987 年发布。世界上第一台装载了基于 CAN 的多重线系统的汽车是 1991 年推出的梅赛德斯-奔驰 W140。

在研发过程中,博世公司发表了关于 CAN 规范的几个版本,最新的 CAN 2.0 于 1991 年发布。该规范分为两部分;A 部分适用于使用 11 位标识符的标准格式,B 部分适用于使用 29 位标识符的拓展格式。使用 11 位标识符的 CAN 设备一般称作 CAN 2.0A,而使用 29 位标识符的 CAN 设备通常称为 CAN 2.0B。博世公司免费提供标准、规范和白皮书。

1993 年,国际标准化组织(ISO)公布了 CAN 标准 ISO 11898。后来 CAN 标准被重新编译分成两个部分:ISO 11898-1 涵盖数据链路层;ISO 11898-2 涵盖高速 CAN 总线的物理层。ISO 11898-3 于晚些时候公布并且涵盖低速 CAN 总线的物理层和 CAN 总线容错规范。物理层标准 ISO 11898-2 和 ISO 11898-3 并不包含在博世 CAN2.0 规范中,它们能够单独从 ISO 购买。

随着总线技术的发展,博世公司仍然积极地拓展 CAN 标准。2012 年,博世公布 CAN FD 1.0 或称作可变数据速率的 CAN。这个规范使用不同的架构,允许在仲裁之后,切换至更快的比特率,传输不同的数据长度。CAN FD 兼容现有的 CAN 2.0 网络,所以新的 CAN FD 设备能够与现有 CAN 设备共存于同一控制网络。

从另一个角度来说,CAN 总线是五个使用车载诊断 OBD-II标准协议的其中一个。1996 年以后,所有在北美销售的汽车及轻型卡车被强制要求符合 OBD-II标准。在欧盟,2001 年后销售的汽油载具及 2004 年后销售的柴油载具都强制规定需要符合 EOBD 标准。

3.11.2　CAN 应用

现代的汽车有可能为其子系统配备多达 70 个电子控制器(ECU)。最常见的控制器为发动机控制器。除此以外,变速器、安全气囊、防锁死刹车系统/ABS、定速巡航、动力方向盘、音响系统、动力车窗、车门、后视镜调整、电池和混合动力电动汽车的充电系统等均使用电子控制器。其中,有的是独立的子系统,有些需要与其他子系统进行通信,控制驱动器或接收传感器的反馈信息。为此设计了控制器局域网络,将汽车的不同系统相互连接在一起。传统的"电缆直连"成本高,布线复杂,而控制器局域网络仅需软件就可实现,不仅安全、经济,还十分便利。

自动启动/停止:车辆各处的各种传感器(包括速度传感器、转向角传感器、空调关闭传感器、发动机温度传感器)所发出的各种信号可由 CAN 总线收集并用于决定是否能够在停车时关闭发动机,进而改善燃油效率和尾气排放。

电子驻车制动:"斜坡驻车"的功能需要车辆的倾斜传感器(同时用于防盗报警)和道路的速度传感器(同时用于防锁死制动、发动机控制和牵引力控制)通过 CAN 总线传输采样信号并决定车辆是否停在斜坡上,如图 3.36 所示。同样,安全带的传感器(安全气囊的一部分)通过 CAN 总线传输信号,以确定安全带是否扣上,然后刹车会自动在移动时关闭。

图 3.36　电子驻车制动

驻车辅助系统:司机切换至倒挡,变速器控制单元能够通过 CAN 总线发送信号,激活停车传感器系统和车门控制模块,使副驾驶侧的后视镜向下倾斜显示路况。CAN 总线也能够从雨水传感器获取信号,在倒车时自动触发后挡风玻璃雨刮。

车道偏离警示/防撞系统:车道偏离警示/驻车传感器的信号也可通过 CAN 总线用于驾驶辅助系统判断附近物体,比如车道偏离警示。最近,这些信号能够通过 CAN 总线触发防撞系统中的电子刹车系统。

汽车刹车清扫:雨水传感器(主要用于自动挡风玻璃雨刷)通过 CAN 总线将信号送达防抱死制动系统模块中,在行驶中轻微触发一次人体不会察觉的刹车以清除刹车片上的液体。奥迪和宝马的某些高性能型号搭配这一性能。

近些年开发出了 LIN(区域互联网络)标准,在非关键系统中应用,例如空调和信息娱乐系统等数据传输速度和可靠性不是很重要的系统中。

3.11.3 CAN 架构

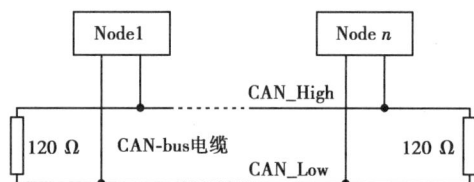

图 3.37　CAN 架构

CAN 是一个用于连接电子控制单元(ECU)的多主机串行总线标准,如图 3.37 所示。电子控制单元有时也被称作节点。CAN 网络需要至少两个节点才可进行通信。节点的复杂程度只能够简单地输入输出设备,也包含 CAN 交互器并搭载软件的嵌入式组件。节点还有可能是一个网关,允许普通计算机通过 USB 或以太网端口与 CAN 网络上的设备通信。

所有节点通过两根平行的总线连接在一起。两条电线组成一条双绞线,并且接有 120 Ω 的特性阻抗。

ISO 11898-2,也称为高速度 CAN,如图 3.38 所示。它在总线的两端均接有 120 Ω 电阻。

高速 CAN 总线在传输显性(0)信号时,会将 CAN_H 端抬向 5 V 高电平,将 CAN_L 拉向 0 V 低电平。当传输隐性(1)信号时,并不会驱动 CAN_H 或者 CAN_L 端。显性信号 CAN_H 和 CAN_L 两端差分标称电压为 2 V。终端电阻在没有驱动时,将差分标称电压降回 0V。显性信号(0)的共模电压需要 $1.5 \sim 3.5$ V。隐性信号(1)的共模电压需要 $+/-12$ V。

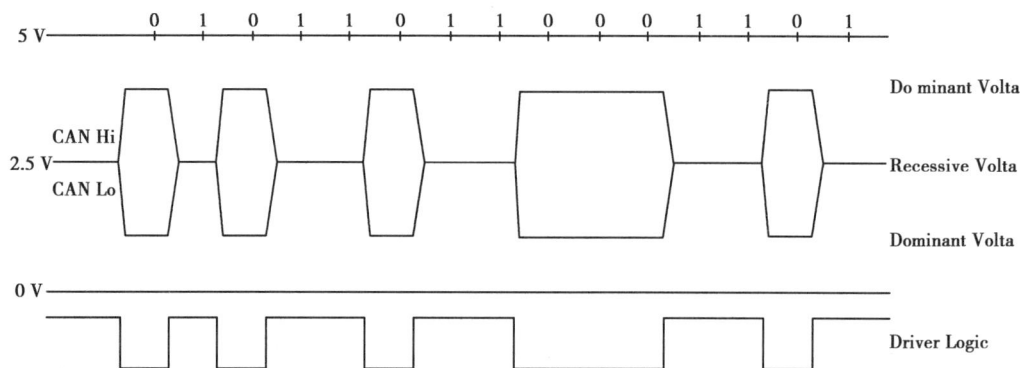

图 3.38　高速 CAN 架构

ISO 11898-3,也被称作低速或者容错 CAN,如图 3.39 所示。它以使用线性主线、星形主线或者连接到一个线性主线上的多星结构主线著称。每个节点都有终端电阻作为全局终端电阻的一部分。全局终端电阻不应低于 100 Ω。

低速/容错 CAN 在传输显性信号(0)时,驱动 CAN_H 端抬向 5 V,将 CAN_L 端降为 0 V。在传输隐性信号(1)时并不驱动 CAN 总线的任何一端。在电源电压 V_{CC} 为 5 V 时,显性信号差分电压需要高于 2.3 V,隐性信号的差分电压需要低于 0.6 V。CAN 总线两端未被驱动时,终端电阻使 CAN_L 端回归到 RTH 电压(当电源电压 V_{CC} 为 5 V 时,RTH 电压至少为 $V_{CC}-0.3$ V$=4.7$ V),同时使 CAN_H 端回归至 RTL 电压(RTL 电压最高为 0.3 V)。两根线需要能够承受 $-27 \sim 40$ V 的电压而不被损坏,如图 3.40 所示。

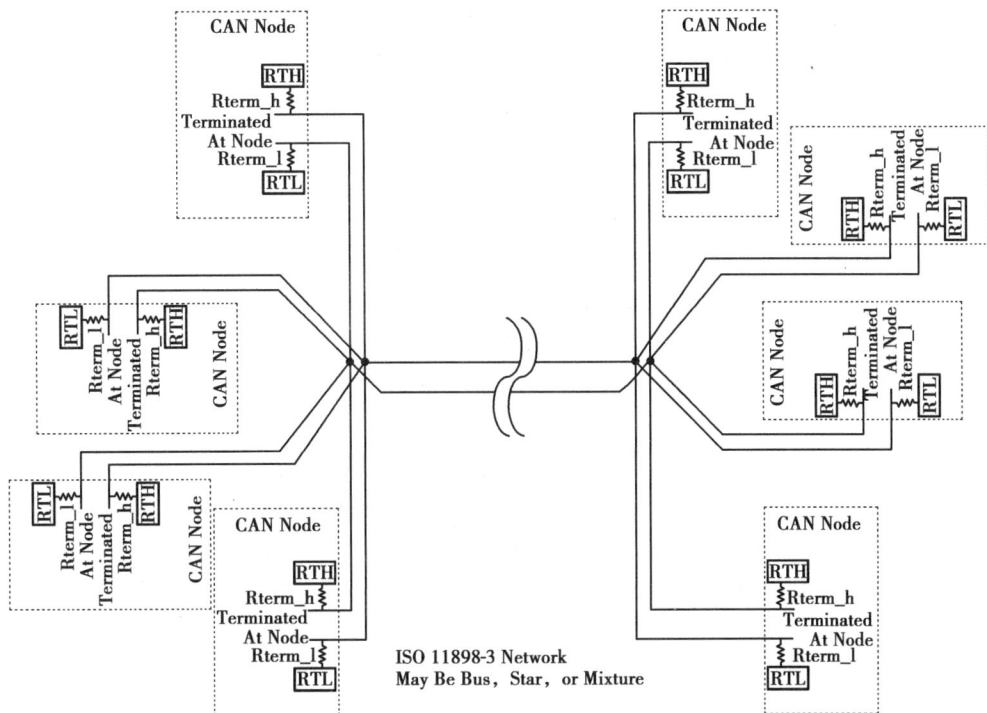

图 3.39　低速或者容错 CAN

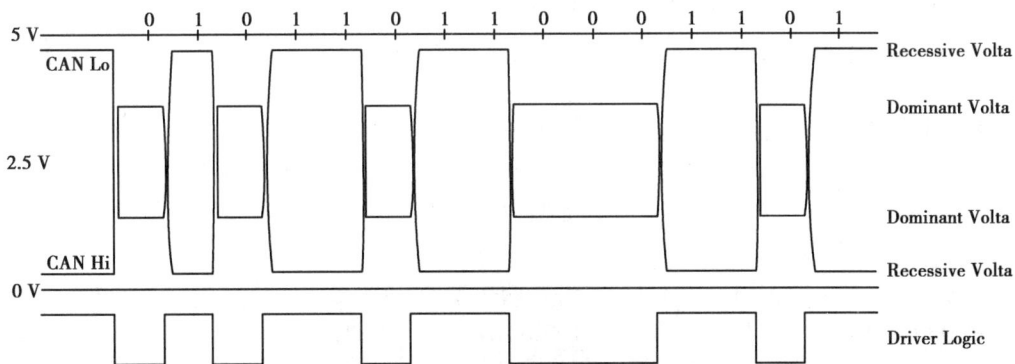

图 3.40　低速或者容错 CAN 架构

在高速和低速 CAN 中,从隐性信号向显性信号过渡的速度更快,因为此时 CAN 线缆被主动积极地驱动。显性向隐性的过渡速度主要取决于 CAN 网络的长度和导线的电容。

高速 CAN 通常应用于汽车和工业,在这些应用环境中,总线通常从一端横跨至另一端。容错 CAN 总线则经常被用在需要连接在一起的一组节点。

ISO 规格只要求总线共模电压必须保持在最小和最大范围内,但不定义如何将总线电压保持在这个范围。

CAN 总线必须使用终端电阻。终端电阻能够用来抑制信号反射,同时能够使总线电压回到隐性状态或者闲置状态。

高速 CAN 在总线两端使用 120 Ω 电阻。低速 CAN 在每个节点均使用电阻。也有其他类型的终端,例如 ISO 11783 定义了终端偏压电路。

终端偏压电路使用由 4 条导线组成的线缆,除了 CAN 信号线以外还有电源线和地线,在每段总线两端提供自动偏压和终端功能。ISO 11783 网络是专为热拔插总线段和电子控制单元设计的。

3.11.4 CAN 数据传输

CAN 数据传输如果出现争执,将会使用无损位仲裁解决办法。该仲裁法要求 CAN 网络上的所有节点同步,对每一位的采样都在同一时间。这就是为什么有人称为 CAN 同步。然而,同步这个术语在此并不精确,因为数据以异步格式传输而不包含时钟信号。

CAN 规范中使用术语"显性"位和"隐性"位表示逻辑高低。显性是逻辑 0(由发信器积极驱动通过电压)而隐性是逻辑 1(被动地通过电阻返回到一个电压)。闲置状态代表隐性的水平,也就是逻辑 1。如果一个节点发送了显性位而另一个节点发送一个隐性位,那么总线上就有冲突,最终结果是显性位"获胜",这意味着更高优先级的信息没有延迟。较低优先级的节点信息自动在显性位传输结束,6 个时钟位之后尝试重新传输。这使 CAN 适合成为一个实时优先通信系统。

逻辑 0 或 1 的确切电压取决于所使用的物理层,但 CAN 的基本原则要求每个节点监听 CAN 网络上的数据,包括发信节点本身。如果所有节点都在同时发送逻辑 1,所有节点都会看到这个逻辑 1 信号,包括发信节点与接受节点。如果所有发信节点同时发送逻辑 0 信号,那么所有节点都会看到这个逻辑 0 信号。当一个或多个发信节点发送逻辑 0 信号,但是有一个或多个发信节点发送了逻辑 1 信号,所有节点包括发送逻辑 1 信号的节点也会看到逻辑 0 信号。当一个节点发送逻辑 1 信号但是看到一个逻辑 0 信号,它会意识到线上有争执并退出发射。通过这个过程,任何传送逻辑 1 的节点在其他节点传送逻辑 0 时退出或者失去仲裁。失去仲裁的节点会在稍后把信息重新加入队列,CAN 帧的比特流保持没有故障继续进行直到只剩下一个发信节点。这意味着传送第一个逻辑 1 的节点丧失仲裁。由于所有节点在开始 CAN 帧时传输 11 位(或 CAN 2.0 B 是 29 位)标识符,拥有最低标识符的发信节点在起始处拥有更多 0。那个节点赢得仲裁并且拥有最高优先级。

例如,一个 11 位标识符的 CAN 网络有两个节点,它们的 ID 分别为 15(二进制表示为 00000001111)和 16(二进制表示为 00000010000)。如果这两个节点同时传输,每个都会优先传输它们标识符中的前 6 个 0 而不触发仲裁,见表 3.5。

表 3.5 CAN 数据传输

	起始位	ID 位											帧剩下的部分
		10	9	8	7	6	5	4	3	2	1	0	
节点 15	0	0	0	0	0	0	0	0	1	1	1	1	
节点 16	0	0	0	0	0	0	0	1	停止传输				
CAN 数据	0	0	0	0	0	0	0	0	1	1	1	1	

当 ID 中的第 7 位传输时,节点 16 为其 ID 发送 1(隐性),而节点 15 为其 ID 发送 0(显性)。当这种情况发生时,该节点 16 知道自己发送了 1,但在总线上看到了 0,意识到有冲突发生并且自己失去仲裁。节点 16 停止传送而节点 15 继续传输自己的 ID,没有丢失任何数据。拥有最低 ID 的节点总是赢得仲裁,因此具有最高优先级。

长度小于 40 m 的网络最高支持的比特率高达 1 Mb/s。降低比特率能够允许使用更长的网络距离(例如,125 kB/t 支持最大 500 m)。改进的 CAN FD 标准允许仲裁后升高比特率,能够将数据区块速度增加至仲裁位速率的八倍。

3.12　其他相关硬件技术

3.12.1　汽车底层硬件传感器

汽车传感器过去单纯用于发动机上,现在已扩展到底盘、车身和灯光电气系统上。这些系统采用的传感器有 100 多种。在种类繁多的传感器中,常见如下 17 种。

1) 里程表

在差速器或者半轴上面的传感器可以感觉转动的圈数,一般用霍尔、光电两个方式检测信号,其目的是利用里程表记数可有效分析判断汽车的行驶速度和里程,因为半轴和车轮的角速度相等,已知轮胎的半径,直接通过里程参数计算。

在传动轴上设计两个轴承,大大减轻了运行中的力距,减少了摩擦力,增强了使用寿命,由原来的动态检测信号改为齿轮运转式检测信号,由原来直插式垂直变速箱改为倒角式接口变速箱。

里程表传感器插头一般是在变速箱上,如图 3.41 所示,有的打开发动机盖能够看到,有的要在地沟操作。

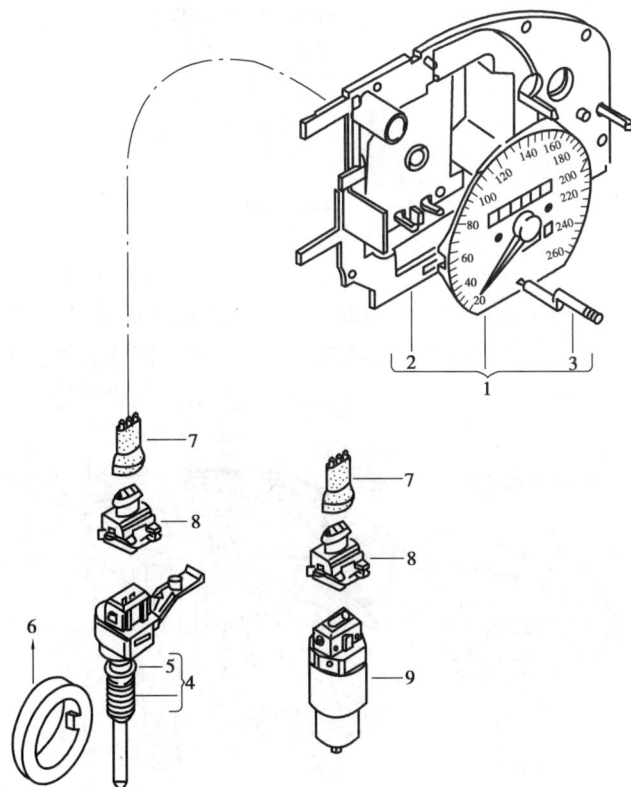

图 3.41　里程表

2）速度传感器

速度传感器是电动汽车较为重要的传感器,也是应用较多的传感器。就其定义而言,速度传感器主要是用来测量速度的传感器,分为转速传感器、车速传感器、车轮转速传感器等。

转速传感器主要用于电动汽车电动机旋转速度的检测。常用的转速传感器有三种,分别为电磁感应式转速传感器、光电感应式转速传感器、霍尔效应式转速传感器,均采用非接触式测量原理,以增强检测的安全性,提高检测精度。

车速传感器用来测量电动汽车行驶速度。车速传感器信号主要用于仪表板的车速表显示及发动机怠速、电动汽车加速期间的控制等,如图3.42所示。

2005年我国绝大部分电动汽车上的速度表都是以汽车轮胎的旋转转速转换成汽车速度进行测速的。这在汽车制动、打滑的情况下,以及轮胎因新旧、摩擦、路面、胎压高低等造成其外圆周长的变化的情况下都会使误差过大,甚至无法工作,车速传感器主要有电磁感应式、光电式、可变磁阻式和霍尔式。电动汽车普遍采用电磁感应式和霍尔式速度传感器。

图3.42　速度传感器

3）安全气囊

安全气囊也称碰撞传感器,按照用途的不同,分为触发碰撞传感器和防护碰撞传感器。触发碰撞式用于检测碰撞时的加速度变化,并将碰撞信号传给气囊电脑,作为气囊电脑的触发信号;防护碰撞式与触发碰撞式串联,用于防止气囊误爆,如图3.43所示。

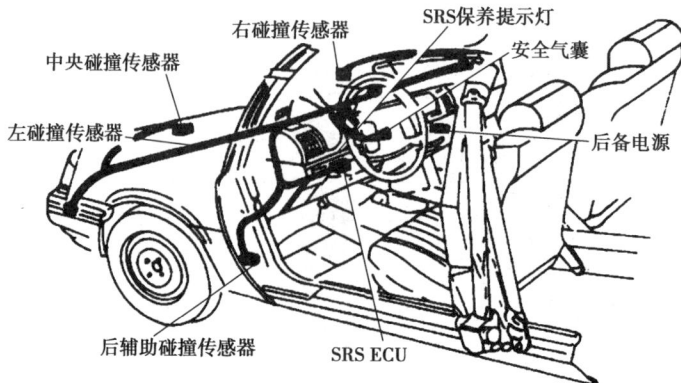

图3.43　安全气囊

4）机油压力

其指集微型传感器、执行器以及信号处理和控制电路、接口电路、通信和电源于一体的微型机电系统。常用的有硅压阻式和硅电容式，两者都是在硅片上生成的微机械电子传感器。

一般情况下，通过机油压力传感器检测汽车的机油还有多少，并将检测到的信号转换成能够理解的信号，提醒还有多少机油，或者还能够走多远，甚至提醒汽车需要加机油了。

5）进气压力传感器

根据发动机的负荷状态测出进气歧管内的绝对压力，并转换成电信号和转速信号一起送入计算机，作为决定喷油器基本喷油量的依据。广泛采用的是半导体压敏电阻式进气压力传感器。

6）空气流量传感器

它的作用是检测发动机进气量的大小，并将吸入的空气转换成电信号送至电控单元，作为决定喷油的基本信号之一，能够让汽车更好地进行加减速行驶。

根据测量原理不同，分为旋转翼片式空气流量传感器、卡门涡游式空气流量传感器、热线式空气流量传感器和热膜式空气流量传感器四种类型。前两者为体积流量型，后两者为质量流量型。主要采用热线式空气流量传感器和热膜式空气流量传感器。

7）水温传感

它的内部是一个半导体热敏电阻，温度越低，电阻越大；反之电阻越小，安装在发动机缸体或缸盖的水套上，与冷却水直接接触，从而测得发动机冷却水的温度。电控单元根据这一变化测得发动机冷却水的温度，温度越低，电阻越大；反之电阻越小。

电控单元根据这一变化测得发动机冷却水的温度，作为燃油喷射和点火时的修正号。通过发动机水温的温度了解汽车运行的状态，停止或者运动，或者运动的时间有多长等。

8）气体浓度

其主要用于检测车体内气体和废气排放。其中，最主要的是氧传感器，它检测汽车尾气中的氧含量，根据排气中的氧浓度测定空燃比，向微机控制装置发出反馈信号，以控制空燃比收敛于理论值。当空燃比变高，废气中的氧浓度增加时，氧传感器的输出电压减小；当空燃比变低，废气中的氧浓度降低时，输出电压增大。

电子控制单元识别这一突变信号，对喷油量进行修正，从而相应地调节空燃比，使其在理想空燃比附近变动。

9）节气门位置传感器

安装在节气门上，测量节气门打开的角度，提供 ECU 作为断油、控制燃油/空气比、点火提前角修正的基准信号。它通过杠杆机构与节气门联动，进而反映发动机的不同工况。此传感器可把发动机的不同工况检测后输入电控单元，从而控制不同的喷油量。

其有三种类型：开关触点式节气门位置传感器、线性可变电阻式节气门位置传感器、综合型节气门位置传感器。

10）曲轴位置传感器

其也称曲轴转角传感器，是计算机控制的点火系统中最重要的传感器，作用是检测上止点信号、曲轴转角信号和发动机转速信号，并将其输入计算机，从而使计算机能按气缸的点火顺序发出最佳点火时刻指令。

曲轴位置传感器有三种类型:电磁脉冲式曲轴位置传感器、霍尔效应式曲轴位置传感器、光电效应式曲轴位置传感器。曲轴位置传感器类型不同,其控制方式和控制精度也不同。曲轴位置传感器一般安装于曲轴皮带轮或链轮侧面,有的安装于凸轮轴前端,有的安装于分电器。

11)氧传感器

检测排气中的氧浓度,提供 ECU 作为控制燃油/空气比在最佳值(理论值)附近的基准信号。

12)进气温度传感器

检测进气温度,提供 ECU 作为计算空气密度的依据。

13)冷却液温度传感器

检测冷却液的温度,向 ECU 提供发动机温度信息。

14)爆震传感器

安装在缸体上,随时监测发动机的爆震情况,使 ECU 根据信号调整点火提前角。采用的有共振型和非共振型两大类。

15)变速器

其有车速传感器、温度传感器、轴转速传感器、压力传感器等,方向器有转角传感器、转矩传感器、液压传感器。

16)悬架

其有车速传感器、加速度传感器、车身高度传感器、侧倾角传感器、转角传感器等。

17)ABS 传感器

在制动活塞旁边(卡制动碟的卡钳,里面是制动活塞),ABS 工作就是保证制动活塞和制动碟不卡死,保证它们处于滑动摩擦和静摩擦的边缘。

大多由电感传感器监控车速,ABS 传感器通过与随车轮同步转动的齿圈作用,输出一组准正弦交流电信号,其频率和振幅与轮速有关。该输出信号传往 ABS 电控单元(ECU),实现对轮速的实时监控。

3.12.2 其他硬件的应用现状

传感器在汽车上的应用不断扩大,它们在汽车电子稳定性控制系统(包括轮速传感器、陀螺仪以及刹车处理器)、车道偏离警告系统和盲点探测系统(包括雷达、红外线或者光学传感器)各个方面都得到使用。

北美 ABI 研究公司公布了一份专门针对传感器市场的研究报告。报告主要对传感器与智能汽车相关硬件进行分析,对主要传感器的使用前景进行预测。报告讨论了使用传感技术的许多先进安全系统,并提供了主要 30 家生产厂家的详细资料,以及 300 多家生产厂家名录。得出结论,主动式安全系统推动了传感器被越来越多地使用。在汽车业,安全系统成为传感器的最大市场。

全球轻型汽车传感器 OEM 市场年均增长率 7.4%。在发达国家,随着汽车电子系统日益完善,电子传感新技术快速发展,已经成熟的传感器产品的增长将趋缓甚至有可能下降;在发展中国家,基本的汽车传感器主要用于汽车发动机、安全、防盗、排放控制系统,增长量十分可观。

　　汽车发动和驱动系统仍是传感器最大和最成熟的市场,然而与其他应用相比,增速将放缓。随着全球燃油价格的提高,"改进燃烧效率"将是汽车传感器的主要应用领域,在汽车安全和防盗系统中的应用将是最快的增长市场,尾气排放控制系统市场的发展比较看好。按区域划分的几大应用市场是,在北美,主要用于胎压检测;在欧洲,主要用于汽车行人警告系统;在新兴产业国家,主要用于安全气囊和自动安全带系统。

3.13　项目案例

恩智浦——车规级 S32K144 芯片项目

1)硬件特性介绍

开发板尺寸小,"6×4"。

- 兼容 Arduino™ UNO 规格。
- 板载 CAN、LIN 和 UART/SCI 接口。
- 集成 SBC(UJA1169)和 LIN(TJA1027)。
- MCUI/O 排母引出。
- 板载电位计、RGB LED、两个按钮和两个触摸按键。
- 集成开放标准的串行调试适配器(OpenSDA),支持多种行业标准的调试接口。
- 灵活供电(microUSB 或外部 12 V 电源)。

S32K144 芯片及技术参数如图 3.44、图 3.45 所示。

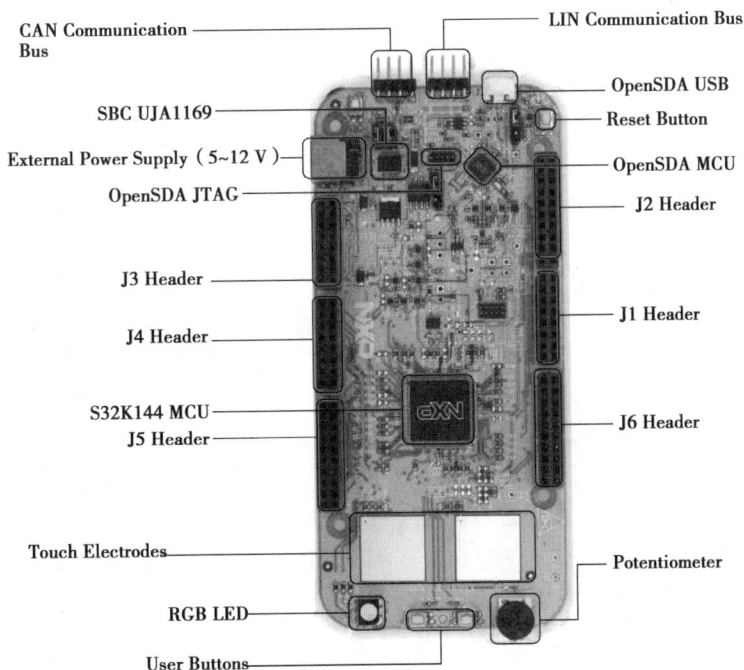

图 3.44　S32K144 芯片

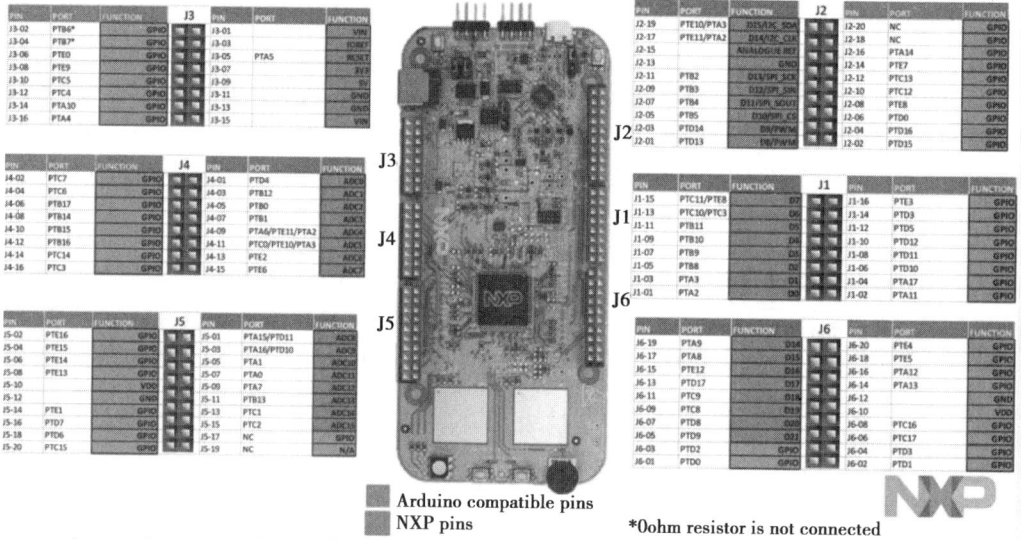

图 3.45 S32K144 芯片技术参数

2）开发工具 S32DS 下载

下载并安装 S32Design Studio for ARM v1.3-Windows. exe，如图 3.46 所示。

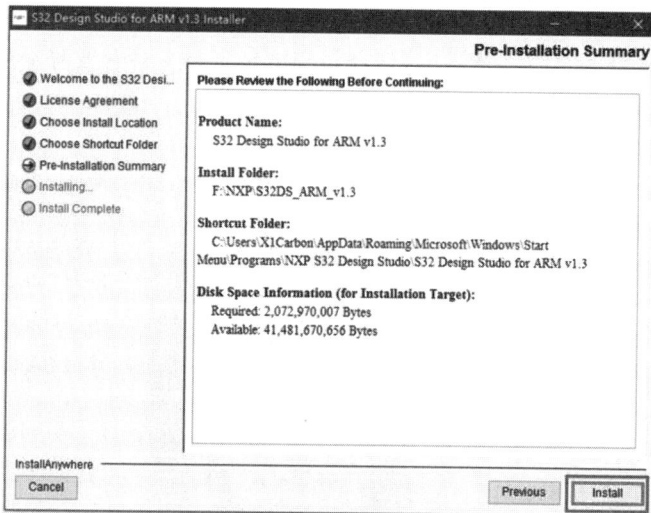

图 3.46 安装 S32 Design Studio for ARM v1.3

3）开发工具 S32DS 安装

安装 S32 Design Studio for ARM v1.3-Windows. exe，在安装过程中会提示输入激活码，请复制激活码，然后单击在线激活即可（此过程需电脑联网）。在安装过程中会安装一些 PE 驱动等，直接确认安装即可，如图 3.47 所示。

4）示例工程项目开发

打开 S32DS，选择工作目录后单击 OK，如图 3.48、图 3.49 所示。

S32DS 编程界面介绍，如图 3.50 所示。

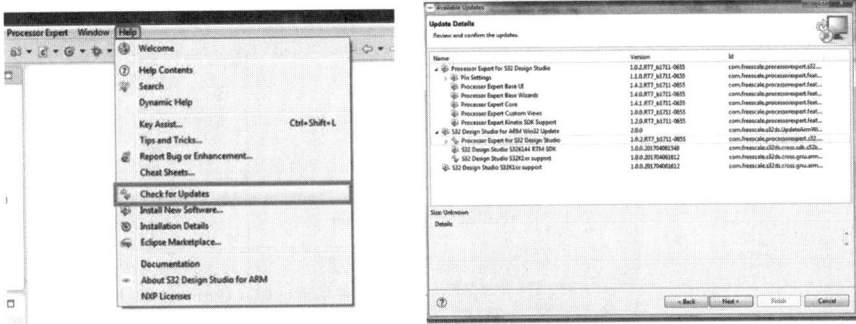

图 3.47 安装 S32 Design Studio for ARM v1.3

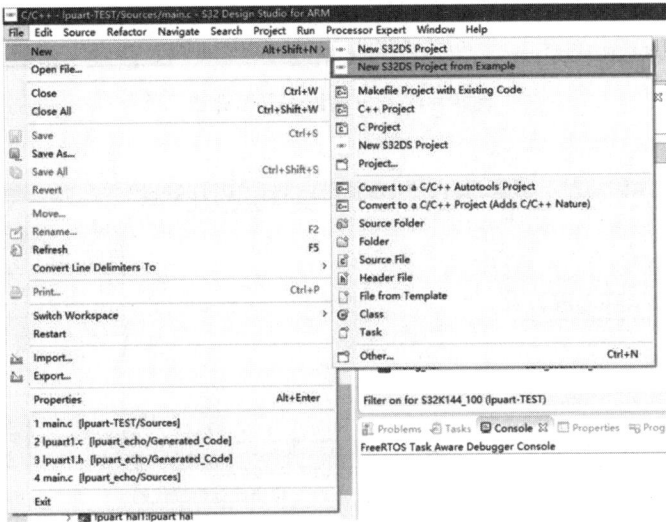

图 3.48 示例工程项目开发

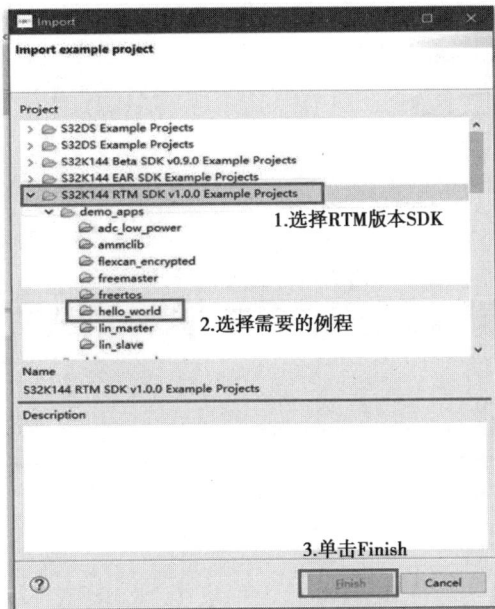

图 3.49 示例工程项目开发

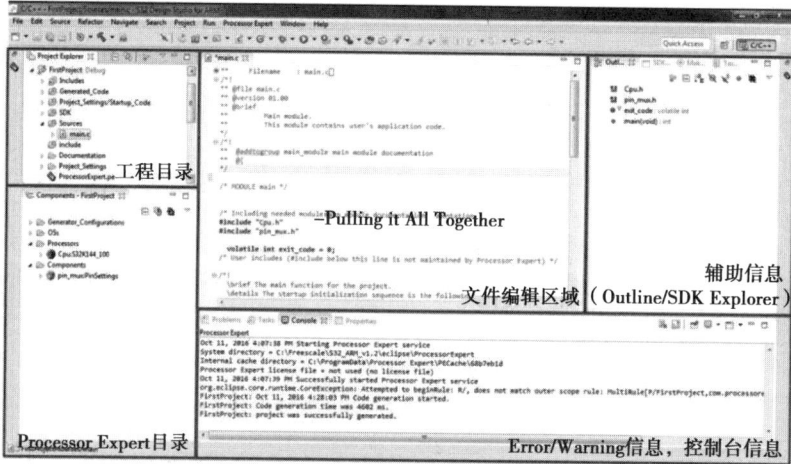

图 3.50　S32DS 编程界面介绍

示例工程,生成 PE 代码,如图 3.51 所示。

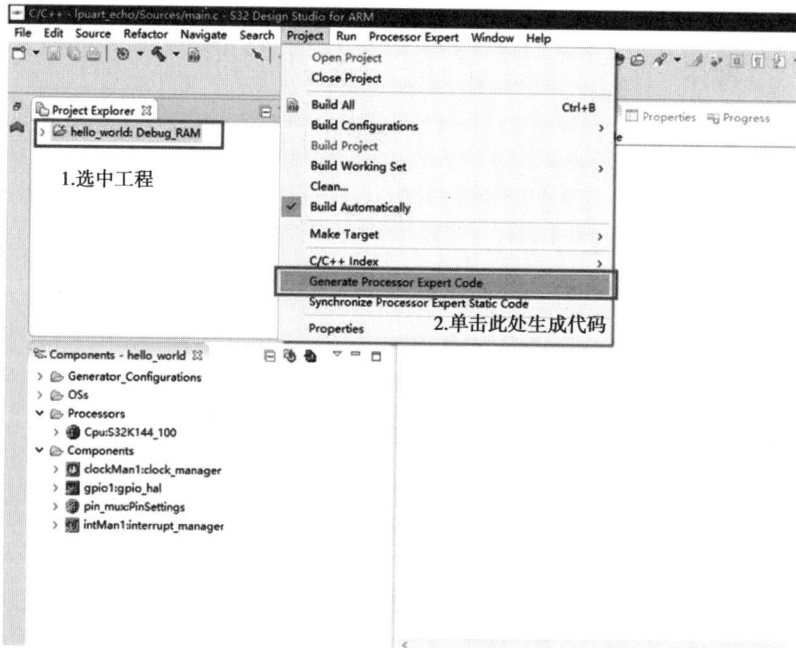

图 3.51　生成 PE 代码

完成工程项目的开发,如图 3.52 所示。

5)模块案例开发流程

模块功能:GPIO 使用。

GPIO 使用流程:

①新建工程。

②配置 GPIO 时钟。

③配置相应的 PIN。

④PE 添加 GPIO 组件库。

⑤PE 生成代码。

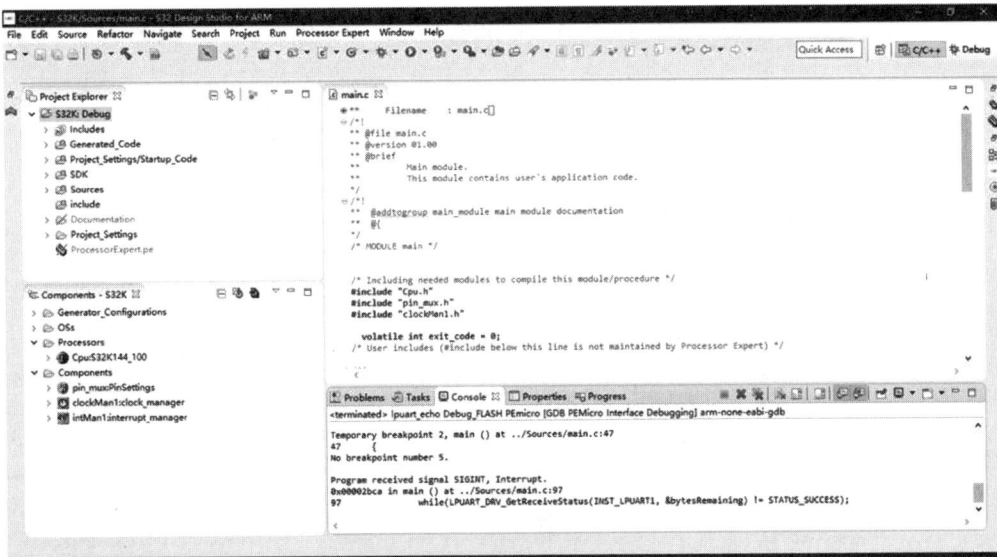

图3.52 完成工程项目的开发

⑥MAIN 函数加入代码,配置时钟、PIN 以及操作 GPIO。

新建 GPIO 工程,如图 3.53 所示。

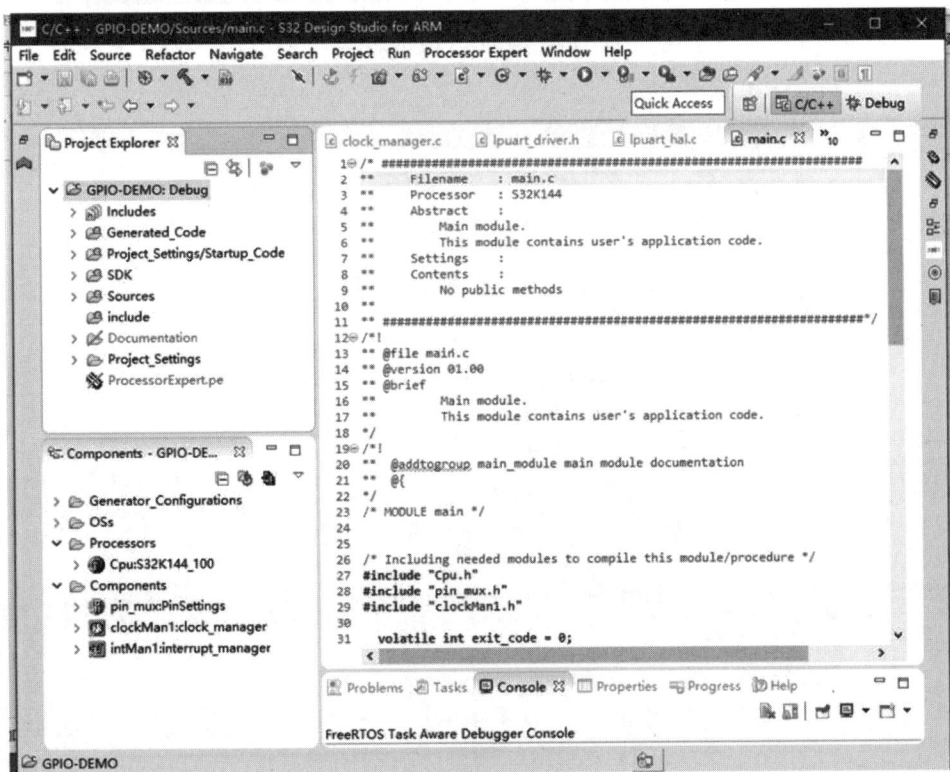

图3.53 新建 GPIO 工程

配置 GPIO 时钟:

①鼠标左键单击此处设置外设的时钟。

②设置相应的外设时钟,如图 3.54 所示。

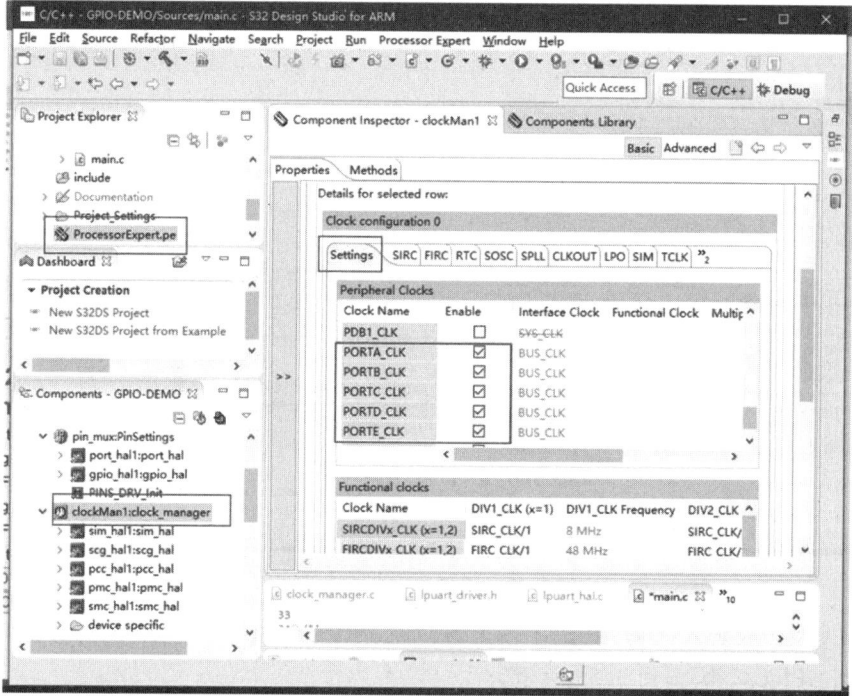

图 3.54　配置 GPIO 的时钟

PE 配置 Pin,如图 3.55 所示。

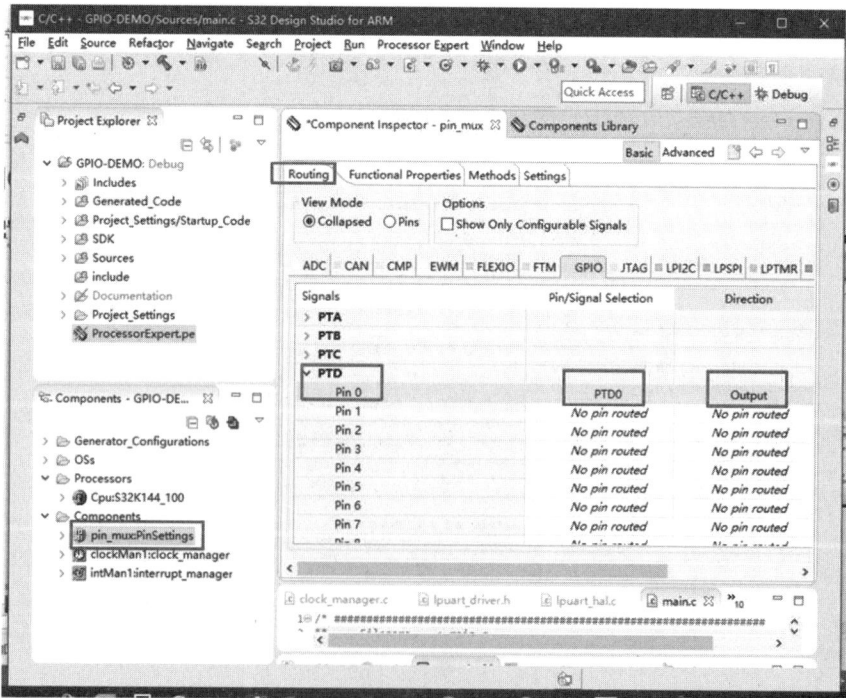

图 3.55　PE 配置 Pin

PE 添加 GPIO 组件库,鼠标左键单击此处打开组件库,如图 3.56 所示。
生成代码,单击此处将图形配置信息生成相应的代码,如图 3.57 所示。

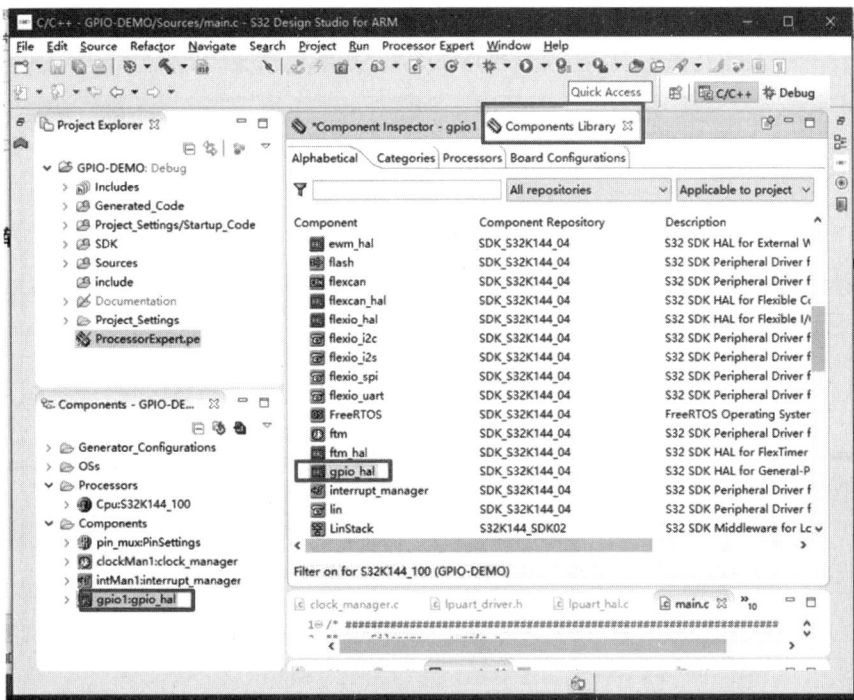

图 3.56　PE 添加 GPIO 组件库

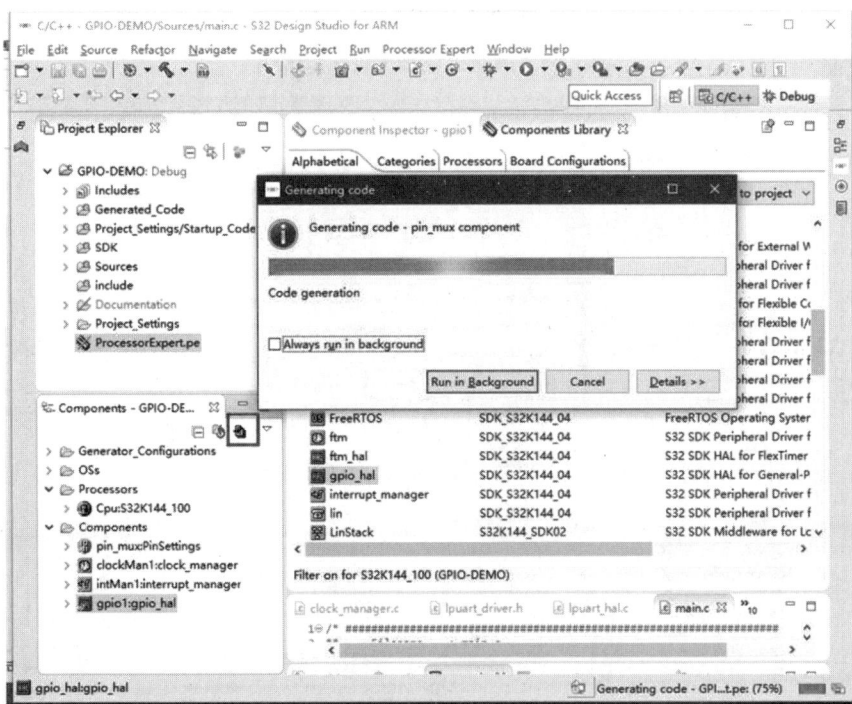

图 3.57　生成相应代码

main.c 添加时钟配置代码,鼠标左键单击并拖动函数将时钟初始化代码拖进 MAIN 函数,并在函数中写入相应参数,如图 3.58 所示。

通过使用 GPIO 接口完成 main.c 中的功能实现。至此,程序已经实现点亮 LED 的功能,编译 Debug 运行。在 GPIO 组件中,鼠标左键单击需要用到的 GPIO 操作函数并拖动到主函数,再填入相应的参数,就能使程序正常运行,如图 3.59 所示。

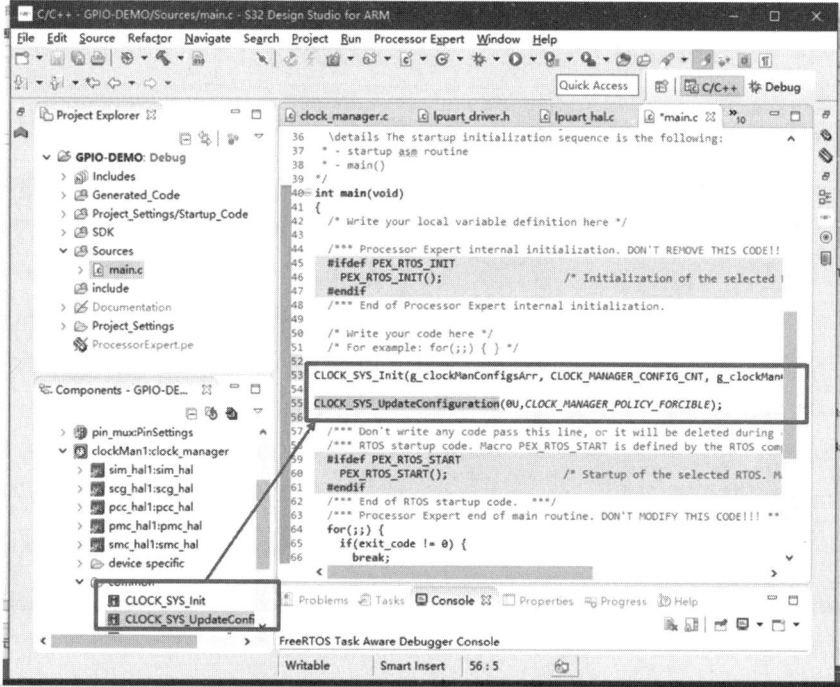

图 3.58　main.c 添加时钟配置代码

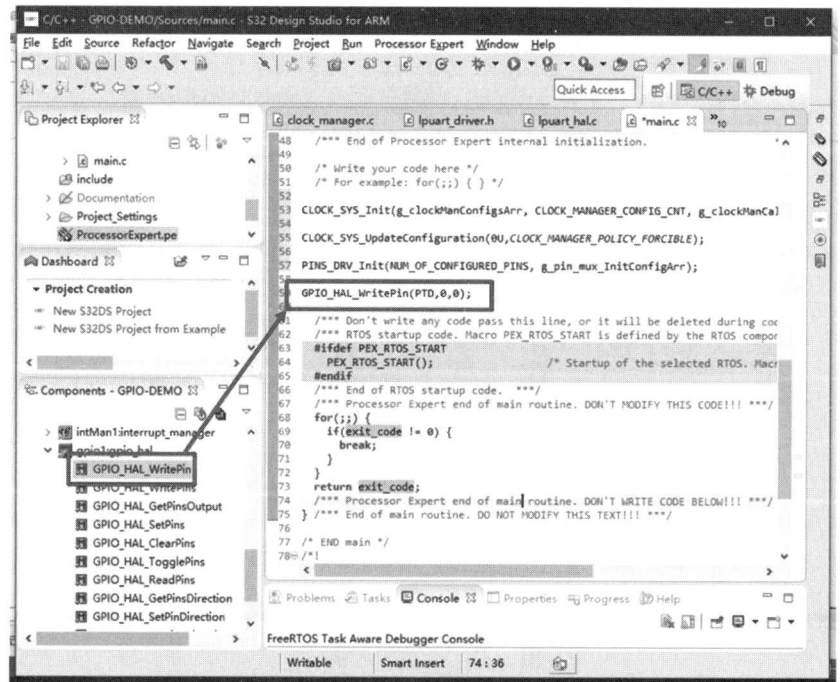

图 3.59　完成 main.c 使用 GPIO 接口实现功能

小结

汽车发展初期,控制功能较少,一般新增一个功能便新增一个 ECU(电子控制单元),为典型的分布式电子电气架构。因此,一般汽车包括多个 ECU,每个 ECU 管理不同的功能,而 MCU 芯片嵌入 ECU 作为运算大脑。本章围绕智能网联汽车 MCU 硬件进行讲解,包括 MCU 外设相关硬件、SoC 相关硬件、各种传感器技术、OBD、OTA 空中下载技术与 HUD 等相关主流硬件应用。

练习题

1. 填空题

(1)微控制器,Microcontroller Unit(MCU),又称_____。

(2)MCU 根据用途可分为_____、_____。

(3)汽车发展初期新增一个功能便新增一个 ECU 为典型的_____电子电气架构。

(4)汽车传感器分_____、_____两大类。

(5)IVI 人机交互形式的三板斧为_____、_____、_____。

2. 选择题[(1)—(3)为单选题,(4)—(5)为多选题]

(1)车上诊断系统缩写为(   )。

A. OBD   B. CBD   C. AOS   D. ODS

(2)CAN 是一个用于连接电子控制单元(   )的多主机串行总线标准。

A. ECU   B. CAN   C. LIN   D. IoT

(3)车用传感器是汽车计算机系统的(   )。

A. 输入装置   B. 输出装置   C. 中断装置   D. 断言装置

(4)根据数据总线的宽度和一次可处理的数据字节长度可将 MCU 分为(   )位。

A. 8   B. 16   C. 32   D. 64

(5)目前智能传感器应用于环境感知的主流传感器产品主要包括(   )。

A. 激光雷达   B. 毫米波雷达   C. 超声波雷达   D. 摄像头

3. 简答题

(1)简述 MCU 的工作过程。

(2)简述 ADAS 的基本概念。

(3)简述激光雷达原理。

(4)简述 SoC 系统组成。

(5)简述 OBD 的工作原理。

(6)简述 OTA 空中下载技术工作原理。

第4章
智能网联汽车软件栈关键技术要素 ⋯⋯⋯⋯⋯⋯⋯○

4.1 智能网联汽车软件栈相关介绍

软件定义汽车已成为汽车产业近年来达成的共识发展趋势。

在智能化、网联化变革趋势下,汽车逐步由机械代步工具向新一代移动智能终端转变。功能需求推动汽车电子电气架构由分布式向集中式升级,软硬件在零部件层面,软件逐步获得全栈化、完整化的控制权限,实现汽车多元化的应用功能,成为定义汽车产品力的关键因素。在此趋势下,汽车产业的现有格局受到前所未有的冲击,如何洞悉智能汽车产业的发展趋势,是汽车产业参与方在变革中掌控先机的关键。

智能汽车软件可定义为软件将深度参与汽车定义、开发、验证、销售、服务等过程,并不断改变和优化各个过程,实现体验持续优化、过程持续优化、价值持续创造。智能汽车软件产业技术体系复杂、价值链长、产业交叉较为融合,布局从基础控制的系统层软件,遍布进阶功能的智能座舱软件、车联网软件、自动驾驶软件,具体技术分类包括车载终端平台系统、语音识别技术、AI 人工智能技术、通信及其应用技术、大数据与云边缘技术、高精地图和定位技术以及信息安全技术等。如图 4.1 所示,软件架构的关键技术使车辆控制系统在开发过程中逐渐与硬件解耦,让用户体验摆脱对于系统环境的依赖,赋予用户新体验与汽车新价值。

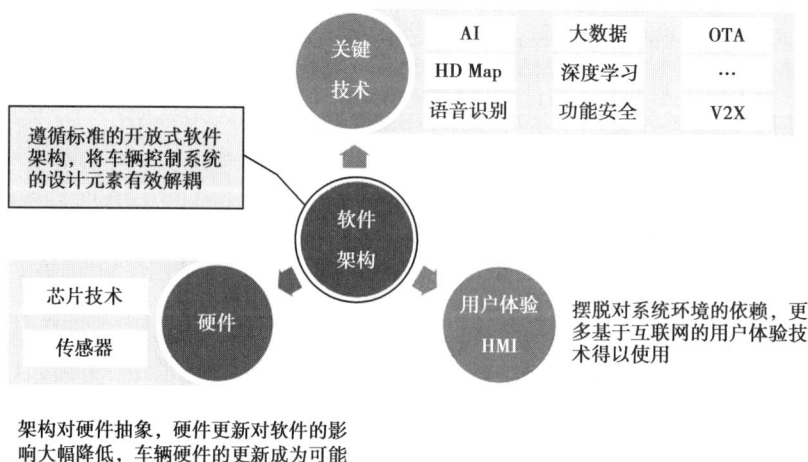

图4.1 汽车软件架构示意图

软件在汽车产品的比重持续增加,汽车架构也从分布式走向集中式,汽车从信息孤岛模式走向网联互通模式,这些都标志着软件定义汽车时代的到来。软件定义汽车架构下,可以通过 OTA 服务持续为车辆升级完善,使车辆不断进化,具备自有的品牌价值。软硬件解耦式开发与后端云平台的持续服务赋予了汽车开发的创新生态,如图4.2所示。

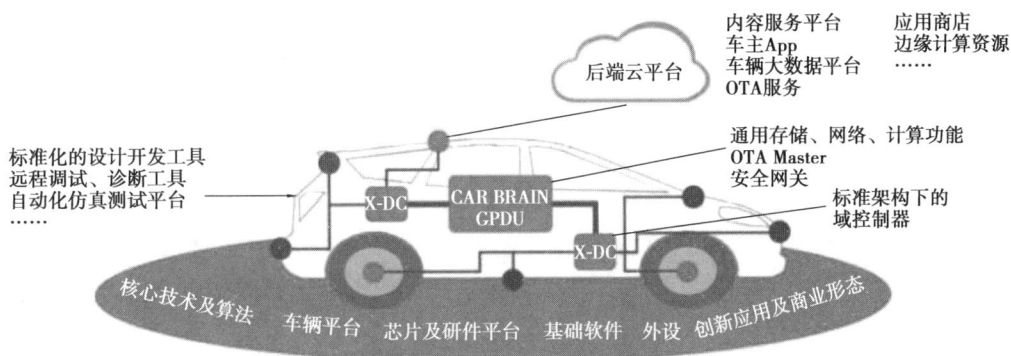

图4.2 智能汽车开发的软件生态

在汽车电动化、网联化、智能化、共享化的发展趋势下,汽车逐步由机械驱动向软件驱动过渡,汽车电子电气架构的变革也使汽车的硬件体系趋于集中化,软件体系的差异化成为汽车价值差异化的关键。如图4.3所示,科技公司、软件公司进入汽车行业也推动了供应链生态体系的改变,汽车产业链逐渐从主机厂、一级、二级供应商的线性关系演变为更加复杂的主机厂、供应商以及互联网企业均参与汽车新生态体系,从汽车全生命周期覆盖整个产业的网状关系。商业模式也从出售汽车硬件转变为出售硬件与后续服务,研发流程也从软硬件集成开发转变为软硬件解耦单独开发。新的整车电子架构构成未来智能网联车的核心,而软件和服务能力将成为未来汽车产业最重要的竞争力。

图4.3 汽车软件价值差异化

全球主要汽车主机厂及零部件厂商通过自研及合作的方式完成高等级的智能汽车软件技术的布局及积累。当前阶段,智能网联产业核心零部件已市场化,L2级别的辅助驾驶功能和车联网产品已与部分车型完成适配,核心领域初具产业规模。

4.2 开放的、智能的车载终端系统平台

就像互联网网络中的电脑、移动互联网中的手机,车载终端是车主获取车联网最终价值的媒介,可以说是网络中最为重要的节点,如图4.4所示。

当前,很多车载导航娱乐终端并不适合"车联网"的发展,其核心原因是采用了非开

放的,不够智能的终端系统平台。不开放、不够智能的终端系统平台是很难被打造成网络生态系统的。

图4.4　车载终端

目前车联网的用户终端包括 iOS 系统、Android 系统等,车联网的终端系统平台必须能搭载于 Adroid、iPhone 平台载体,如 iPhone、iPad、Adroid 手机、Adroid 导航仪、Adroid 平板电脑等,只有开放的系统平台才能更好地为用户服务。按照目前的形势来看,Google-Android 也将成为车联网终端系统的主流操作系统,而那些封闭式的操作系统也许目前发展不错,但最终会因为开放性问题发展遭到制约。

4.2.1　CarPlay

CarPlay 车载(车载 iOS 系统)是苹果公司推出的一种新型产业标准,主要为使其 iOS设备能够与诸多制造商之嵌入式汽车系统共生而设计,如图4.5所示。

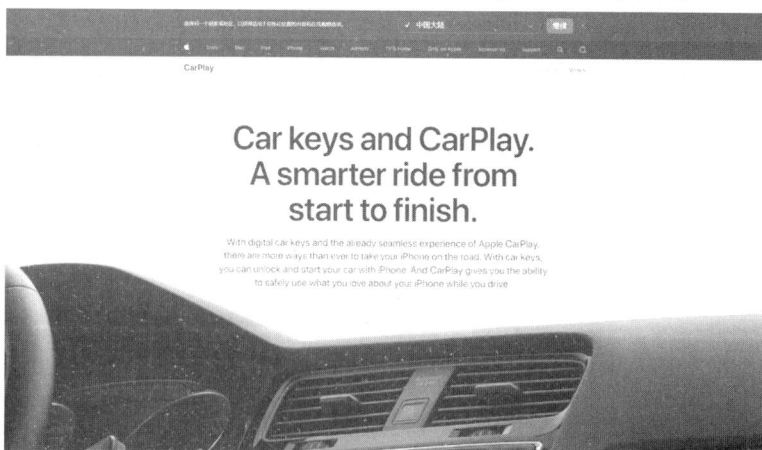

图4.5　车载终端

CarPlay 车载旨在让用户通过汽车制造商之原生车载系统使用、操控 iOS 设备并发挥其功能。该产品的首个版本于 2014 年发布,出现在一些制造商的汽车展览上。目前,CarPlay 车载能够与 iOS 设备整合的功能如下。

①Siri Eyes Free 模式:无须双眼注视与手指触摸即可控制。

②卫星导航。

③通话指令与控制。

④音乐控制。

⑤iMessage 的控制与回复。

同时 Podacsts、Beats Music、iHeartRadio、Spotify 及 Stitcher 等第三方程式也将会支援。

1）CarPlay 的发展

2013 年,苹果宣布向汽车领域进军,宣布 iOS in the Car 计划。iOS in the Car 计划宣布之后,苹果对这一系统给予高度重视。苹果公司在 2013 年 11 月还成立了一个以 CarPlay 为名的空壳公司 CarPlay Enterprises,这家公司与苹果公司没有任何明显的联系,其主要任务就是递交 CarPlay 的商标申请。有报道称,苹果在美国的 CarPlay 商标申请涵盖计算机(包括手持设备、外设和软件)、GPS 导航和电脑程序三个方面。

2014 年,苹果正式将 iOS in the Car 更名为 CarPlay 的车载系统;同时,苹果公司的合作伙伴也在日内瓦汽车展上展出了搭载 CarPlay 的新车型。

2014 年 3 月,苹果发布了 iOS7.1 正式版,是继 iOS7 正式发布后的首个重大版本更新,其中一大亮点就是支持连接智能车载系统 CarPlay,只要将用户的 iPhone 连接到启用了 CarPlay 的汽车,就可支持"电话""音乐""地图""信息"和第三方音频应用程序,并可通过 Siri 汽车触摸屏进行控制,为 CarPlay 提供了操作系统的支持。

2016 年 6 月 13 日,苹果在 WWDC 开发者大会上表示,该公司的智能车载系统 CarPlay 将与 iOS 10 一同更新,成为新版苹果地图和 Siri 的最佳搭档。

2018 年 6 月 5 日,苹果公司在美国加州圣何塞市召开 WWDC 2018 开发者大会。苹果在大会上宣布,CarPlay 进行更新,开始支持第三方导航,有百度地图、Waze、Google Maps、高德地图,如图 4.6 所示。

图 4.6　CarPlay 车载系统

2）CarPlay 的作用

CarPlay 是将用户的 iOS 设备,以及 iOS 使用体验与仪表盘系统无缝结合。如果用户汽车配备 CarPlay,就能连接 iPhone 等设备,并使用汽车的内置显示屏和控制键,或使用 Siri 免视功能与之互动。用户可以轻松、安全地拨打电话、听音乐、收发信息、使用导航等。

CarPlay 可以将 iPhone 手机的绝大部分基础功能,通过汽车的控制面板使用。其中的部分功能包括 Siri 语音助理工具、iTunes 音乐播放、苹果地图以及短信服务。通过 CarPlay,驾车人可以双手不离开方向盘就接打电话,另外可以听到语音邮件的内容。要使用 iPhone 手机中的这些功能,驾车人可以触摸车内的驾驶控制面板,就好像触摸手机一样,这可以降低对驾车的干扰,另外通过方向盘上的一个按钮,驾车人可以触发 Siri。

3)CarPlay 支持的车型

截至 2014 年 3 月,首批支持 CarPlay 的是来自奔驰、法拉利和沃尔沃三家公司的车型,其他将会陆续支持 CarPlay 的汽车品牌包括宝马、丰田、通用汽车、本田、起亚、三菱、日产、标致、斯巴鲁、铃木和福特。

支持苹果全新 CarPlay 的具体车型还很少,只有法拉利 FF、梅赛德斯奔驰以及沃尔沃 XCS90 SUV 三种,但是奔驰已经正式确认为旧款车型开发 CarPlay 系统。

刚刚上市的北京现代 SUV 全新途胜,成为率先搭载苹果 CarPlay 智能车载系统的合资品牌车型,为消费者提供更加便利的用车体验。

此外,上汽集团荣威旗下的荣威 360 也成为率先搭载苹果 CarPlay 智能车载系统的国产品牌车型,开创国产车的创新先例。

4)CarPlay 的竞争对手

无缝式的车载应用系统,仍然是一个新兴市场,CarPlay 主要有两个对手,福特公司的 Sync 系统,谷歌"投射模式"的车载智能手机系统。

福特公司的 Sync 系统目的也是给车载信息娱乐系统增加智能手机的功能,比如接打电话、发送短信、播放音乐等。和 CarPlay 不同的是,Sync 支持第三方的地图或导航软件在平台上运行。

谷歌"投射模式"的车载智能手机系统,驾车人可以在驾驶面板上使用安卓手机的功能。

4.2.2 Android Auto

Android Auto 是 Google 推出的专为汽车所设计的 Android 功能,如图 4.7 所示。

图 4.7　Android Auto

其需要连接 Android Lollipop 以上版本操作系统的手机使用。从 Android 12 开始,Android Auto for Phone Screens 将无法使用,Android Auto 仅适用于车载屏幕。Google 推荐用户在手机上使用 Google 助理的驾驶模式。不过早于 Android 12 的 Android 系统依旧可以使用 Android Auto。

Android Auto 旨取代汽车制造商之原生车载系统执行 Android 应用与服务并访问与存取 Android 手机内容。该产品的首个版本于 2014 年发布,出现在一些制造商的汽车展览上。

1）Android Auto 的项目背景

2014 年 6 月，Android Auto 正式发布。Android Auto 旨在取代汽车制造商之原生车载系统执行 Android 应用与服务并访问与存取 Android 手机内容。

2015 年发布的车载平台 Android Auto，将智能手机的功能和外观带给车辆的中央屏幕，汽车制造商，从现代到吉普，已经开始在汽车产品中采用谷歌的 Android 系统。

2020 年谷歌宣布，Android 设备推出一些新功能，包括对 Android Auto 的改进，将日历通知带入车内显示屏，以及无须拿起手机就能直接从汽车屏幕上调整一些设置。Android 工程师使用垂直的 15 英寸触摸屏演示 Android 操作系统驱动的 Maserati 玛莎拉蒂 Ghibli 汽车信息娱乐用户界面以及所有与之相伴的应用程序。这个概念标志着传统上使用自己专有软件的汽车制造商有了转折点。谷歌为这个战略花费数百万美元和数年的时间进行开发，汽车制造商在看过演示之后，都表示谷歌的系统比他们内部开发的系统更为先进。

Android Auto 不是一个车载操作系统，是手机版 Android Auto App 连接到车载屏幕上的拓展。Android Auto 最大的特点是在保证驾驶员安全的前提下，保证用户高效获取内容，UI 和交互设计上尽量减少用户的注意力成本和操作负担。

从 2014 年发布起，谷歌公司每年都在 Android Auto 上投入巨资进行研发及更新。Android Auto 优秀的设计理念及良好的人机互动界面也备受业界认可，多家汽车厂商和电子供应商，包括通用汽车、福特、克莱斯勒、奥迪、大众、本田、现代和日产，他们都在积极开发 Android Auto。国外越来越多的汽车厂商，也都在他们的新车型中引入 Android Auto。Android + Android Auto 已经开始成为未来车载的主流搭配。近些年国内各大汽车厂商也逐步增加在 Android Auto 方面的支持及投入。

2）Android Auto 的系统功能

Android Auto 的功能界面很简单易用，主要包括自动用户界面、打电话、娱乐应用、消息等功能。

（1）Android Auto 自动用户界面

Android Auto 可以看作系统中的系统。它有一个背景和一种主屏幕。但是，用户一次只能使用一个应用程序，只有最少的通知，而且只能使用已扩展到 Android Auto 的消息应用程序。当然，重点是尽可能少一些分心，同时仍然能够使用这个东西。

主要选项都停靠在屏幕的底部：导航、电话、主屏幕、音频。这是应用程序之间切换的地方。用户可对主屏幕进行个性化设置：气象信息、新闻推送、通话及通话记录、短信及即时消息以及其他任何当前正在播放的多媒体消息。这一切都以易于阅读、易于处理的方式完成。

（2）Android Auto 的娱乐应用

这里的应用，指的是音乐播放。默认情况下通常会包含谷歌 Play 音乐。但它并非唯一的选择。其他 App 如 Spotify、亚马逊音乐等同样支持。Android Auto 并不关心用户听的内容，只关心它的外观。为此，每个音频应用程序的外观和工作方式几乎相同，使用相同的样式按钮和菜单。

（3）Android Auto 的消息应用程序

Android Auto 的消息传递应用程序以通知的形式将应用程序路由到主屏幕。用户可以选择是否收听、查阅，也可以选择用语音回复。

（4）Android Auto 的电话使用

用户可以通过 Android Auto 拨打电话。插入电源后，任何媒体音频都通过 USB 连接进行路由。Android Auto 的联系人和拨号程序使用在手机上找到的相同设计方案。不在行驶状态时用户可以使用传统的拨号盘，Android Auto 提供一个完整的键盘。当然也可以使用语音拨打电话。在驾驶过程中用户可以使用语音轻松接听和拒绝来电。

3）Android Auto 系统 UI 的基本组成

Android Auto UI 由一个用于访问关键操作的导航栏、一个主应用程序内容区域和一个显示系统信息的状态栏组成，如图 4.8 所示。

图 4.8　Android Auto 系统界面

①状态栏：在状态栏上显示时间、天气，以及系统状态的详细信息。

②应用内容区：应用程序内容区域显示应用程序启动器或当前使用的主应用程序的内容。

③导航栏：导航栏支持访问应用启动器，通过小组件控制第二个正在运行的应用程序，访问通知中心，访问基于语音的交互助手。

4）Android Auto 系统的主要作用

（1）应用启动器

应用启动器用户可以浏览可用的应用程序和其他主要选项，然后选择他们想要启动的应用程序。用户可以从导航栏上的应用程序按钮访问启动器，还可以自定义他们的应用程序在启动器中的显示方式，包括是否显示建议的应用程序。

启动器在垂直滚动的网格中显示可用的应用程序和选项。在默认布局中，顶部固定有一排建议的应用程序。在该行下方，应用程序按字母顺序列出，但最先出现的退出选项除外。用户在启动器中自定义应用程序的顺序时，建议的应用程序会消失，如图 4.9 所示。

应用启动器的默认布局如下：

①最近使用的应用程序：通常是按类别排列的 4 个最近使用的应用程序。

②可滚动应用程序列表：按字母顺序排列，除非用户自定义顺序。

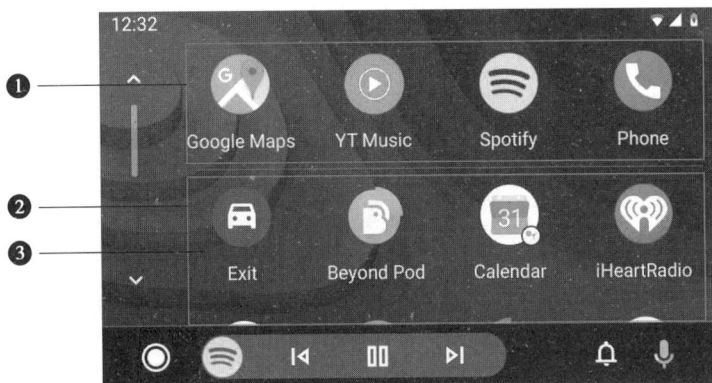

图4.9 应用启动器

③退出选项：用于退出到汽车的本机系统。

（2）助手操作

助手操作选项与启动器中的应用程序一起显示。选择这些操作会调用助手帮助完成语音交互的特定任务，如图4.10所示。

图4.10 助手操作

（3）导航栏

导航栏提供对应用程序、通知和助手的快速访问以及允许与另一个应用程序进行多任务处理的小部件。

Android Auto 运行时，导航栏始终可见。它出现在屏幕底部或侧面，具体取决于屏幕尺寸和车辆的控件类型，如图4.11所示。

图4.11 导航栏

①应用程序按钮：打开启动器（汽车所有可用应用程序的列表）。

②系统小部件：显示当前未在屏幕上显示的第二个正在进行的应用程序控件。

③通知按钮：打开通知中心。

④助手按钮：打开助手用于语音交互。

了解设计上的变化。

①翻转的水平导航栏：对于右侧驾驶车辆，导航栏中的项目排列是相反的，从右到左而不是从左到右。颠倒顺序使最重要的元素最接近驱动程序，如图4.12所示。

图4.12 翻转的水平导航栏

②垂直导航栏：由于垂直外形的空间限制，垂直版本出现在屏幕的一侧，并具有应用程序图标而不是系统小部件。此版本用于带有触摸板或宽屏幕的车辆。当它在宽屏幕上使用时，小部件可以出现在次要空间中，如图4.13所示。

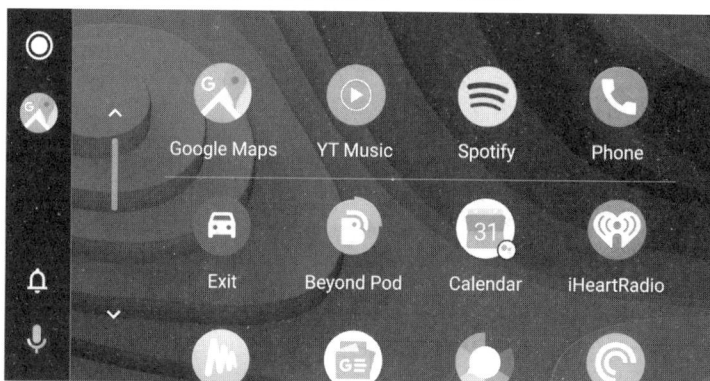

图4.13　垂直导航栏

③在宽屏幕上放置小部件：在带有垂直导航栏的宽屏布局中，系统小部件可以出现在屏幕另一侧的辅助空间中，利用这些额外的空间，小部件有空间显示导航栏版本不适合的额外信息，例如下面示例中的"Arrive at 12:42"文本，如图4.14所示。

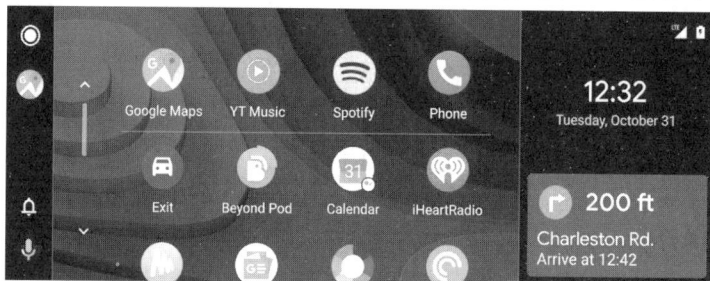

图4.14　在宽屏幕上放置小部件

（4）理解通知

通知提供相关事件（例如电话或消息）简洁及时的信息，以及用户可以采取的响应措施。用户可以在通知中心第一次到达时回复通知或稍后访问通知。

在Android Auto中，通知通过将内容缩减为最基本的元素而设计为易于浏览。无论通知在通知中心显示为浮动通知还是卡片，每个通知都包含：

①标识发送通知的应用程序的图标。

②与通知相关的主要和次要文本。

③最多2个操作按钮。

④头像图像（如果适用）。

浮动通知，如图4.15所示。

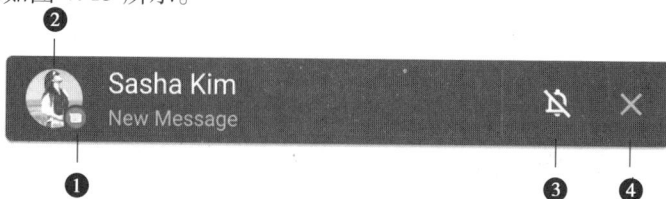

图4.15　浮动通知

①应用程序图标。

②头像。

③次要操作。

④关闭。

卡片通知,如图4.16所示。

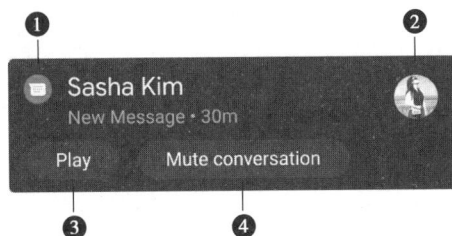

图4.16 卡片通知

①应用程序图标。

②头像。

③主要动作。

④次要动作。

用户有两种机会与大多数通知进行交互:

● 当它们第一次出现时,作为提醒通知。

● 稍后,在通知中心。

作为 HUN 到达的通知可以随时出现,暂时覆盖当前屏幕的一部分。用户可以使用其操作按钮响应通知,也可以通过单击关闭按钮关闭它。否则,通知会在很短的时间间隔后超时,并在通知中心显示为卡片。错过回复 HUN 机会的用户(左)可以稍后在通知中心(右)与它进行交互,如图4.17所示。

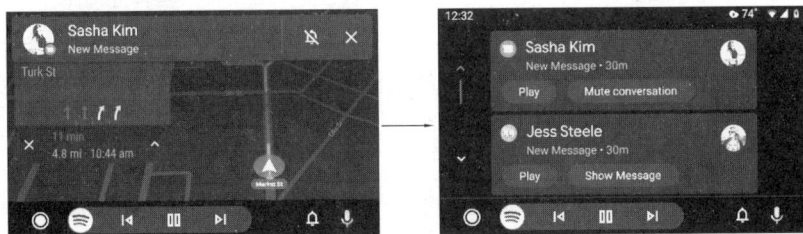

图4.17 通知出现的位置

Android Auto 显示的通知,仅限于那些被认为足够重要到可以在驾驶情况下出现并可能打扰驾驶员的通知。

其中包括以下类别的通知:

● 导航说明(仅限 HUN,未保存到通知中心)。

● 电话(仅限 HUN,未保存到通知中心)。

● 留言。

● 提醒(仅限通知中心)。

● 当前播放的媒体(仅限 HUN,未保存到通知中心)。

导航通知:仅作为 HUN 出现,应用开发者可以自定义导航通知的背景颜色,使其更加醒目,如图4.18所示。

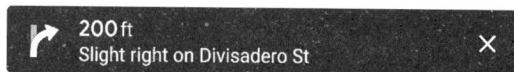

图 4.18　导航通知

来电通知:呼叫通知,仅显示为 HUN。HUN 上的按钮允许用户接听或拒绝呼叫,如图 4.19 所示。

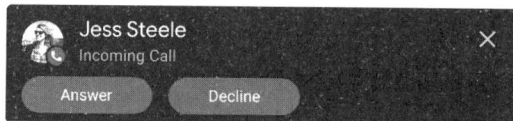

图 4.19　来电通知

消息通知:消息通知作为 HUN 到达,然后发送到通知中心。想要阻止特定对话中的消息显示为 HUN 的用户可以将对话进行静音,因此消息仅显示在通知中心中。用户可以在助手的帮助下播放消息并使用语音回复消息。浮动消息通知,如图 4.20 所示。卡片消息通知,如图 4.21 所示。

图 4.20　浮动消息通知

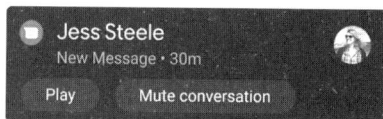

图 4.21　卡片消息通知

提醒通知:用户可以在通知中心查看提醒通知。对这些通知提供的唯一操作是取消,如图 4.22 所示。

媒体通知:仅作为 HUN 出现,因为它们与当前播放的媒体选择有关,如图 4.23 所示。

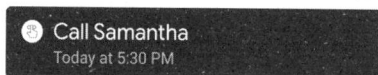

图 4.22　提醒通知

图 4.23　媒体通知

(5)了解通知中心

作为提醒通知(HUN)短暂出现之后,大多数通知都存储在通知中心中(例外是导航和媒体通知,以及发送应用程序撤回或过期的任何通知)。用户可以通过导航栏上的钟形通知按钮访问通知中心。

通知中心在垂直滚动列表中显示通知卡。卡片按新近度排序,最近收到或创建的通知位于顶部,如图 4.24 所示。

(6)状态栏

状态栏显示时间和天气信息,以及系统状态详细信息,例如连接和电池电量。状态栏出现在屏幕顶部并显示如下所示的元素。用户可以在"设置"中打开和关闭天气显示。左侧驾驶汽车和右侧驾驶汽车的状态栏元素以相同的顺序出现,如图 4.25 所示。

①时钟:当前时间的数字显示。

②天气信息:测试和天气图标。

③连接:Wi-Fi 和电池。

④电池电量。

状态栏的背景有不透明、透明和半透明渐变 3 个选项。

虽然默认选项是使用不透明背景,但应用程序开发人员也可以为其应用程序中的状态栏选择透明或半透明背景。

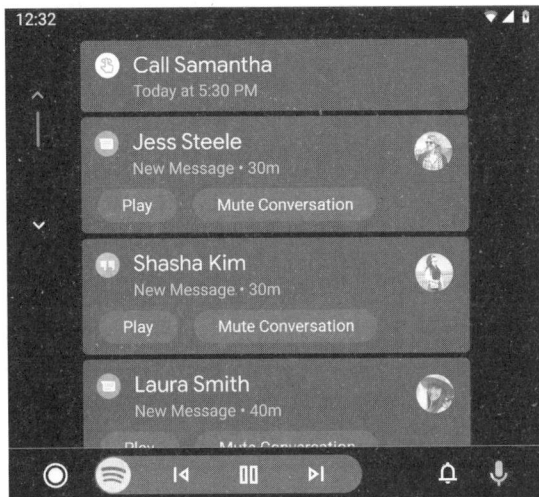

图 4.24 通知中心

图 4.25 状态栏

①不透明。默认情况下,状态栏呈现不透明背景,以尽可能保护状态栏元素的易读性。但是,选择某种程度的透明度可在状态栏和应用程序内容之间提供更无缝的过渡,并允许显示更多的应用程序内容。

②透明。屏幕在状态栏元素后面提供足够对比度的应用程序可以使用透明背景。目前,此选项用于大多数媒体和通信应用程序,以及应用程序启动器等系统体验。如图 4.26 所示,屏幕顶部已经有纯色背景,因此状态栏的透明背景有助于它无缝融合。

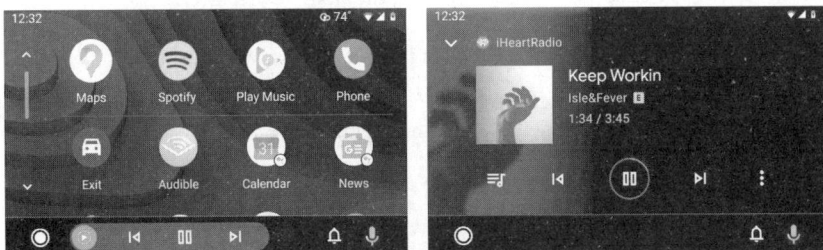

图 4.26 透明背景

③半透明渐变。显示延伸到屏幕顶部的视觉信息的应用程序可以为状态栏提供具有线性渐变的半透明背景。渐变为状态栏元素提供了足够的不透明度以使其可读,而部分透明度有助于保持应用程序的信息可见,如图 4.27 所示,导航应用程序可以在状态栏后面使用半透明的线性渐变保持地图元素可见,同时也使状态栏元素可读。

图 4.27 半透明渐变背景

（7）小工具

Android Auto 支持三种主要类型的系统小部件,以帮助用户进行多任务处理:

①用于控制正在进行的电话呼叫的拨号器小部件。

②导航小部件,用于不在地图中时显示转弯指示。

③用于在其他应用程序中控制正在进行的媒体播放的媒体小部件。

小部件显示应用程序图标和应用程序信息或最多三个应用程序控件。关于在任何给定时间在导航栏中显示哪个小部件取决于哪些应用程序打开以及它们对驱动程序的相对优先级是什么。

①拨号器小组件。如果用户正在接听电话,而屏幕上正在显示另一种类型的应用程序,则拨号器小部件会出现在导航栏中。使用拨号器小部件,用户可以在不切换屏幕的情况下控制电话呼叫。如图 4.28 所示,拨号器小部件提供静音或结束通话的选项,而无须离开地图屏幕。

图 4.28　拨号器小组件

②导航小组件。地图屏幕未显示时,导航小部件会提供有用的详细信息。如图 4.29 所示,导航小部件在用户浏览和播放媒体时提供有关即将到来的转弯信息。

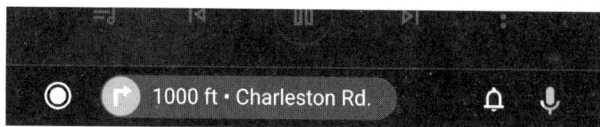

图 4.29　导航小组件

③媒体小组件。媒体应用程序未显示在屏幕上时,媒体小部件最多可为正在播放的内容提供三个控件。应用程序开发人员可以决定为他们的应用程序显示哪些控件最有用。如图 4.30 所示,此媒体小部件显示用于向后跳过、暂停音乐播放或向前跳到下一曲目的控件。

图 4.30　媒体小组件

4.2.3　CarLife

CarLife 是 2015 年 1 月 27 日百度召开的"车联天下 智慧有度"战略发布会推出的车联网解决方案,如图 4.31 所示。CarLife 是中国首个跨平台车联网解决方案,全球范围内兼容性最强大的车联网标准之一。

CarLife 是百度在 2015 年 1 月 27 日推出的关于车联网的解决方案,CarLife 将借此布局车联网领域,奥迪、现代、上海通用等多家汽车厂商与百度签订车联网方面的战略合作协议,CarLife 宣称可与 Linux、QNX、Android 适配,在用户端,CarLife 可以非常好地支持 Android 和 iOS 智能操作系统,能够覆盖 95% 以上的智能手机用户。

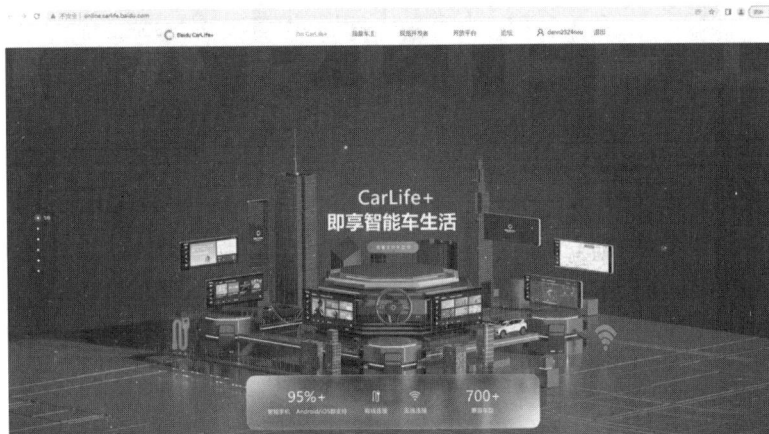

图 4.31　CarLife

1）功能介绍

百度此次推出的车联网产品 CarLife 是全球范围内兼容性最强大的车联网标准之一，也是国内第一款跨平台的车联网解决方案。在车机端，无论是 Linux、QNX 还是 Android，CarLife 都可以完美适配。在用户端，CarLife 可以非常好地支持 Android 和 iOS 智能操作系统，覆盖95%以上的智能手机用户。CarLife 有三大功能：地图导航、电话、音乐。

2）产品特性

和其他车联网产品相比，CarLife 的用户不用在意自己的智能手机是什么操作系统，只需要通过数据线或者 Wi-Fi 将手机连接到车载系统上，就可以安全、快捷地在驾驶过程中使用丰富的应用。

以百度地图为核心，CarLife 将能够为用户提供业界最准确的路线规划、地点查询、路程估算，帮助用户查找目的地避开拥堵，还能随时随地更新地图数据。实时停车位查询、停车定位记录、电子狗、实时路况、室内外无缝导航、Handsfree 人机对话系统这些深受用户喜爱的功能，都将会在 CarLife 中继续服务。最好的互联网导航体验，将通过 CarLife 面向所有车主群体。

在车联网领域，CarLife 将提供车规级的界面和服务、丰富的应用群和流量。这将使汽车企业不用为了开发一套车联网系统，而耗费数以亿计的资金投入和几年的时间成本。越来越多的汽车企业将与百度一起使车载系统以更低的成本、更高的效率接入互联网，使数以亿计的车主群体享受 CarLife 所带来的更加开放、智能的车联网使用体验。

4.3　语音识别技术

对驾车者来说，在行车过程中触摸操作终端系统是不安全的，因此语音识别技术显得尤为重要，它将是车联网发展的助推器。成熟的语音技术能够让司机通过语言对车联网发号施令索取服务，用耳朵接收车联网提供的服务，如图 4.32 所示。

成熟的语音识别技术依赖于强大的语料库及运算能力，而车载终端的存储能力和运算能力都无法解决非固定命令的语音识别技术，因此车载语音技术的发展需要依赖于网络，必须要采用基于服务端技术的"云识别"技术。

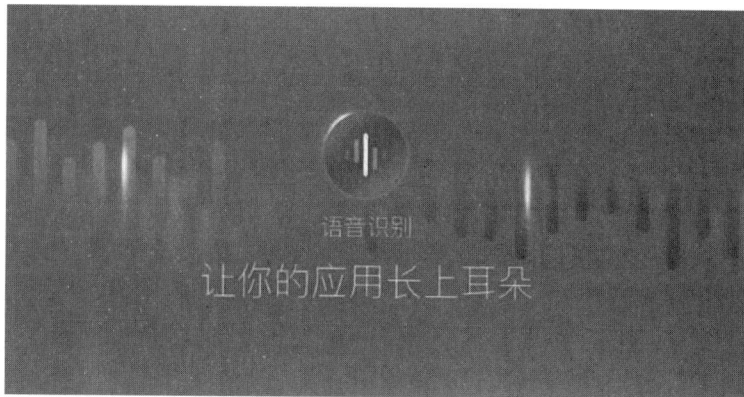

图 4.32　语音识别技术

4.4　AI 人工智能技术

4.4.1　人工智能简述

人工智能(AI)是当下最热门的技术,正渗透颠覆每一个可能的行业,汽车行业也概莫能外。人工智能由数据驱动。而汽车趋势朝着自动化、电气化和网联化方向深度演化,越发由软件所定义并由数据驱动。车辆生成的数据为车内 AI 能力提供基础保障。进出车辆的数据流动决定了要构建的人工智能类型。人工智能所在位置的选择赋能不同的应用程序,并解决数据和 AI 带来的隐私和安全问题。因此,自动驾驶汽车的人工智能,跟踪汽车在各种 AI 应用程序的辅助下,通过不同自动化级别导航的过程是很重要的,对这些应用程序如何将计算机世界的整套技术堆栈带到汽车上同样重要。

有时数据被用于通过语音 Voice、虚拟现实 VR 或增强现实 AR 从而为车内人员创造设计体验。其中一个例子是,梅赛德斯-奔驰使用一种“Ask-Mercedes”的增强现实 AR 体验将其驾驶手册数字化,数据可以存储在车内,以个性化用户体验。在这种情况下,它被称为边缘智能。如果机器学习模型在边缘上运行,比如在 ECU 上,那么它被称为 EgdeML。在这种情况下,模型从设备数据中学习,并进行迁移学习,以共享其人工智能学习,而无须将数据从车辆转移到云中,从而从其他车辆的学习中得到改进。如今,这种边缘人工智能被用于汽车认知。

人工智能在汽车领域的运用是人工智能技术的重要组成部分,包括无人车、无人公交和无人配送等。海内外各大企业争相加大人工智能在汽车领域应用的研发投入,见表4.1。尤其是非传统的汽车厂商,包括各大 IT 和互联网公司,以及新兴的公司,比如 Tesla、蔚来汽车等。

表 4.1　人工智能 AI 无人驾驶汽车参与公司

代表公司	时间	主要技术	主要产品
谷歌	最早在 2009 年曝光自动驾驶原型车	谷歌无人驾驶汽车依靠激光测距仪、视频摄像头、车载雷达、传感器等获得环境感知和识别能力,确保行驶路径遵循谷歌街景地图预先设定的路线	谷歌无人驾驶汽车

续表

代表公司	时间	主要技术	主要产品
特斯拉	2003 年	主要采用常规的雷达、相机、传感器、摄像机等进行环境感知和识别,通过基于车联网的协同式辅助驾驶技术进行智能信息交互	搭配 Autopilot 功能的特斯拉 Model 系列车型
Uber	2016 年 5 月	自动驾驶汽车是由福特和沃尔沃 XC90 越野车改装而成的,汽车配备了数十个感应器和摄像头、激光、雷达和 GPS 信号接收器	Uber 测试自动驾驶系统搭配在沃尔沃 SUV 上
奔驰	* * *	利用 GPS、雷达,以及摄像头识别交通信号、行人,以及其他障碍物	自动公交"FutureBus"
亚马逊	2013 年提出无人机送货服务	无人机	无人机送货
京东	* * *	自动驾驶	无人配送车

车联网在无人驾驶汽车上的应用,实际上是无人驾驶汽车、智能汽车发展基础配套设施,也是实现智能交通的必要前提,是实现真正的无人驾驶的基础和关键技术。整个过程由车辆位置、速度和路线信息、环境参数、道路拥堵、事故信息及各种多媒体应用领域等重要信息组成,并且通过大数据和云计算完成信息的处理,实现网络化交互性控制。无人驾驶汽车在行驶过程中与交通设施的信息交换是双向传递的。无人驾驶汽车收到交通信号灯指示的同时,主动向智能交通信号灯发出行驶请求,中央信息系统可根据请求指令,结合当前交通状况做出相应的反馈调整指令,并且通过交通信号灯中的 LED 阵列传递到无人驾驶汽车的智能系统,智能系统根据当前路况及时规划出一条最优行驶路线。

1)基于 AI 的自动驾驶

自动驾驶车辆所需的处理能力是巨大的,而传统的计算机根本无法胜任这项任务。因为自动驾驶不是遵循一套规则或简单的算法,它涉及深度学习等,换句话说,涉及人工智能。越来越多的汽车制造商和初创企业都在开发人工智能应用程序,目前在自动驾驶领域有两家公司处于领先地位:谷歌和特斯拉。

谷歌 Waymo 一直在凤凰城进行试驾,在 2018 年底前已推出一项公共叫车服务。Waymo 的人工智能软件处理车辆的激光雷达、毫米波雷达、高分辨率摄像机、GPS 和云服务的数据,生成控制信号从而操作车辆。强大的人工智能不仅能对周围的事物做出反应,还可以准确预测车辆行驶中的事物行为变化,比如人行道上的行人将要穿行。

特斯拉已经成为电动汽车市场家喻户晓的品牌,它希望自动驾驶汽车也能如此。特斯拉采用 8 个摄像头、1 个超声波传感器阵列、声呐、前向雷达和 GPS,所有采集的数据都被输入人工智能程序中,最后将感知数据转换成车辆控制数据。特斯拉的自动驾驶系统会检查日程表,如果你没有心情,不用与之交谈,便把你带到想去的地方。人工智能在自动驾驶中的价值就在于不断地学习并调整导航道路的规则。

2）基于 AI 的云服务

人工智能和云服务也是形影不离,相互作用的。无论如何,汽车都需要通过大量的数据分析完成相应的任务。人工智能云服务的应用确保了数据的有效性,更充分体现了大数据的潜在价值。

①预测性维护:云服务平台能实时监控数百个传感器,通过学习算法从中发现细微的变化,在问题影响车辆运行之前发现问题。2018 年 10 月,大众汽车和微软宣布建立合作关系,旨在将这家汽车公司转变为数字服务驱动的企业。大众意识到基于云计算的人工智能解决方案的价值,将为整个品牌的汽车提供预测维护和空中(OTA)软件更新。

②个性化营销:基于人工智能的云平台,可以精确地瞄准那些有条件的目标受众。通过人工智能与大数据的结合,汽车信息娱乐系统可以推荐用户个性化的产品和服务。在广告领域,没有比这更好的。

3）基于 AI 的驾驶员监控

以色列初创企业 eyeSight 借助先进的 TOF 摄像机和红外传感器,检测驾驶员的行为,具体表现在以下方面。

①驾驶员识别:人工智能软件检测驾驶员是否在车内。

②人脸识别:eyeSight 使用先进的面部识别算法,检测哪个司机在驾驶车辆。比如丈夫、妻子或孩子都有自己的喜好,系统可以记忆,自动调节座椅、后视镜和车内温度等。

③驾驶行为监控:通过"观察"眼睛的注视状态、眼睛的开放程度和头部的位置,eyeSight 可以检测分心驾驶,并提醒司机保持注意力。同时根据驾驶员眼睛集中的位置调整抬头显示器(HUD)的显示内容。

④信息娱乐控制:eyeSight 可以识别简单的手势,司机通过手势操作信息娱乐系统,而不会转移注意力。

人工智能的发展和应用将彻底改变汽车行业:改变汽车的生产制造方式,改变汽车的使用和运营方式,从而改变我们的生活。新一轮变革的浪潮,不仅带给谷歌、特斯拉及各大汽车企业新的机遇和挑战,也意味着初创公司将会冲击汽车市场,占据一席之地。

2017 年 10 月,通用汽车计划成为第一家在纽约市测试无人驾驶汽车的公司,以此确立其在无人驾驶领域的领导地位,这为无人驾驶的商业化迈出了重要一步。近年来,Google、Tesla、Uber、百度等科技公司一直不遗余力地开发无人驾驶技术。例如,Google 研发的无人汽车在道路上累计行驶已经超过 300 万 mi(1 mi = 1.609 344 km),且在过去一年时间内,其模拟行驶的里程数也超过了 10 亿 mi。受这些科技公司的影响,传统汽车公司也纷纷加入无人驾驶的研发大潮。例如,宝马联手英特尔,计划在当年让 40 辆宝马无人驾驶汽车开始路测。

从系统的角度来看,无人驾驶技术是一个复杂,需要软硬件相结合的系统。无人车主要分为三个模块:感知模块、高精度地图模块、驾驶行为决策模块。感知模块主要是通过摄像头、激光雷达等传感器感知周围的环境,为无人车的驾驶提供环境信息支撑。高精度地图模块则为无人车提供精确的定位与全局路径的规划。而驾驶行为决策模块则依据前两个模块提供的数据,由适当的模型规划驾驶方案,统筹安排无人车的行驶,如图4.33 所示。

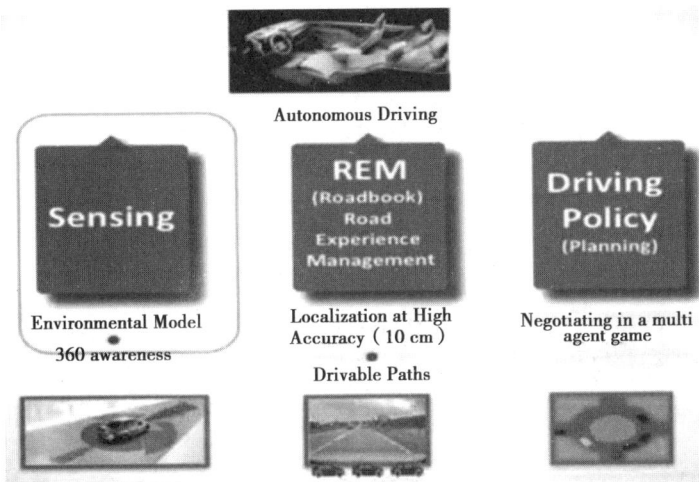

图 4.33　无人驾驶基本系统架构

4.4.2　无人驾驶

1）无人驾驶的等级

大多数汽车制造商已经开始承诺,2020 年,至少半自动驾驶汽车可以上路。无人驾驶是自动驾驶的终极阶段,美国国家公路交通安全管理局和国际汽车工程师协会制定的标准,将汽车的自动程度分为五级,见表4.2。

表 4.2　无人驾驶的等级

自动驾驶分级		称呼(SAE)	SAE 定义	主体			
NHTSA	SAE			驾驶操作	周边监控	支援	系统作用域
0	0	无自动化	由人类驾驶者全权操作汽车,在行驶过程中可以得到警告和保护系统的辅助	人类驾驶者	人类驾驶者	人类驾驶者	无
1	1	驾驶支援	通过驾驶环境对方向盘和加减速中的一项操作提供驾驶支援,其他的驾驶动作都由人类驾驶员进行操作	人类驾驶者系统			部分
2	2	部分自动化	通过驾驶环境对方向盘和加减速中的多项操作提供驾驶支援,其他的驾驶动作都由人类驾驶员进行操作	系统			
3	3	有条件自动化	由无人驾驶系统完成所有的驾驶操作。根据系统请求,人类驾驶者提供适当的应答		系统	系统	
4	4	高度自动化	由无人驾驶系统完成所有的驾驶操作。根据系统请求,人类驾驶者不一定需要对所有的系统请求做出应答,限定道路和环境条件等				
	5	完全自动化	由无人驾驶系统完成所有的驾驶操作。人类驾驶者在可能的情况下接管。在所有的道路和环境条件下驾驶				全域

Level 0：无自动化。

Level 1：驾驶员辅助。单个辅助驾驶系统能根据驾驶环境信息，以特定模式完成转向，或者执行加速、减速等操作，其他操作都由人类驾驶员完成。

Level 2：一个或多个辅助驾驶系统能根据驾驶环境信息，以特定模式同时转向或者完成加速减速操作，其他操作都由人类驾驶员完成。

Level 3：有条件自动化。一个自动化驾驶系统能在动态驾驶中，全面承担驾驶任务，但在系统提出接管请求时，需要人类司机做出回应。

Level 4：高度自动化。即使在系统提出接管请求时，人类司机不能回应，这类系统也能在动态驾驶中全面承担驾驶任务。

Level 5：完全自动化。完全无人驾驶，在任何道路、任何环境状况下都不需要人类司机介入。

2）无人驾驶涉及的新技术

一般而言，无人驾驶系统一般有三大模块。

（1）环境感知模块

无人驾驶汽车通过传感器感知环境信息。比如摄像头、激光雷达、毫米波雷达以及工业相机用于获取环境信息，而 GPS 等用于获取车身状态的信息。当然还需要通过算法提取有用的信息。

（2）行为决策模块

行为决策是指无人驾驶汽车根据路网信息、获取的交通环境信息和自身行驶状态产生遵守交通规则的驾驶决策的过程，即规划一条精密的行驶轨迹，然后无人驾驶车就可以跟着这条轨迹走。

（3）运动控制模块

运动控制模块根据规划的行驶轨迹和速度以及当前的位置、姿态和速度，产生对油门、刹车、方向盘和变速杆的控制命令。

3）无人驾驶技术在实现上有两大派系

无人驾驶的实现路径有两个派系，一个是以谷歌为主的互联网公司，一个是以特斯拉为首的汽车制造商。

（1）谷歌

谷歌的蓝图是无人车完全取代人进行驾驶，把无人车看成机器人，所以没有方向盘、油门和刹车。

谷歌无人车顶上是价值约 8 万美元的 64 线激光雷达。它在高速旋转时发射激光来测量与周边物体的距离，再根据距离数据描绘精细的 3D 地形图，并与高分辨率地图数据相结合建模，帮计算机做决策。由此可知，这条技术路线的关键是对周围环境的模拟和 3D 地图数据，而谷歌在这方面有深厚的积累。

（2）特斯拉

特斯拉的计划是从机器辅助驾驶进化到完全自动驾驶，技术上逐步实现自动刹车、定速巡航、自适应巡航等，最终完全自动驾驶。特斯拉 Model S 主要是靠摄像头结合计算机视觉，特斯拉辅助驾驶使用的硬件包括前置摄像头、前置雷达（相对廉价的毫米波雷达）、12 个超声波传感器，目前没有使用高精度地图。简单地说前者（Google 无人车）更重定位,是高精度定位+高精度地图+识别,偏重机器人的方案,后者更重视识别(低精度定位+低精度地图+高准确率识别),接近于人开车,人开车不需要高精度地图。

4)无人驾驶的决策模型

行为决策是指根据路网信息、获取的交通环境信息和自身行驶状态产生遵守交通规则的驾驶决策的过程。学术界的一个解决方案是用现在很火的深度学习,实现模仿性学习,但是在可靠性上可能有问题,在实际应用中还是会有大量的规则等方式。

(1)识别并躲避障碍物

这个问题的解决方案是传感器融合算法,利用多个传感器所获取的关于环境全面的信息,通过融合算法实现障碍物识别与跟踪和躲避。根据周边信息,在地图上定位车辆,在这一操作过程中的差异很大。由于民用 GPS 误差过大,不能直接用于无人驾驶。

有一类定位通过激光雷达使周围物体和自车的距离的精度达到厘米级,配合三维地图数据可以将车辆定位在几厘米到十几厘米的程度,还有一类通过计算机视觉实现定位的方案,也就是 SLAM。

(2)从相机中识别行人

从相机中识别行人是一个计算机视觉问题,需要利用摄像机识别物体。

(3)车道识别

车道识别也是计算机视觉问题,其算法为道路线检测算法。简单的方法有颜色选择、切图、灰度处理、高斯模糊、边缘检测和霍夫变换直线检测。如果能够识别一张图片中的道路线,那么对行驶中的车辆上摄像头实时采集的图像也可以实时分析。高级的道路线检测需要计算相机校准矩阵和失真系数对原始图像的失真进行校正;使用图像处理方法,将图像进行二值化处理;应用透视变换纠正二值化图像("鸟瞰视图");检测车道并查找确定车道的曲率和相对于中心的车辆位置;将检测到的车道边界扭曲回原始图像;可视化车道,输出车道曲率和车辆位置。

①交通标志识别。无人车也要懂得交通规则,所以识别交通标志并根据标志的指示执行不同指令也非常重要。这也是个计算机视觉问题,可以用深度学习(卷积神经网络)的方法完成。

②让汽车在预定轨迹上运动。汽车在预定轨迹上运动是机器控制和规划问题,比如在躲避突发障碍之后进行动态路线规划。

现在车的 AI 智能化要求越来越多,比如一键备车,涉及车内通信、电池管理、热管理、车身的控制等,包括人机交互。在传统车的架构里面要实现这样的功能是非常困难的,因为要与很多家的供应商讨论、更新需求,每次更新都会耗费非常长的时间,而且同时消耗很多开发费用。因为在整个架构上提供了汽车的 API,把整个相应的能力全部开发出来,开发相应的功能就比较简单。

像特斯拉现在比较精准的里程估计、远程诊断、调测等,都需要支持配合,这样的架构非常方便主机厂进行开发。AI 智能驾驶梦想就是把数字世界带给每一辆车。希望把技术和通信架构,以及将整车级的 AI 解决方案贡献给所有的智能网联汽车从业者,加快智能汽车的进程,让每个最终的消费者,能够用到更好的车、更安全的车。

4.5 通信及其应用技术

车联网无线通信技术主要依赖两种技术:短距离无线通信和远距离移动通信。

前者主要是 RFID 和 Wi-Fi 等短距离通信技术,专门针对车辆运动特性和时延敏感特性制定,在车辆密度适当的环境下可以提供可靠的安全信息传输服务,通过无线射频设备感知识别对象目标并获取数据。而后者主要是 GPRS、3G、LIE、4G、5G 等移动通信技术。

这两类通信技术不是车联网的独有技术,因此技术发展重点主要是这些通信技术的应用,包括高速公路及停车场自动缴费、无线设备互联等短距离无线通信应用及 VOIP 应用(车友在线、车队领航等)、监控调度数据包传输、视频监控等移动通信技术应用。随着大数据、云计算、无线通信技术的快速发展,车联网络的具体服务应用有了坚实的网络支撑。

4.5.1 RFID(射频识别)技术

1)RFID 的技术原理

RFID(射频识别)技术作为网路通信中的一项关键技术,可以自动识别车辆、道路等对象,并对收集的数据进行融合,提取与交通拥堵和行驶安全相关的内容,便于路径优化和行驶安全控制。车联网采用有源 RFID(更远的读写距离),具有主观感知、安全性好、使用寿命长、防水防磁、小巧轻便、数据储存量大优点。将 RFID 运用于车联网技术中,能准确将高速行驶的物体识别出来,并且迅速读取相应的信息,便于车联网中各车辆的信息共享和相互传输。

RFID 技术的基本工作原理并不复杂,如图 4.34 所示,标签进入阅读器后,接收阅读器发出的射频信号,凭借感应电流所获得的能量发送存储在芯片中的产品信息(无源标签或被动标签),或者由标签主动发送某一频率的信号(有源标签或主动标签),阅读器读取信息并解码后,送至中央信息系统进行有关数据处理。

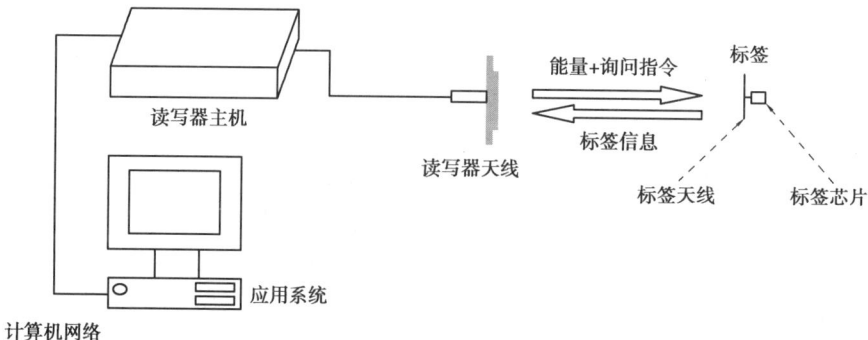

图 4.34 RFID 技术原理

一套完整的 RFID 系统,由阅读器与电子标签也就是所谓的应答器及应用软件系统三个部分组成,其工作原理是阅读器发射一特定频率的无线电波能量,用以驱动电路将内部的数据送出,此时阅读器便依序接收解读数据,送给应用程序做相应处理。

从 RFID 卡片阅读器及电子标签的通信及能量感应方式来看大致可以分成:感应耦合及后向散射耦合两种。一般低频的 RFID 大都采用第一种方式,而较高频大多采用第二种方式。

阅读器根据使用的结构和技术不同可以是读或读/写装置,是 RFID 系统信息控制和处理中心。阅读器通常由耦合模块、收发模块、控制模块和接口单元组成。阅读器和标签一般采用半双工通信方式进行信息交换,同时阅读器通过耦合为无源标签提供能量和时序。在实际应用中,可进一步通过 Ethernet 或 WLAN 等实现对物体识别信息的采集、处理及远程传送等管理功能。

2)RFID 的分类

(1)无源 RFID

在三类 RFID 产品中,无源 RFID 出现时间最早,最成熟,其应用也最为广泛。在无源 RFID 中,电子标签通过接受射频识别阅读器传输的微波信号,以及通过电磁感应线圈获取能量对自身短暂供电,从而完成此次信息交换。

因为省去了供电系统,所以无源 RFID 产品的体积可以达到厘米量级甚至更小,而且自身结构简单,成本低,故障率低,使用寿命较长。但无源 RFID 的有效识别距离通常较短,一般用于近距离的接触式识别。无源 RFID 主要工作在较低频段 125 kHz、13.56 MHz等,其典型应用包括公交卡、第二代身份证、食堂餐卡等。

(2)有源 RFID

有源 RFID 兴起的时间不长,但已在各个领域,尤其是在高速公路电子不停车收费系统中发挥着不可或缺的作用。有源 RFID 通过外接电源供电,主动向射频识别阅读器发送信号。其体积相对较大,但也因此拥有了较长的传输距离与较高的传输速度。一个典型的有源 RFID 标签能在百米之外与射频识别阅读器建立联系,读取率可达 1 700 read/s。

有源 RFID 主要工作在 900 MHz、2.45 GHz、5.8 GHz 等较高频段,且具有可以同时识别多个标签的功能。有源 RFID 的远距性、高效性,使它在一些需要高性能、大范围的射频识别应用场合必不可少。

(3)半有源 RFID

无源 RFID 自身不供电,但有效识别距离太短。有源 RFID 识别距离足够长,但需外接电源,体积较大。而半有源 RFID 就是为这一矛盾而妥协的产物。半有源 RFID 又叫作低频激活触发技术。在通常情况下,半有源 RFID 产品处于休眠状态,仅对标签中保持数据的部分进行供电,因此耗电量较小,可维持较长时间。

当标签进入射频识别阅读器识别范围后,阅读器先以 125 kHz 低频信号在小范围内精确激活标签使之进入工作状态,再通过 2.4 GHz 微波与其进行信息传递。也就是说,先利用低频信号精确定位,再利用高频信号快速传输数据。

其应用场景通常为:在一个高频信号所能覆盖的大范围中,在不同位置安置多个低频阅读器用于激活半有源 RFID 产品。这样既完成了定位,又实现了信息的采集与传递。

3)RFID 的优缺点

(1)优点

从表现形式来看,射频识别技术的载体一般都具有防水、防磁、耐高温等特点,保证射频识别技术在应用时具有稳定性。

从使用方法来看,射频识别在实时更新资料、存储信息量、使用寿命、工作效率、安全性等方面都具有优势。

射频识别能够在减少人力物力财力的前提下,更便利地更新现有的资料,使工作更加便捷;射频识别技术依据电脑等对信息进行存储,最大可达数兆字节,可存储信息量大,保证工作顺利进行;射频识别技术的使用寿命长,只要工作人员在使用时注意保护,它就可以进行重复使用;射频识别技术改变了从前对信息处理的不便捷,实现了多目标同时被识别,大大提高了工作效率;射频识别设有密码保护,不易被伪造,安全性较高。

与射频识别技术相类似的技术是传统的条形码技术,传统的条形码技术在更新资料、存储信息量、使用寿命、工作效率、安全性等方面都较射频识别技术差,不能很好地适应我国当前社会发展的需求,也难以满足产业以及相关领域的需要。

（2）缺点

技术成熟度不够:RFID 技术出现时间较短,在技术上还不是非常成熟。由于超高频 RFID 电子标签具有反向反射性特点,使其在金属、液体等商品中应用比较困难。

成本高:RFID 电子标签相对于普通条码标签价格较高,为普通条码标签的几十倍,如果使用量大,就会造成成本太高,在很大程度上降低了市场使用 RFID 技术的积极性。

安全性不够强:RFID 技术面临的安全性问题主要表现为 RFID 电子标签信息被非法读取和恶意篡改。

4）应用领域

（1）物流仓储

物流仓储是 RFID 最有潜力的应用领域之一,UPS、DHL、Fedex 等国际物流巨头都在积极实验 RFID 技术,以期在将来将其大规模应用于提升其物流能力。可应用的过程包括:物流过程中的货物追踪、信息自动采集、仓储管理应用、港口应用、邮政包裹、快递等。

（2）交通

出租车管理、公交车枢纽管理、铁路机车识别等,已有不少较为成功的案例。

（3）身份识别

RFID 技术由于具有快速读取与难伪造性的优点,所以被广泛应用于个人的身份识别证件,如开展的电子护照项目、我国的第二代身份证、学生证等其他各种电子证件。

（4）防伪

RFID 具有很难伪造的特性,但是如何应用于防伪还需要政府和企业积极推广。可以应用的领域包括贵重物品(烟、酒、药品)的防伪和票证的防伪等。

（5）资产管理

可应用于各类资产的管理,包括贵重物品、数量大且相似性高的物品或危险品等。随着标签价格的降低,RFID 几乎可以管理所有的物品。

（6）食品

可应用于水果、蔬菜、生鲜、食品等管理。该领域的应用需要在标签的设计及应用模式上有所创新。

（7）信息统计

有了射频识别技术的运用,信息统计就变成一份既简单又快速的工作。由档案信息化管理平台的查询软件传出统计清查信号,阅读器迅速读取馆藏档案的数据信息和相关储位信息,并智能返回所获取的信息和中心信息库内的信息进行校对。例如,针对无法匹配的档案,由管理者用阅读器进行现场核实,调整系统信息和现场信息,进而完成信息统计工作。

(8)查阅应用

在查询档案信息时,档案管理者借助查询管理平台找出档号,系统按照档号在中心信息库内读取数据资料,核实后,传出档案出库信号,储位管理平台的档案智能识别功能模块会结合档号对应相关储位编号,找出该档案保存的具体部位。管理者传出档案出库信号后,储位点上的指示灯立即亮起。资料出库时,射频识别阅读器将获取的信息反馈至管理平台,管理者再次核实,对出库档案和所查档案核查相同后出库,而且系统将记录信息出库时间。若反馈档案和查询档案不相符,安全管理平台内的警报模块就会传输异常预警。

(9)安全控制

安全控制系统能实现对档案馆的及时监控和异常报警等功能,以避免档案被毁、失窃等。档案在被借阅归还时,特别是实物档案,常常用作展览、评价检查等,管理者对归还的档案仔细检查,并将其和档案借出以前的信息进行核实,能及时发现档案是否受损、缺失等。

5)发展趋势

(1)射频识别标签趋势

随着标准制定、应用领域拓展、应用数量增加、工艺不断提高、技术飞速进步(如在图书方面,在封面或版权页上用导电油墨直接在印制射频识别天线),其成本会更低;其次识别距离更远,即使是无源射频识别标签也能达到几十米;体积将更小。

(2)高频化

超高频射频识别系统与低频系统相比,识别距离远、数据交换速度更快、伪造难度更大、对外界的抗干扰能力更强、体积小巧,且随着制造成本的降低和高频技术的进一步完善,超高频系统的应用将会更加广泛。

(3)网络化

部分应用场合需要将不同系统(或多个阅读器)所采集的数据进行统一处理,然后提供给用户使用,如使用第二代身份证在自动取票机取火车票,就需要将射频识别系统网络化管理,实现系统的远程控制与管理。

(4)多能化

随着移动计算技术的不断提高和普及,射频识别阅读器设计与制造的发展趋势将向多功能、多接口、多制式、模块化、小型化、便携式、嵌入式方向发展。同时,多阅读器协调与组网技术将成为未来发展方向之一。

4.5.2　DSRC 技术

DSRC 是一系列用于车辆通信的单向或双向的短中程无线通信信道及其对应的协议和标准,属于 ITS 范畴。

美国 FCC 为 ITS 在 5.9 GHz 频段分配了 75 MHz 频谱,如图 4.35 所示。

欧洲 ETSI 为 ITS 在 5.9 GHz 频段分配了 70 MHz 频谱,其中 30 MHz 用于安全应用。

5.9 GHz 频段适合车辆通信的频谱环境及传播特征,该频段的无线电波传输可以为较长距离(最长 1 000 m)的通信提供高数据速率,同时受天气影响很小。

在 ITS 中,DSRC 技术被用于车辆间(V2V)以及车辆与路边设施间(V2I)的通信,支持车辆环境的安全应用与非安全应用。

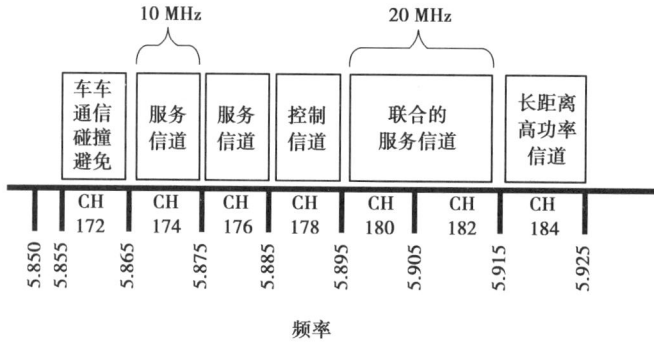

图 4.35　美国 FCC 规定 DSRC 信道分配

中心频段在 5.9 GHz,总共有 75 MHz 的频带宽度,前面的 5 MHz 被预留,后面的 70 MHz 被平均分成 7 个信道,有一个控制信道,其他六个都是服务信道。172 MHz 和 184 MHz 用于公共安全专用信道,比如和生命财产相关的应用就在这两个信道中使用。

4.5.3　ETC 技术

ETC 通过安装在车辆上的车载装置和安装在收费站车道上的天线进行无线通信和信息交换。

1)组成

①车辆自动识别系统:包括用于车际网的车载单元 OBU(存在车辆的识别信息,一般安装在车辆前面的挡风玻璃上)、路边单元 RSU(安装于收费站旁边)、环路感应器(安装在车道地面下)等。

②中心管理系统。

③其他辅助设施。

2)ETC 与 DSRC 的区别

如图 4.36 所示,在图片中,画线处是 ETC 与 DSRC 的主要区别。

ETC系统中,OBU与RSU之间采用专用短程通信标准协议(DSRC)进行半双工通信

我国标准参考欧洲标准,目前只定义了物理层和数据链路层,其他层还有待进一步完善

(1)物理层

频段　5.8 GHz

调制方式 上行BPSK,下行ASK

输出功率 300 mW

工作距离10 m

传输速率 上行250 kbit/s,下行500 kbit/s

数据编码方式NRZI

主被动方式 被动方式

(2)数据链路层

采用HDLC协议进行通信

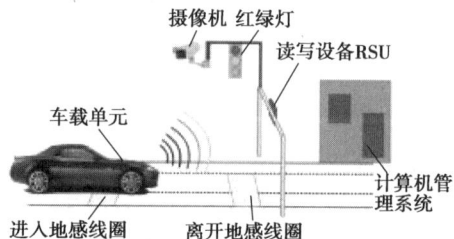

图 4.36　美国 FCC 规定 DSRC 信道分配

3）ETC 与 DSRC 的关系

专用短距离通信技术（DSRC）在美国被用于和 Wave 协议相关的无线电频谱或技术。美国机动车工程师学会（SAE）已经明确提出 Wave 协议要使用 5.9 GHz 的频带。

除了美国，DSRC 可能指的是一个使用 5.8 GHz 频带不同的无线电技术，如电子收费。

ETC 可以作为一个单独的系统独立运行，也可以通过实现了包括 IEEE160911 标准的 DSRC 系统提供支付服务。

4.5.4　LTE-V 技术

以美国为代表的西方国家，包括欧盟成员国、日本、韩国、澳大利亚都在极力发展 DSRC 技术，但是，中国却极力发展 LTE-V 技术，在 LTE 的基础上增加了车辆间、车辆与路测单元间直通的技术，变成 LTE-V。

1）LTE-V 方案介绍

LTE-V 已经成为国家的发展战略，在 LTE 方案中包括两个组成部分，一个是 LTE，也就是手机所使用的传统网络，它可以覆盖 Telematics 广域类业务；另一个是 LTE-VDC，也就是车辆间直通的技术，它主要覆盖 V2X 道路安全类的短距离业务，如图 4.37 所示。

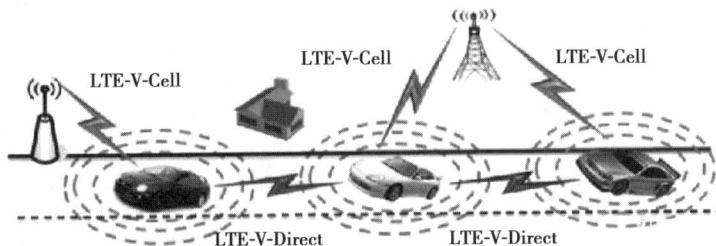

图 4.37　LET-V 方案

LTE-V 有两种方案，对应的也有两种方法实现和支撑 V2X 业务。

（1）广域蜂窝式通信

蜂窝网络是一种移动通信硬件架构，分为模拟蜂窝网络和数字蜂窝网络，又称移动网络。构成网络覆盖的各通信基地台的信号覆盖呈现六边形状，从而使整个网络像一个蜂窝而得名。

蜂窝网络主要分为：移动站、基站子系统、网络子系统三大部分，如图 4.38 所示。移动站就是网络终端设备，比如手机或者一些蜂窝工控设备。基站子系统包括日常见到的移动基站（大铁塔）、无线收发设备、专用网络（一般是光纤）、无数的数字设备等。可以把基站子系统看作无线网络与有线网络的转换器。

（2）短程直通式通信

专用短程通信技术是一种新型的技术，专门用于机动车辆在高速公路等收费点实现不停车自动收费 ETC 技术，这种短程通信技术的特点是通信范围比较短，通信的效率较高，不受周边一些无关设备的干扰，具有更快速的三十米以内通信与数据交换优势，如图 4.39 所示。

基于蜂窝链路（Uu）的V2V/V2I/V2P运营场景

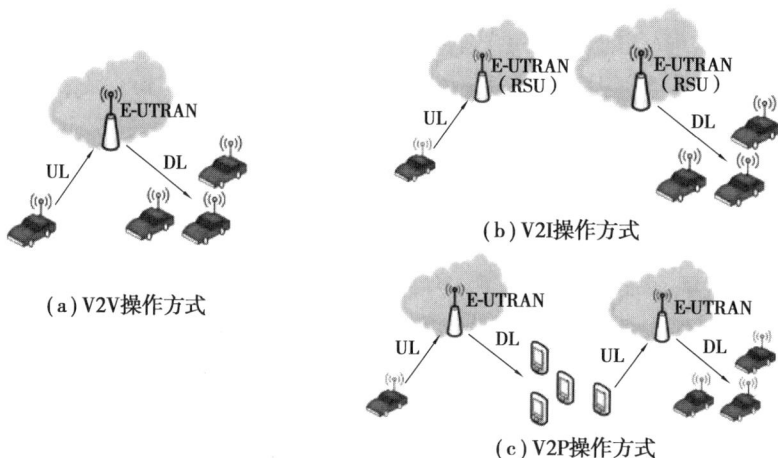

（a）V2V操作方式

（b）V2I操作方式

（c）V2P操作方式

图4.38 广域蜂窝式通信

基于直通链路（PC5）的V2V/V2I/V2P运营场景

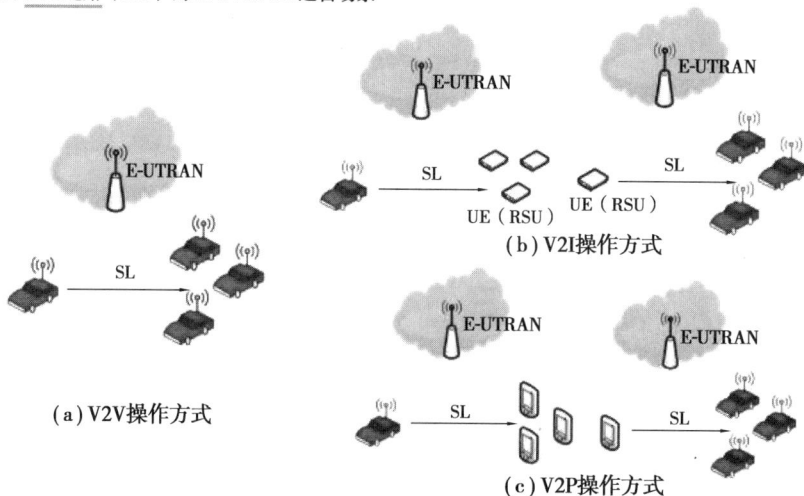

（a）V2V操作方式

（b）V2I操作方式

（c）V2P操作方式

图4.39 短程直通式通信

2）LTE-V 与 DSRC 的区别

LTE-V 与 DSRC 的区别，见表4.3。

表4.3 LTE-V 与 DSRC 的区别

	LTE-V	DSRC
通信方式	道路上车与车的通信， 道路上车辆与基站的通信	道路上车与车的通信， 道路上车辆与 RSU 的通信
调制技术	SC-FDM	OFDM
多址技术	TDMA 或 FDMA	TDMA

续表

	LTE-V	DSRC
频段	V2V 工作在 ITS 专用频段,如 5.9 GHz;而 V2N 工作在现有的 LTE 频段,如 2.6 GHz	5.850 ~ 5.925 GHz
通信类型	传输带宽最高可扩展至 100 MHz,峰值速率上行 500 Mb/s,下行 1 Gb/s,部分 V2V 应用场景时延<20 ms,部分 V2V/I/P 应用场景<100 ms,V2N 应用场景时延<1 000 ms,支持最高车速 500 km/h,覆盖范围能达到 10 km	支持车速 200 km/h,反应时间 100 ms,数据传输速率最大 27 Mb/s,传输范围 1 km

4.5.5　5G 技术

长距离无线通信技术用于提供即时的互联网接入,主要用 4G/5G 技术,特别是 5G 技术,5G 网络弥补了传统移动通信网络存在的传输带宽不足、网络时延较大的缺陷,其具有高速度、低时延、大连接的优点。5G 车联网与自动驾驶结合,可显著降低系统响应时间,进一步提升整车的性能,提高信息传输的精准性和降低对高精度传感器的依赖,从而降低成本。同时 5G 网络为无人驾驶和车联网技术提供了更广阔的平台,能够有效提高无人车的智能化和探测的精度,从而降低交通事故发生率。

1)5G 特点

5G 技术特点,如图 4.40 所示。

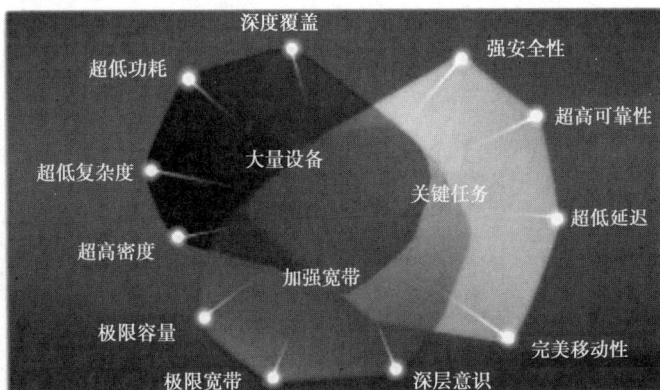

图 4.40　5G 技术

①网速更快。作为新型移动通信网络技术,5G 的传输速度可以达到几十兆,在 2 GHz 波段下的传输速度可以高达 1 Gb/s,也就是说下载一部电影只需要几秒就可以完成了。

②兼容性好。5G 通信以原有的通信技术为基础形成无线网络技术平台,涉及 NFC 和蓝牙等无线技术。兼容性好,使人们在网络支付中更加安全。

③延长电池寿命。在应用 5G 无线网络的时候因为存在很多小任务,需要依靠应用程序持续运行支持。在这种状况下,为了实现实时更新,电子邮件会向服务器发送各类请求信息,5G 技术能够审核运行过程中的电能浪费情况,阻止无效信息,从而避免电量

过多损耗。

2)5G 与自动驾驶

5G 高可靠性、低延时的特点正是自动驾驶所需的。现有的感知技术比如雷达、摄像头实际上只给车提供了"看"的能力,没有办法与车实现实时互动。有了 5G 的交互式感知,车就会对外界做出一个输出,不仅能探测状态,还可以作出一些反馈。

自动驾驶的协同里面有很多场景,比如自动超车、协作式避碰、车辆编队都对可靠性和延时性提出要求,都需要 5G 保证。

可以说 5G 提供了交互式感知,还弥补了传感器受到的距离和环境的约束,同时还促进了从单车智能到协作式智能的演化。

从自动驾驶运营的角度来说,5G 的到来也提供了一些新的可能。比如车辆在大多数情况下完成行驶测试任务,遇到自动驾驶车辆无法自主处理,L3 级以上的自动驾驶系统可以做出判断并通知位于控制中心的驾驶员远程介入。远程驾驶员还可以操控多辆无人驾驶车辆等,由此可见,5G 可以协助对城市固定路线车辆实现部分智能的云控制。对于园区、港口的无人驾驶车辆实现基于云的运营优化以及特定条件下的远程控制。

4.6 智能网联大数据处理与云边缘计算

除了语音识别,很多应用和服务的提供都要采用服务端计算、云计算的技术。云计算将在车联网中用于分析计算路况、大规模车辆路径规划、智能交通调度计、基于庞大案例的车辆诊断计算等。

车联网和互联网、移动互联网一样都得采用服务整合实现服务创新、提供增值服务。通过服务整合,可以使车载终端获得更合适更有价值的服务,如呼叫中心服务与车险业务整合,远程诊断与现场服务预约整合,位置服务与商家服务整合等,如图 4.41 所示。

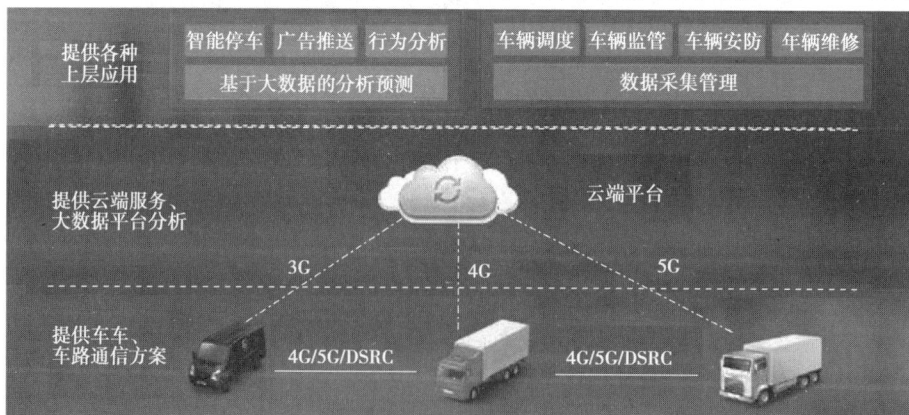

图 4.41 服务端计算与服务整合技术

4.6.1 大数据与云计算

大量数据被采集后,车联网系统通过云平台软硬件,进行数据快速传递和实时处理,完成精准的信息反馈,以便对突发事故进行路线的调整规划,为用户提供更加合理的路线。例如,传统的导航几乎就是基于一条静态道路的数据分析,但实际道路路况绝大多数都是动态变化的,因此不符合无人驾驶汽车的要求。而基于云计算的"云导航"能够实现对动态道路的导航。

　　车联网的本质就是物联网与移动互联网的融合,如图4.42所示。

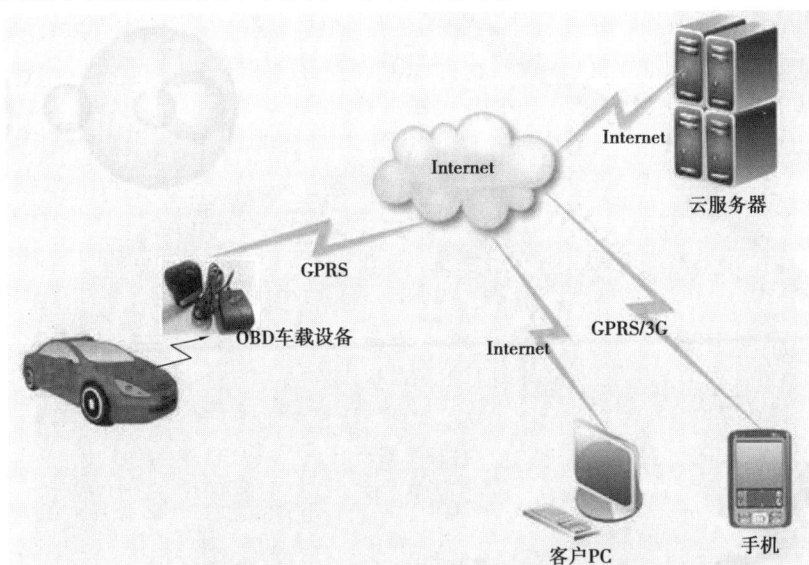

图4.42　大数据处理与云计算技术

　　车联网通过整合车、路、人各种信息与服务,最终为人(车内的人及关注车内的人)提供服务,因此,能够获取车联网提供的信息和服务的不仅仅是车载终端,而且是所有能够访问互联网及移动互联网的终端,电脑、手机也是车联网的终端。现有互联网及移动互联网的技术及应用基本上都能够在车联网中使用,包括媒体娱乐、电子商务、Web 2.0应用、信息服务等。

　　基于路况、车辆性能、驾驶员操作习惯等因素,提供节能减排、降低驾驶疲劳的驾驶方案。自动驾驶借助汽车上的激光传感器和GPS,车辆通过相对先进的算法进行自我定位,如图4.43所示。

图4.43　车辆通过相对先进的算法进行自我定位

科技解放人力的趋势从未停止,把人类从繁重重复的机械劳动中解放出来一直是科技进步的原始动力。驾驶,一项需要长期关注的机械任务,已经成为科技发展和应用的主要目标场景之一。自动驾驶汽车的传感器包括高智能摄像头、激光镭等。通过这些技术,人们可以感知汽车在行驶过程中遇到的各种信息。这些信息被传输到云上,在云中进一步集成、机器学习和分析后,将再次分发到车辆上,如图4.44所示。这种数据传输在高精度实时流量中也发挥着重要作用。

图4.44 云中进一步集成、机器学习和分析后,将再次分发到车辆上

云计算产生大数据,这让自动驾驶技术成为现实,如图4.45所示。借助汽车上的激光传感器和GPS,车辆通过相对先进的算法进行自我定位。然后,需要确定道路上其他人和车辆的位置,从而预算出自动驾驶所需的安全信息,如周围物体的轨迹和安全距离。这些确定后,加入人工智能系统,分析信号、路径、速度、能源的统计数据。

图4.45 云计算产生大数据,让自动驾驶技术成为现实

大数据云计算技术可以根据车辆在特征道路环境中的行驶特性、不同交通因素以及不同领域驾驶员的驾驶需求,自适应调整车辆危险的预警阈值和驾驶策略,使预警效果

更好地满足相应领域和状态下驾驶员的安全需求。基于大数据信息的挖掘分析,可以基于路况、车辆性能、驾驶员操作习惯等因素,提供节能减排、降低驾驶疲劳的驾驶方案。大数据存储管理技术可用于智能联网车载系统交互数据和控制系统数据的在线监测,提供车辆启动时的数据稳定性和可靠性检查,提供车载控制系统级安全性的在线检查,如图4.46所示。

图4.46　大数据云计算经过计算可以自适应调整车辆危险的预警阈值和驾驶策略

在道路上行驶是一个处理大量数据并做出决策的过程,而自动驾驶汽车则使用各种传感器"观察"道路。这个过程也会产生大量的数据,平均1.5 h左右的驾驶时间会产生4 TB的数据。在车辆方面,显然不适合处理和储存如此巨大的工作量,所以最好的办法就是使用云计算和云存储支持自动驾驶汽车。

4.6.2　云边端

云计算是一种基于信息网络,将信息技术资源以服务方式弹性、动态提供,用户可以按需使用服务的计算模式,云计算具有分布式计算、高扩展性和存储特性,用户体验极佳的管理性等特点。

云计算在智能网联领域的系统一般包括云使能、云就绪、云原生三个阶段。

①云使能:为了降低成本的搬迁上云,将运行在车机中的应用迁移到虚拟化环境中,车载应用开发和运维方式并没有很大不同。

②云就绪:汽车企业希望利用云计算提升整体效率,开始尝试微服务架构,并关注自动化、容器化、标准化、可扩展性和负载均衡与高可用性等指标。

③云原生:汽车行业生态圈内的企业开始全面拥抱云计算,很多应用从最开始就被设计为部署运行在云上,弹性、敏捷、高可用、容错、可移植等也成为重点特性,软件的架构设计、构建、开发运维、交付等整个生命周期都被重新构建。

其中,云使能又称云搬迁、云迁移,自从云的概念开始普及,许多公司为了降低成本都在积极搭建云平台,希望将运行在物理机中的传统应用迁移到虚拟化云环境中。但是这个过程不是一帆风顺的,很多系统在上云以后,效率并没有变得很高,故障也没有迅速定位,云的问题一直是技术攻关中的重点。

而云就绪是从虚拟化向云化的转变落地,基本完成去中心化的服务化云改造,应用无状态化并与存储、缓存、性能调优等分而治之,应用服务规模扩大,需要成熟的DevOps和自动一体化平台统一管控。

云原生概念最早是在 2015 年由 Pivotal 的 Matt Stine 首次提出的,但很长一段时间业界对其定义都不明确。为了解决传统应用升级滞后、架构复杂、不能快速迭代、故障不能快速定位、问题无法快速解决等问题,云原生概念得到业界认可。云计算基金会对云原生给出了具体定义:云原生技术有利于各组织在公有云、私有云和混合云等新型动态环境中,构建和运行可弹性扩展的应用。云原生的代表技术包括容器、服务网格、微服务、不可变基础设施和声明式 API。结合可靠的自动化手段,云原生技术使工程师能够轻松地对系统作出频繁和可预测的重大变更。云原生技术能够构建容错性好、易于管理和便于观察的松耦合系统。云原生区别于传统云应用,具有可靠、高弹性、敏捷、易扩展、不中断业务持续更新、故障隔离保护等优势特点。云原生是不同思想的集合,也是当今集各种热门技术之大成的体系架构。

边缘计算与端,业界对边缘计算的定义为:边缘计算是指在靠近物或数据源头的网络边缘侧,融合网络、计算、存储、应用核心能力的开放平台,就近提供边缘智能服务。其应用程序在边缘侧发起,产生更及时、处理速度更快的网络服务响应,满足行业在实时业务、敏捷连接、应用智能、数据优化、安全与隐私保护等方面的基本需求。在边缘计算中将大量的计算和存储资源放置在互联网的边缘,靠近车路协同的移动设备或传感器,边缘的终端通常位于数据中心之外的任何节点,也被称为端,端对数据进行一定的运算和处理,处理之后再将经过处理的数据传回相连接的云。虽然单个端的性能并不强大,但端的设备总量非常庞大,因此,经终端处理后发送给云端的数据量有了更强的目的性与精确度,可以达到减少云端的压力、解决网络延迟和带宽限制的目的。边缘计算对于端装置、网关等边缘端,融合了运算、网络、自我管理、存储等能力,并且一般都是分布式微架构,能使设备连接现场端的实时反应,提升分布式数据收集与云应用的效率,更能降低传统单一架构的成本问题。另一方面,由于不是所有的数据都通过网络传输到云端,数据的安全性问题也得以解决。

云计算技术产生时,汽车行业对云计算落地的理解是能够完成所有存储和运算,而端只需负责可视化,然而随着数据量不断增长,端的种类和数量迅速增加,对集中式的云应用来说,中心出口带宽限制、网络延迟效应等因素,不可避免地影响了服务响应性能和可靠性。因此,作为云计算技术的重要补充,雾计算技术和边缘计算技术被依次提出,其核心价值都在于分担云中心的压力,因地制宜地为各类端提供更快速的网络服务。雾计算也被称为"靠近端的云",基于分散的各类功能计算机组成,具有层次性和平坦的架构,其中多级层次形成网络,而边缘计算可以不依赖网络架构,单一节点也可针对车同协高的需求提供部分服务,使其更灵活。相比雾计算,边缘计算更靠近端,边缘计算设备可与端存在于同一智能组网环境中,且具备部分计算能力,因此,边缘计算响应速度更快,能够进行实时的数据运算分析,同时也保证了数据安全与可靠性。对于数据类型繁杂,隐私性要求较高的智能网联车机应用,采用边缘计算解决上述问题无疑是更合适的选择。

4.6.3 雾计算

雾计算的概念于 2011 年提出,并于 2012 年详细定义。就像云计算一样,雾计算也被定义得非常形象。云在天空中很高,很抽象,雾在地面很近。雾计算没有强大的计算能力,只有一些弱小而分散的计算设备。

雾计算由美国纽约哥伦比亚大学的 Steerford 教授命名,利用雾阻止黑客。后来思科首次正式提出,赋予了雾计算新的含义。雾计算是面向物联网的分布式计算基础设施,可以将计算能力和数据分析应用扩展到网络边缘。它使客户能够在本地分析和管理数据,从而通过连接获得即时洞察。

雾计算是云计算概念的延伸,如图4.47所示。主要使用边缘网络中的设备,数据传输时延极低。雾计算是一个大规模的传感器网络,具有广阔的地理分布和大量的网络节点。雾计算具有良好的移动性,手机和其他移动设备可以直接通信,信号不必绕过云端甚至基站,支持高移动性。

图4.47　雾计算是云计算概念的延伸

雾计算不是强大的服务器,而是由各种功能的计算机组成,性能更弱更分散。雾计算介于云计算和个人计算之间,是一种半虚拟化的服务计算架构模型,强调数量,单个计算节点再弱也要发挥作用。相比云计算,雾计算的架构更呈分布式,更接近网络边缘。雾计算将其数据、数据处理和应用集中在网络边缘的设备上,而不是像云计算一样几乎全部放在云端。数据的存储和处理更多地依赖于本地设备而不是服务器。雾计算是新一代分布式计算,符合互联网的"去中心化"特征。自思科提出雾计算以来,ARM、戴尔、英特尔、微软、普林斯顿大学等几大科技公司纷纷加入概念阵营,并成立非营利组织开放雾联盟,旨在推动和加快开发雾计算的普及,促进物联网的发展。雾计算以个人云、私有云、企业云等小型云为主。

它和雾计算中的云计算完全不同。云计算是基于IT运营商的服务和社交公有云。雾计算以量取胜,强调量,单个计算节点再弱也要发挥作用。云计算强调的是整体的计算能力,一般是由一堆集中的高性能计算设备完成。雾计算扩展了云计算的网络计算模式,将网络计算从网络中心扩展到网络边缘,从而更广泛地应用于各种服务。雾计算有几个明显的特点:低延迟和位置感知、更广泛的地理分布、对移动性应用的适应性、支持更多边缘节点。这些特性使移动服务的部署更加方便,满足了更广泛的节点访问需求。

国家正在大力发展物联网。物联网发展的最终结果是将所有的电子设备、移动终端、家用电器等连接起来。这些设备不仅数量庞大,而且分布广泛,只有雾计算才能满足。实际需求对雾计算提出了要求,也为雾计算提供了发展机遇。有了雾计算,可以部署很多业务,如车联网。车联网的应用和部署需要丰富的连接模式和交互。车对车,车对接入点(无线网络、3G、LTE、智能红绿灯、导航卫星网络等),接入点对接入点。雾计可以在车联网的服务菜单中提供信息娱乐、安全、交通保障等服务,如图 4.48 所示。

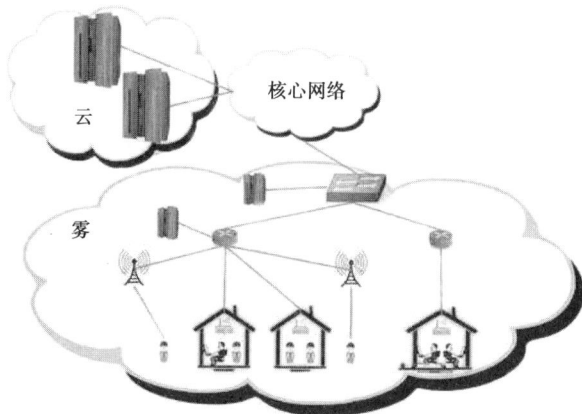

图 4.48   雾计算原始定义图

智能交通信号灯特别需要计算移动性和位置信息,而且计算量不大,对时延要求高。显然,只有雾计算是最合适的。试想一下,如果城市所有的红绿灯都需要数据中心云计算统一计算指挥所有的红绿灯,不仅不及时而且容易出错。智能红绿灯的初衷是根据车流量自动指挥交通。所以实时计算很重要,每个红绿灯都有自己的计算能力,从而自己完成智能指挥,这就是雾计算的威力。

相比云计算,雾计算的架构更呈分布式,更接近网络边缘。雾计算的数据、数据处理和应用都集中在网络边缘的设备上,而不是像云计算一样几乎全部存储在云端上。数据的存储和处理更多地依赖于本地设备而不是服务器。所以云计算是新一代的集中式计算,而雾计算是新一代的分布式计算,符合互联网的"去中心化"特征。

与云计算不同,雾计算需要用户连接大型远程数据中心访问服务。除了架构上的差异,雾计算基本上可以提供云计算能提供的所有应用,但是雾计算使用的计算平台可能不如大型数据中心高效。

云计算承载着业界的厚望。业内已经普遍认为,未来的计算功能将完全放在云端。然而,从云中导入和导出数据实际上比人们想象更加复杂和困难。随着接入设备(尤其是移动设备)越来越多,传输数据和获取信息时带宽捉襟见肘。随着物联网和移动互联网的快速发展,人们越来越依赖云计算,联网设备越来越多,智能设备越来越多。移动应用已经成为人们在网络上处理事务的主要方式,不断增加的数据量和数据节点数量不仅会占用大量的网络带宽,还会增加数据中心的负担,数据传输和信息获取的情况会越来越糟糕。

因此,借助分布式雾计算,通过智能路由器等设备和技术手段,在不同设备之间形成数据传输带,可以有效降低网络流量和数据中心的计算负荷。雾计算可以作为 M2M(机器对机器对话)网络和云计算之间的计算过程,以处理 M2M 网络产生的大量数据,并使用处理程序对这些数据进行预处理,从而增强其使用价值。例如,在一个摄像头下面安置一台计算机,但之前这个街区已经部署了 1 万个摄像头,已经严重超支了,没有多少经费再在每个摄像头下面安一台计算机了,怎么办呢?可以让 10 个摄像头共用一台计算机,因为不是每个摄像头都会时时刻刻产生动态画面。只要画面传输到这个管片计算机所需的时间,和这台计算机做人脸识别的时间,不会长到追不上"逃犯"就可以了。放在工厂的环境里也是这样。连到一个计算机上的采集设备也不会只有一个摄像头,那样太浪费了。可以把温度传感器、烟感传感器等都连在这台处于网络边缘的计算机上,让它处理完这些设备的初步数据后,再把结果传给云服务器就可以了。只不过为了让所有设备最终都能和云服务器相连,它们之间需要满足一定的连接结构。这个连接条件其实是有数学证明的,今天,这个网络结构叫作 mesh。如果本地的那些摄像头要分析处理的任务太重,根本不是一台能塞进摄像头的计算机能解决的,那么干脆就在距离最近的 10 个摄像头的物理中心点,部署一组服务器。

在远离云服务器的地方,搭建一个小型的云服务,然后让附近的设施和小型云服务器相连,让整个网络构成 mesh 结构。这类做法又叫作边缘计算中的雾计算,雾计算不仅可以解决联网设备的自动化问题,更重要的是它需要更少的数据传输。作为"促进云数据中心内部运行的技术",雾计算有助于提高本地存储和计算能力,消除数据存储和数据传输的瓶颈,值得期待。

4.7　高精度地图和定位技术

高精度地图在 2016 年就开始起步,其实一个产业要落地,受非常多的行业因素影响,尤其是高精度地图,不仅仅是自身的地图行业、ADAS 的发展、网络通信速度等,需要等到一个合适的时机才能爆发。

高精度地图(也称为高精地图),实际上是相对普通导航电子地图而言的服务于自动驾驶系统的专题地图。高精地图也称自动驾驶地图、高分辨率地图,是面向自动驾驶汽车的一种新的地图数据范式,如图 4.49 所示。高精地图绝对位置精度接近 1 m 相对位置精度在厘米级别,能够达到 10 ~ 20 cm。

图 4.49　高精度地图

准确和全面地表征道路特征,并要求更高的实时性,是高精度地图最显著的特征。此外,高精度地图记录驾驶行为的具体细节,包括典型驾驶行为、最佳加速点及刹车点、路况复杂程度,以及对不同路段信号接收情况的标注等。

高精度地图的高精度体现在两个方面:一是高精度地图的绝对坐标精度更高,地图上某个目标和真实世界的事物之间的精度更高;二是高精度地图所含有的道路交通信息元素更丰富和细致。

普通的导航电子地图由于是辅助驾驶员做导航使用,其绝对坐标精度在 10 m 左右就够用。而在自动驾驶领域,自动驾驶汽车需要精确知道自己在路上的位置。车辆与马路牙子、旁边的车道距离通常仅有几十厘米左右,因此高精度地图的绝对精度要求都在 1 m 以内,而且横向的相对精度(比如车道和车道、车道和车道线的相对位置精度)往往还要更高。

此外,高精度地图还有准确的道路形状,并包括每个车道的坡度、曲率、航向、高程、侧倾的数据;车道线的种类、颜色;每条车道的限速要求、推荐速度;隔离带的宽度、材质;道路上的箭头、文字的内容、所在位置;红绿灯、人行横道等交通参与物的绝对地理坐标、物理尺寸以及它们的特质特性。所有这些信息也都需要准确地反映在高精度地图中。

4.7.1 LBS 位置服务

LBS 是基于位置的服务,利用各类型的定位技术获取定位设备当前的所在位置,通过移动互联网向定位设备提供信息资源和基础服务。LBS 并不是新鲜事物,建设 GPS 系统的主要目的就是为用户提供位置服务。早在 20 世纪 70 年代,美国就颁布了 911 服务规范。

基本的 911 业务就是要求 FCC 定义的移动和固定运营商实现关系国家和生命安全的紧急处理业务。这与我国的 110/120 等紧急号码一样,要求电信运营商在紧急情况下,能够跟踪到呼叫 911 号码电话的所在地。在有线时代,这些实现起来相对来说容易一些。

1993 年 11 月美国一个叫作詹尼弗·库恩的女孩子在遭绑架之后被杀害,而在这个过程中,库恩用手机拨打了 911 电话,但 911 呼救中心无法通过手机信号确定她的位置。

因为这个事件,导致美国的 FCC(美国通信委员会)在 1996 年推出了一个行政性命令 E911,即要求强制性构建一个公众安全网络,无论在任何时间和地点,都能够通过无线信号追踪到用户的位置。

E911 命令有有线和无线之分。有线由 ISUP 协议进行保证,主要与有线网络有关。而 FCC 定义的无线 E911 有两个版本。第一个版本要求运营商通过本地 PSAP 进行呼叫权限鉴权,并且获取主叫用户的号码和主叫用户的基站位置;第二个版本要求运营商提供主叫用户所在位置精确到 50～300 m 范围的位置信息。

无线 E911 第二版最重要的是用户位置定位。对位置定位有如下几种方法:

①AOA 指通过两个基站的交集获取移动台的位置。

②TDOA 工作原来类似于 GPS。通过一个移动台和多个基站交互的时间差定位。

③location signature 位置标记,对每个位置区进行标识获取位置。

④卫星定位。

但是,直到 2006 年,才基本上完成全美无线通信网络的升级改造。

此外,2001 年的"9·11"事件也让美国的公众认识到位置服务的重要性,因此,在为了实现 E911 目标的同时,基于位置服务的业务也逐渐开展起来。从某种意义来说,E911 促使移动运营商投入大量的资金和力量研究位置服务,从而催生了 LBS 市场。

LBS 有传统服务和新型服务两大类。

①传统服务以整合服务产业链为主,提供的服务基本上以导航为主,也包括服务位置信息搜索(餐馆、娱乐、加油站等)、资讯推送、天气提醒、汽车服务信息等,以静态或者单向的信息为主。

②新型服务则在应用的基础上结合海量用户的移动互联,通过车联网社区形成诸多

更具互动性的应用,比如位置信息的共享、自定义交通信息生成、用车经验交流、基于位置的优惠信息提供等,如图4.50所示。

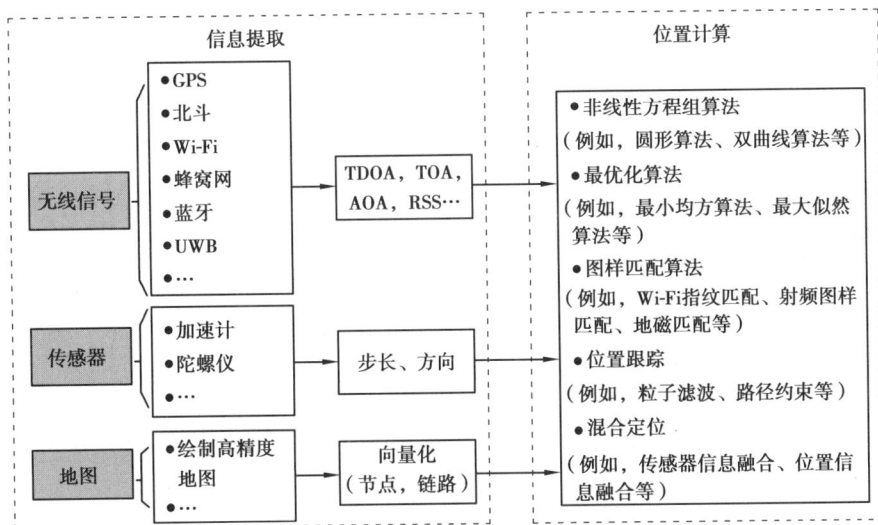

图4.50　大数据处理与云计算技术

按照用户的需求和技术的发展,不断向周边延伸。从而让固有的服务逐步具备自我革新的生命力,为用户的工作、生活、娱乐带来更多便利。

位置信息为实现车联网业务提供重要参考,位置信息越准确,车联网业务可靠性越高。在室外场景下,常用的定位技术包括GPS、北斗、辅助GPS以及基于无线通信蜂窝网络的定位,如小区ID技术(Cell-ID)、增强型小区ID技术(Enhance Cell ID,ECID)。其中北斗导航定位系统是我国拥有独立知识产权的卫星定位系统,目标是形成完善的国家卫星导航应用产业支撑、推广和保障体系,推动卫星导航在国民经济社会各行业的广泛应用。

而定位技术在室内场景下更为复杂,为满足室内定位性能要求,近年来国内外学者及科研机构研究利用WLAN、射频识、超宽带、蓝牙等无线网络实现室内移动终端的定位技术,其定位精度可达米级,而采用UWB技术甚至可达厘米级精度。

无线定位系统主要由两部分组成,包括信息提取和位置计算,各部分功能如下:

①信息提取:可用于定位的对象包括无线信号(如GPS、北斗、Wi-Fi、蜂窝网等)、传感器(如加速器、陀螺仪等)以及地图信息等,而不同的对象提取出的定位信息参数也各不相同。对于无线信号,收发机之间距离信息需要通过估计两者无线信道链路的参数信息获取,该参数包括接收信号强度、到达时间、到达时间差、到达角等。实际接收的无线信号受非视距传输及多径效应、阴影效应的影响,因而即使精确估计信道参数信息,也难以获取准确的收发机之间的直线距离。传感器获得的是定位目标的运动方向、步长等信息。地图信息通常通过绘制高精地图,获得向量化参数,用来对定位目标进行约束或优化。上述参数是进行下一步位置估计的前提。

②位置计算:定位算法是整个定位系统性能的关键性影响因素,一方面要求定位算法有较好的精准度;另一方面又要求定位系统有较低的复杂度和时延。精准度与复杂度之间的平衡,是定位系统开发考虑的重要因素。根据提取参数的不同,采用的定位算法也各不相同。例如根据无线信号提取的参数,可以采用非线性方程组算法、最

优化算法或图样匹配算法,而采用传感器信息和地图信息则可采用位置跟踪算法,包括粒子滤波、路径约束等。另外,在高精度定位系统中,通常采用多源信息融合的混合定位算法。

美国 Sprint PCS 和 Verizon 分别在 2001 年 10 月和 2001 年 12 月推出了基于 GPSONE 技术的定位业务,并且通过该技术满足 FCC 对 E911 第二阶段的要求。2001 年 12 月,日本的 KDDI 推出第一个商业化位置服务。在 KDDI 服务推出之前,日本知名的保安公司 SECOM 在 2001 年 4 月成功推出了第一个具备 GPSONE 技术,能实现追踪功能的设备。该设备也运行在 KDDI 的网络中。这一高精度安全和保卫服务能在任何情况下准确定位呼叫个人、物体或车辆的位置,在韩国,KTF 于 2002 年 2 月利用 GPSONE 技术成为韩国首家在全国范围内通过移动通信网络向用户提供商用移动定位业务的公司。

加拿大的 Bell 移动公司可谓 LBS 业务的市场领袖,率先推出了基于位置的娱乐、信息、求助等服务,2003 年 12 月,Bell 移动的 MyFinder 业务已占尽市场先机。Bell 移动还不断推陈出新,2004 年 9 月,Bell 移动发布全球首款基于 GPS 的移动游戏 Swordfish,利用移动定位技术,把地球微缩成了一个可测量的鱼塘。

相比之下,美国移动运营商对 LBS 商用业务的关注就有些逊色,他们为了满足 E911 的要求而焦头烂额,因此起初在 LBS 的商业化上并没有投入太多精力。但是随着市场的逐渐扩展,在 E911 方面处于领先地位的 Sprint PCS 推出 LBS 商用服务,这项针对企业用户的服务选用了微软的地图定位服务器。Nextel 则努力将 LBS 业务融入其数据服务中,并将 A-GPS 技术应用于其网络,但大部分用户仍然需要使用支持该技术的终端享受 LBS 提供的便利。

2008 年初,支持 GPS 的手机已经占到手机总销售量的 25% 以上,而相关应用更是五花八门。中国移动在 2002 年 11 月首次开通位置服务,如移动梦网品牌下面的业务"我在哪里""你在哪里""找朋友"等;2003 年,中国联通在其 CDMA 网上推出"定位之星"业务,用户可以在较快的速度下体验下载地图和导航类的复杂服务;而中国电信和中国网通似乎也看到了位置服务的诱人前景,启动在 PHS(小灵通)平台上的位置服务业务。

但是由于当时移动通信的带宽很窄、GPS 的普及率比较低,最重要的是市场需求并不旺盛,所以,几家大的运营商虽然热情很高,但是整个市场并没有像预期那样顺利启动,在一个很长的时间内,都是无人问津。

LBS 虽然在消费市场没有得到承认,但是随着大家对交通安全认识的提高,位置服务却在一些专业领域逐渐得到了承认。从 2004 年开始,交通安全管理与应急联动领域逐渐引入了 GPS 与移动通信结合的 LBS 服务,各地方有的是民营资本,有的是交通管理部门参与其中,在公共运营车辆,包括公交、出租、货运、长途客运、危险品运输、内陆航运等交通运输工具开发相关的运输监控管理系统中,用到的基础技术就是 LBS。2007 年底,据不完全统计,国内已经有十几个省市实现了对出租车、长途客运汽车、危险品运输车辆的全程跟踪管理,这其中包括车辆位置跟踪、车速管理、车辆调度等,有的甚至还在车辆内部安装摄像头,实现对车辆的全程视频跟踪。民用市场中的私家车的 GPS 市场也得到爆发性增长,在 LBS 基础上提供车辆监控服务的厂商也不断涌现。

经过五六年的发展,国内专业领域的 LBS 得到一定的发展,也涌现出像赛格、中国卫通这样较大的 LBS 服务提供商,但是大多数提供 LBS 服务的企业还都是小作坊式生产,多的能管理几千辆车,少的只有几百辆。而提供类似服务的企业也有几千家。

正是由于如此混乱的局面,导致这个市场存在恶性竞争,服务质量差、投诉多等问题,因此亟须有一个或几个上规模的企业能够对整个行业进行重新整合,以便规范我国的 LBS 市场。从而能够让广大用户真正体会到 LBS 带来的种种功能。

2006 年底 GPS 市场开始启动,GPS 市场在国内呈现爆发性增长,特别是到了 2008 年,随着汽车的快速普及,LBS 服务市场快速启动。据赛迪顾问的统计,2007 年 LBS 的市场规模为 3.6 亿元左右,而到了 2012 年,市场规模达到 38 亿元,不过值得注意的是,赛迪顾问所探讨的 LBS 市场,只是移动、联通、网通、电信四大运营商的市场。

在 LBS 当中,最为重要的三个环节就是地图提供商、软件提供商、运营商。在地图提供商方面,四维图新、高德、易图通、灵图、瑞图万方占据了市场领先者地位。随着技术的发展以及用户对位置服务的需求增长,地图提供商在提供基础地理信息的同时,还能够提供 POI 信息、实时交通信息,甚至能够提供用于交通管理的摄像头位置、测速仪位置数据信息。在位置服务软件方面,国外企业占据领先地位,日本爱信和日本电装的导航软件技术先进,被广泛应用于四维图新、高德所提供的位置服务解决方案中;国内的导航软件厂商起步较晚,但发展迅速,凯立德、雅迅网络等公司已获得相当规模的市场份额。在运营商方面,中国移动早在 2001 年就基于移动梦网卡推出位置服务,后推出亲子通业务、wap 地图等;中国联通于 2003 年独立规划"定位之星"增值业务栏目,并依托 C 网优势,结合资费套餐、送机活动,推广位置类业务。在 2008 年上半年中国移动位置服务市场中,中国移动凭借庞大的用户群占据了 6 成以上的市场份额,中国联通依托多年来 C 网位置服务应用的推广,占据三成左右的市场份额。

4.7.2 高精度地图的层级

地图根据其道路基础设施的精度可以分为普通地图和高精地图。普通地图的精度为米级,可用于车载信息服务的汽车导航及其路径规划等;高精地图用于自动驾驶,如图 4.51 所示,不同的自动驾驶级别对高精地图的精度要求不一样,其中 L1 和 L2 起辅助驾驶作用,地图精度要求为 10~50 cm;L3—L5 对地图的精度要求至少为 10 cm,最高可达 1 cm。

图 4.51 高精地图用于自动驾驶

高精度地图可以分为两个层级:静态高精度地图和动态高精度地图。

静态高精度地图处于底层,是目前研发的重点。它一般由含有语义信息的车道模型、道路部件、道路属性三类矢量信息,以及用于多传感器定位的特征图层构成。

动态高精度地图则建立于静态高精度地图的基础之上,它主要包括实时动态信息,既有其他交通参与者的信息(如道路拥堵情况、施工情况、是否有交通事故、交通管制情况、天气情况等),也有交通参与物的信息(如红绿灯、人行横道等)。

高精地图是实现自动驾驶的基础技术之一,是关于车辆环境数据和交通运行数据元素的存储和呈现结构。其中,车辆环境数据是反映车辆周边环境的相关数据,包括道路、桥梁、隧道、交叉路口、车道线和道路沿线等道路基础设施的识别数据,以及车辆、行人、道路障碍物等道路目标物的识别数据。交通运行数据包括交通标志、交通控制、交通状况、道路性能和道路气象等数据。

在智能交通行业中,研究动态地图数据结构的标准化组织有国际标准化组织(ISO)、欧洲电信标准化协会(ETSI)、日本自动驾驶通用服务创新项目(SIP),通过比较这些标准化组织,将高精度地图的分层体系归纳为以下四种类型:永久静态数据、准静态数据、准动态数据、高度动态数据,如表4.4所示。

表4.4 高精度地图的分层体系

数据类型	数据内容	更新频次	获取方式
永久静态数据	道路拓扑结构、道路基础设施数据、道路ID编号、道路位置、道路线形等	每月	由地图提供商通过车载传感设备感知识别后制作或由交通管理部门提供,在地图云平台共享
准静态数据	交通标志位置及含义;交通信号灯位置;兴趣点(POI)位置;地标性建筑位置	天或月	由地图提供商通过车载传感设备感知识别后制作或由交通管理部门提供,在地图云平台共享
准动态数据	临时性交通标志数据;专用车道、车道方向、车道限速等;交通控制数据;信号灯相位和配时;交通状况数据;道路障碍物、道路能见度、道路施工;道路气象数据;道路性能数据	秒或分钟	由车载传感设备或路侧传感设备采集识别后上传,或由交通管理部门直接提供,在地图云平台共享,车载终端通过V2I车路协同通信或蜂窝移动通信获得
高度动态数据	道路目标物识别数据;车辆位置数据;车辆行驶数据;速度、方向;车辆操作数据;启动、加速、减速、转弯、换挡;行人位置数据	10 ms级别	通过车载传感设备采集并识别获取,或通过V2X协同通信交换获得,存储于车载计算平台

1)永久静态数据

永久静态数据一般不会更新,除非道路基础设施发生改变,其更新频次是月级别的,主要包括车道级别的道路拓扑数据、道路基础设施数据和道路基础设施属性数据,如图4.52所示。

道路基础设施包括城市道路、城际道路、桥梁、立交桥、隧道和交叉口的车道ID编

图 4.52　永久静态数据

号、位置和形状数据(高度、宽度、道路边缘类型、道路凹凸度、坡道斜率和弯道曲率等几何尺寸数据),还包括高架物、防护栏和树等其他固定的道路基础设施数据。道路基础设施属性数据包括收费站的位置、涵洞限高和桥梁限重等。

永久静态数据一般由地图提供商通过车载传感设备感知识别后制作,地图提供商如HERE 及我国的百度、高德和四维新图等;也可由官方地图数据管理部门提供,最终在地图云平台上进行共享。此外,车载终端获得静态道路基础设施数据的途径有两种:直接通过车载传感设备采集后识别获得实时数据,以及从地图云平台上下载历史数据。两种不同方式获得实时和历史数据可以在车载终端进行融合,如果出现数据冲突便以实时数据为准,并在地图云平台上申请更新并共享。

2)准静态数据

准静态数据主要包括交通标志位置及含义、交通信号灯位置、兴趣点位置和地标性建筑位置。其中,交通标志和交通信号灯都属于路侧呈现设备,交通标志具体包括专用车道、车道方向、车辆限速、限行、禁停、弯道警告等。

准静态数据的更新频次是天或月级别的,它可由地图提供商通过车载传感设备感知识别后制作,如通过摄像头采集交通标志图像数据并分析交通标志的含义,也可由交通数据管理部门提供,最终在地图云平台上进行共享。

3)准动态数据

准动态数据主要包括两类:一是交通状况数据、道路性能数据和道路气象数据等交通运行数据;二是临时性交通标志数据和交通控制数据等交通管理数据。

准动态数据的更新频次是秒或分钟级别的。交通标志数据、交通控制数据、交通状况数据、道路性能数据和道路气象数据等交通运行数据可由车载传感设备或路侧传感设备采集并识别后上传到地图云平台,交通标志数据和交通控制数据也可由交通管理部分直接提供,如图 4.53 所示。

车载终端获得准动态交通运行数据的途径有三种:直接通过车载传感设备采集后识别获得实时数据;通过蜂窝移动通信从地图云平台获得准实时数据;通过 O2I 车路协同通信从交通运输管理云平台获得实时数据。三种不同方式获得的实时、准实时和历史数据在车载终端融合,如果出现数据冲突便以实时数据为准,并在地图云平台上申请更新并共享。

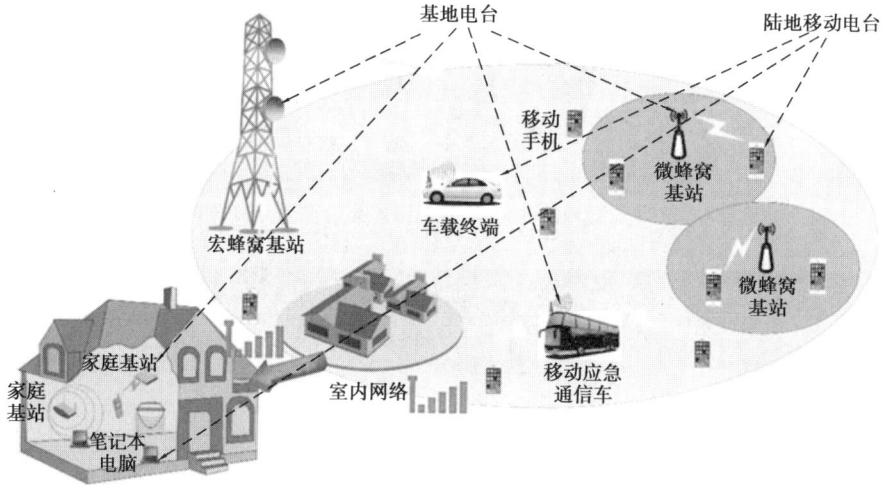

图 4.53 准动态数据

4)高度动态数据

高度动态数据主要包括道路目标物识别数据、车辆位置数据、车辆行驶数据、车辆操作数据和行人位置数据等。

道路目标物识别数据是车载传感设备采集并识别的车辆、自行车、行人、道路障碍物等道路目标物数据(位置、形状和速度等);车辆行驶数据是反映车辆行驶状况的数据,主要包括速度、方向以及启动停止状况等;车辆操作数据主要包括车辆的启动、加速、减速、转弯、换挡等数据。

高度动态数据主要通过车载传感设备采集并识别获取,或通过 V2X 协同通信交换获得,其更新频次很快,差不多是 10 ms 级别,不必上传到地图云平台,直接存储在车载终端即可。

4.7.3 高精度地图信息分类

高精度地图信息可分为道路信息、规则信息、实时信息三部分。

道路信息包含车道模型、道路部件、道路属性三部分,为自动驾驶汽车提供决策基础。

而规则信息与实时信息则是在道路信息之上的叠加,包含对驾驶行为的限制以及从车联网获取的实时道路信息。

高精度地图所蕴含的信息如此丰富也就意味着高精度地图的数据量将极其庞大,仅仅一条道路就需要采集超过 14 亿个数据点,若想最终实现高精度地图的商业化落地,庞大的覆盖范围带来的数据量将是一个不小的挑战。

以某科技的高精度地图产品为例,在一天的时间之内,通过众包采集的车辆的摄像头采集道路数据,上传至云端之后再进行初步预处理得到的数据就能达到 600~800 GB;而 Waymo 的地图测绘车在一天的时间内采集的数据大小为 1 TB 左右,覆盖的范围大约为 8 h 车程的道路。而且值得注意的是,此类数据主要包含的是静态高精度地图图层信息,并不包括实时交通参与者等动态高精度地图的信息。

4.7.4　高精度地图与导航地图

高精度地图与传统导航电子地图最大区别在于精度。

普通车载电子导航地图的精度一般在 10 m 左右,而高精地图的精度需要达到 20 cm。这样的精度基本上是一个车道边线的宽度,在 20 cm 精度情况下才能保证不会发生侧面碰撞。

除了精度以外,高精地图与传统导航电子地图的区别还体现在以下几个方面:首先,二者的使用对象不同。传统导航电子地图的使用者主要为驾驶员,而高精地图的主要使用者为汽车自动驾驶系统;其次,二者的数据维度不同。传统导航电子地图只记录道路级别的数据,比如道路形状、坡度、曲率、铺设、方向等。而高精地图不仅包括以上这些内容,还增加了与车道属性相关(车道线类型、车道宽度等)的数据,诸如高架物体、防护栏、树、道路边缘类型、路边地标等大量目标数据;最后,二者的数据实时性不同。传统导航电子地图的更新频率为永久静态数据(更新频率约为 1 个月),半永久静态数据(频率为 1 h)。而高精度地图对数据的实时性要求较高,更新频率通常为半动态数据(频率为 1 min),动态数据(频率为 1 s)。

面向对象的不同带来的本质差异。一般地图面向对象为人,以人的认知为基础,解决的需求包括规划路线、确认地点、辨别方位等,而高精地图面向对象为自动驾驶算法,面向的是"一台机器",数据将作为自动驾驶算法的输入端,解决的需求包括环境感知、高精度定位、规划与决策等,是自动驾驶汽车行驶上路的"行动指南"。

4.7.5　项目案例

东软智能交通 GPS-GIS 系统

东软公司在电信/电力行业应用 GIS 和为日本本田/宝马等汽车厂商开发 GPS 车载导航系统的技术积累和经验,推出面向 ITS 领域的 GIS/GPS 综合解决方案,该系统基于国际主流的 ArcGIS/GeoMedia/MapInfo 等平台技术,提供了 GIS 空间建库、车辆 GPS 监控、路线拓扑设计等功能,为金融/物流/城市交通/公安等行业实现业务智能化/信息图形化提供强大工具。

GIS 系统以空间数据库为基础,将应用数据与地图有机结合,提供强大的空间分析和查询功能,以丰富的表达方式直观地显示结果。

东软公司 GPS-GIS 系统以通用 GIS 软件为平台,整体软件按照数据层、平台层和应用层开发,其中数据层以通用数据库为主体,以业内流行的 Oracle 数据库、SQL 数据库以及 IBM 公司的 DB2 数据库为主流数据库,数据层采集和整理系统的 GIS-GPS 数据资源。

平台层主要负责开发 GIS 接口层、数据交换平台、报表管理平台、GPS 接口层核心框架,实现从数据层数据到应用层数据的转换,为应用层各个应用系统提供必要的资源服务。

应用层建立多种业务应用,用于智能交通的各个领域,包括车辆 GPS 监控/调度系统、公路监控/设施管理系统、公安警卫 GIS/GPS 系统等,如图 4.54 所示。

IVI Based Solution	Box Based Solution	Domain Controller Based Solution
应用场景	**应用场景**	**应用场景**
导航	导航	自动驾驶 L3~L5
自动驾驶 L1~L2	自动驾驶 L1~L2	**传感器**
传感器	**传感器**	GNSS/RTK, 陀螺仪, 加速传感器
GNSS, 陀螺仪, 加速传感器	GNSS, 陀螺仪, 加速传感器	车辆信号
车辆信号	车辆信号	摄像头原始数据
摄像头检测结果	摄像头检测结果	雷达原始数据
地图	V2X	**地图类型**
SD Map (与导航共用)	**地图**	高精地图
高精地图 (独立)	HD Map	**电子地平线供应商**
电子地平线供应商	**电子地平线供应商**	ADASIS v3
ADASIS v2 & v3	ADASIS v3	**精度**
精度	**精度**	厘米级I
米级 (基于车道线)	米级 (基于车道线)	

图 4.54　东软-高精度定位产品

1）应用领域

①监控中心：适用于高速公路、交警、城市紧急救援单位的监控中心，动态监控道路状况及实时调度车辆，GIS 系统与 GPS 系统的紧密结合更有效地发挥监控中心的工作效率，系统与外场监控设备联网，实现对交通流量、气象状况、事故等信息的自动采集，通过交通模型自动分析，调度指挥交通。

②设施管理：建立路网 TGIS 基础信息库，包括收费/通信/服务/监控/公共等各类设施的详细信息，在 GIS 系统上显示出来作为交通监控和运营管理的支撑平台，设施损坏或者电子设备发生故障 GIS 系统以报警形式主动提示管理者。

③物流管理：与物流管理软件相结合，适用于大型码头、集装箱运输等大型物流企业的车辆监控与调度，实时跟踪货物的运输确保物流安全，即时调度物流车辆，加强对车辆的管理力度，物流车辆安装 GPS 卫星定位系统，在车辆遭遇意外事件或者货物被盗抢时向中心报警，中心则根据车辆信息在电子地图上显示车辆位置及详细资料。

④特种车辆调度和监控：车辆 GPS 监控/调度系统是运用车辆专用的 GPS 定位一体化的通信设备(车台)、无线通信接收和发射设备、网络设备和 GIS 软件，实现对车辆进行实时监控的一体化系统，是充分利用 GPS-GIS 手段对车辆进行监控的重要和先进的技术手段，主要是对清障车、巡逻车、运钞车、紧急救援、警车等特殊车辆进行车辆跟踪、报警、动态监视和指挥。

⑤出租车辆调度指挥：实时在监控中心 GIS 地图上根据接收的车辆 GPS 信息跟踪显示多辆出租车行驶路线；与出租车司机进行语音/短消息通信；报警功能：每辆车都配报警按钮，当遇到警情时向中心报警，中心接到报警作相应提示启动声光报警，而电子地图则以醒目的颜色显示报警车辆位置及其详细资料；调度功能：根据顾客叫车需求，GIS 系统自动查找最近出租车，并通过对讲机/手机等方式通知司机。

⑥公安/警卫 GIS 系统：警卫路线设计：市区路线上任意两点间选取行车路线和备用

路线,按沿线状况、警卫级别、警力资源等信息自动完成路线的警力部署。部署信息查询:显示并统计与警卫路线相关的自然情况、警力部署情况。现场信息查询:查询现场、出入口、制高点、参观部位、内部行走路线、火车站、机场路线、重点要害部门、建筑物、会议室、娱乐设施、内部停车场、周围指定医院的详细信息,进行兵力部署。

⑦联动紧急救援系统:结合 GIS 技术和 CallCenter 技术,为公安等政府相关应急职能部门和网络单位提供一套完整的指挥调度系统,对市民反映的紧急求助事件,如火灾、意外事故、医疗急救、交通事故以及其他应急事件,如水、电、煤气泄漏等事件进行迅速响应和处理,为城市的公安、交警、消防、急救、防洪、防震、人民防空等部门进行统一的接处警和指挥调度。

2)系统特点

①GIS 系统与 GPS 系统紧密结合,将卫星定位系统精确到二维或者三维的地理信息系统上,真正实现交通领域的动态监控。

②系统与办公自动化软件相结合,将 GIS 系统嵌入交通领域的办公软件中,更简洁、直观地实现路网及车辆的监控。

③对 GIS 数据可做深入的分析和挖掘,可对办公系统产生定制的各种报表,系统还可以对被监控的路网及车辆做智能分析,提出路网的管理及车辆的调度策略。

④系统不仅在城市交通也可在航空、海运、公交等其他领域发挥其定位准确、实时跟踪的优势,为这些行业的安全生产提供有力帮助。

4.8　信息安全技术

车联网的应用伴随着大量数据的传输,显示了用户和车辆的个人信息,存在着潜在的安全隐患。车联网的安全防护环节众多,包括终端设备和通信设备的信息传递安全防护、数据、功能安全防护、云端管理和信息平台的管理安全防护,同时还保护用户的个人隐私,防止网络攻击,确保数据传输的准确性和安全性。

在车联网"端-管-云"的基本网络架构下,每一个环节都是信息安全的防护重点。车联网产业链较长,涉及终端设备、通信设备以及云端管理和服务平台,涉及的厂商有元器件供应商、设备生产商、整车厂商、软硬件技术提供商、通信服务商、信息服务提供商等,包括控制安全、数据安全、功能安全等各个方面。

车联网安全防护环节众多,网络安全问题复杂,其中容易受到攻击的部分主要包括端、管、云 3 个部分,如图 4.55 所示。

端:信息娱乐系统、T-box、CAN 网络、钥匙;手机、手表上的 App;与 CAN 网络连接的 OBD 设备等。

管:包括从车机、T-box 到后台的通信,App 到后台的通信等,其中 V2X 是车联网通信的关键技术,对不可信节点的检测、隔离以及处罚都缺乏相应的机制。

云:TSP 后台所在的云端服务器等。

在解决车联网网络安全策略上,针对不同的部分采取不同的安全防护措施。比如车载智能终端,除了硬件采取加密措施,例如芯片防护、硬件加密,还开启车联网终端安全监测分析,加强对终端应用程序的应用加密、安全启动等。

通信安全:加强访问控制,实施分域管理,对网络进行分域管理,将控制域与信息服

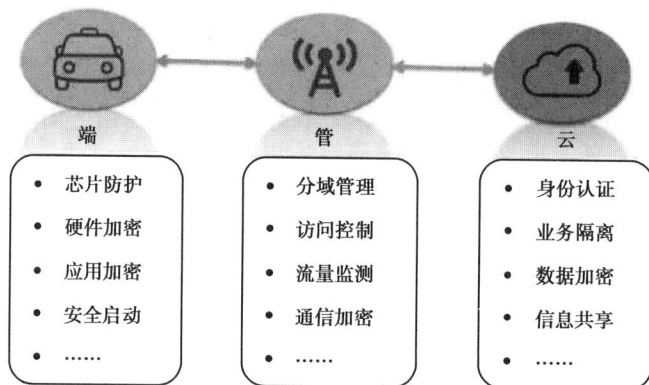

图 4.55　车联网安全防护环节中的"端-管-云"

务域进行隔离,对数据进行分域管理,降低攻击风险;加强网络切面的功能,网络侧进行异常流量检测,提升车联网网络安全防护能力;加强身份认证及密钥管理,进行基于证书的私有通信加密。

云服务平台:采用现有网络技术进行安全加固,部署防火墙、入侵检测系统等安全设备;建立车联网用户凭证管理系统,对车辆、移动终端、应用程序等进行身份验证、加强密钥管理;对不同业务进行物理隔离,依照业务的安全级别采用不同级别的安全防护措施;对数据进行加密处理,同时建立数据共享、集中管理的核心凭条,对威胁情报及不安全因素进行系统共享。

4.9　项目案例

百度 V2X 项目案例

V2X 业务的功能特征:百度车联网 V2X 业务具有高并发、高实时、高速移动、数据异构和基础设施共享五方面的特征及需求。

①高并发:车联网 V2X 业务数据具有高并发的特点,根据国际和国内标准,按照五大类基础信息(BSM、SPAT、MAP、RSI、RSM)进行估算,区县范围每秒百万条数据并发接入、计算,城市范围每秒千万条数据并发接入、计算,全国范围每秒上亿条数据并发接入、计算。

②高实时:V2X 业务具有高实时的特点,根据标准要求,辅助驾驶时延不超过 100 ms,自动驾驶时延不超过 20 ms。

③高速移动:V2X 业务具有移动性强的特点,需在提供边缘接入、计算服务的同时,支持边缘服务节点间的业务连续处理能力,支持车辆在不同的 V2X 边缘服务节点间切换时保证业务连续性。

④数据异构:车联网业务数据具有多元异构的特点,包括标准数据集(BSM、MAP、SPAT、RSM、RSI 等)和非标准数据(摄像头采集数据、激光雷达数据、毫米波雷达数据、车辆导航数据等)。

⑤基础设施共享:车联网基础设施多样且建设成本高,为更好地共享基础资源,需提供车联网应用部署基础环境,以支持数据实时接入、传输、计算能力的共享。

4.9.1　百度车联网 V2X 平台架构设计

以一个中等城市汽车保有量 200 万辆左右为例，V2X 平台每秒需要处理千万级的数据，单条业务数据处理时延要求为 20～100 ms，这对数据接入、数据计算、数据存储、数据推送、数据安全都带来了极大的挑战，传统的"中心平台-终端"架构无法满足 V2X 业务的需求，由此，引入 V2X 平台多级架构，V2X 中心平台主要支撑全网业务，并提供全局管理功能，包括全网业务运营管理、全局交通环境感知及优化、多级计算能力调度、应用多级动态部署、跨区域业务及数据管理等功能。

V2X 区域平台主要支撑省/市区域范围内业务，包括区域业务运营管理、区域交通环境感知及优化、区域数据分析/开放/应用托管、边缘协同计算调度、V2X 边缘节点管理等功能，可服务对时延要求较高的业务场景；V2X 边缘节点主要支撑边缘范围内高实时、高带宽的 V2X 业务，包括边缘范围内边缘数据融合感知、动态全景感知图构建等功能，可服务于高级辅助驾驶和自动驾驶等应用。

4.9.2　百度车联网 V2X 平台功能定义

车联网 V2X 平台提供网络协同融合感知、实时计算/分析、数据存储/开放、能力聚合/开放、资源调度、协同计算等多种基础功能，同时，V2X 平台在参照多级架构进行部署时，各级平台功能可依据所提供的应用服务按需进行部署，具体功能架构图如图 4.56 所示。

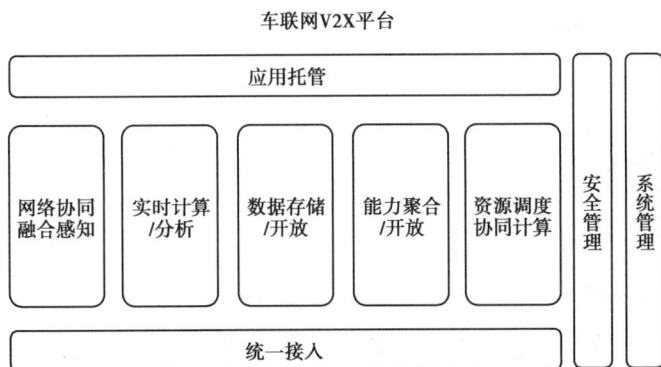

图 4.56　V2X 平台功能架构图

1）统一接入

提供多种车联网终端的统一接入、鉴权、协议适配等功能。

①终端接入：提供车辆终端、RSU、路侧传感设备等多类数据高并发实时接入能力。

②终端鉴权：提供车联网终端接入鉴权功能。

③协议适配：提供车联网终端接入协议适配功能。

2）感知

①异构数据汇聚：提供异构数据汇聚功能，包括车端、路侧设备、传感器以及政府或第三方交通信息平台的数据汇聚。

②车端/路侧设备/传感器数据汇聚：提供车端、RSU、激光雷达、毫米波雷达、摄像头等多种设备数据的汇聚能力，并根据应用场景处理时延、传输带宽的具体需求，支持分

级、分类存储及分析功能。

③交通平台信息对接/采集:提供与交管平台、图商平台及第三方车联网应用平台对接、交通信息数据采集能力,包括交通实时信息、道路基本信息等。

④融合分析:建设数据分析基础服务平台,集成车联网基础智能算法、机器学习基础算法等,支撑融合分析能力,并提供第三方算法部署和大规模分布式计算的能力。

⑤第三方算法创建、训练和发布:支持第三方用户发起创建算法任务,并为其提供算法训练功能,在算法训练成功后进行算法发布,对外提供服务。

⑥算法服务:发布完成的算法,可通过统一服务接口向终端/第三方平台直接提供算法服务,同时,也可面向应用托管中的应用提供算法服务。

⑦机器学习算法:提供基础机器学习算法,并可通过统一服务接口调用,支持机器学习算法自定义功能,并提供算法"插件式"维护能力。

⑧模型构建引擎:提供模型构建规则配置功能,如算法训练数据源、参数信息等,同时,支持算法自动执行及结果呈现等功能。

3)计算

提供车辆终端业务实时计算转发、离线计算能力,包括数据解析、实时计算、消息转发推送、离线计算等主要功能。

①数据解析:提供终端数据的编解码、加密/解密功能。

②实时计算:提供车辆终端 V2I/V2N 业务实时计算能力,完成基于车辆位置、I 侧设备位置以及网络层信息的匹配计算。

③消息转发推送:提供交通信息实时转发/推送功能,依据实时计算结果将交通信息实时推送给车载终端、RSU、行人等交通参与者。

④离线计算:提供交通大数据离线分析能力,通过开放统一服务接口,可向托管应用及第三方应用提供离线计算能力。

4)数据

(1)数据开放

面向第三方车联网应用,如车企 TSP、图商平台、车联网应用服务公司等,提供大数据开放能力,具体包括数据的实时查询、历史查询、数据订阅与推送、流量监控等功能。

①数据查询:提供高并发、低时延实时查询能力,以及海量历史查询数据快速查询能力。

②信息订阅/推送:提供高并发数据的订阅/推送能力,向用户推送订阅的相关数据。

③流量监控:提供数据开放接口流量监控功能,可根据用户订购不同等级的数据开放业务,控制数据开放的流量,不同用户享受不同的流量速度。

(2)数据存储

提供高实时、大并发数据存储能力,可提供数据脱敏、数据清洗、存储组件管理、数据存储、数据检索等主要功能。

①数据脱敏:提供对敏感信息进行脱敏处理的能力,实现敏感隐私数据的可靠保护。当数据涉及客户安全或者一些商业性敏感信息时,在不违反系统规则条件下,对真实数据进行改造以达到脱敏目的,如在终端上报的信息中,手机号、卡号、客户姓名等个人信息都需要进行数据脱敏。

②数据清洗：对数据进行重新审查和校验，删除无效数据、纠正错误数据、填充缺失值等，为后续的数据使用提供有效、一致的数据。

③存储组件管理：可提供多种存储组件，如 redis、hbase、hdfs 等，以支持对数据的多样性使用场景；在数据存储应用中可根据实际需要进行配置使用，达到灵活控制数据在不同存储组件的处理。

④数据存储：支持灵活的存储期限控制、定时清理机制，可提供 PB 级存储空间。

⑤数据检索：提供数据快速检索功能，可根据访问者不同的权限，设定相应的数据检索范围。

5）能力

（1）高精度定位

提供高精度终端接入能力，为车联网终端提供高精度定位服务。具体包括支持终端实时位置查询、定位、轨迹跟踪等功能，并可通过与高精度地图服务对接，为终端或第三方平台提供高精度地址反解析等功能。

（2）基础网络能力

提供运营商网络基础能力开放功能，具体包括 UE 掉线情况、UE 是否可达、UE 的 PDN 连接状态、网络通信失败情况、位置报告、某一地理区域内在线的 UE 个数、接入网的资源使用情况、吞吐量情况、与 QoS 管理相关的信息等。

①支持和运营商网络 EPS 通信，单播或多播网络资源管理相关消息。

②接收运营商网络提供的监测事件或者报告。

③追踪应用层 V2X UE 的地理位置。

④支持 3GPP 系统信息的配置，比如 PC5 通信的参数、V2X USD。

⑤向 V2X UE 提供网络质量监测报告。

⑥维护 V2X 用户 ID 和 V2X UE ID 的映射关系。

⑦支持 V2X 业务连续性。

⑧支持 V2X 应用资源的自适应分配。

6）应用托管功能

提供 V2X 应用基础运行环境，具备应用注册/发布/注销、应用部署（自有/第三方）、资源隔离等功能。

①应用入驻：提供应用入驻能力，根据应用部署申请，配置相应资源，并支持第三方应用服务发布。

②租户隔离：提供租户隔离功能，同时提供攻击隔离、弹性扩展等功能，保障应用运行更加稳定和安全，具体包括业务逻辑隔离、资源隔离、网络隔离等。

③计算资源调度：提供计算资源动态调整的能力，根据业务的使用情况，支持自动弹性伸缩及人工配置两种资源配置方式。

7）边缘计算

V2X 平台支持在接入网部署边缘节点，提供 V2X 边缘侧服务，以支撑 V2X 高级辅助驾驶、自动驾驶高实时、大带宽的需求。

①高实时数据边缘处理能力：支持车端、RSU 数据的实时接入、计算及推送，如向车端下发相应区域的动态高精度地图。

②高精度地图存储能力:存储静态高精度地图,存储更新后的动态高精度地图,如支持将车辆、行人、障碍物的位置、速度等数据与地图进行映射,并与区域平台通信进行数据协同,构建更大范围的动态高精度地图,或借助区域平台算力完成交通事件检测。

③视频、图像分析能力:将不同路侧感知单元、不同种类传感器上报的各类检测数据进行融合,并对终端上传的视频流、激光雷达数据等进行分析,完成目标检测等。

8) 多级协同功能

提供 V2X 平台各层级间协同管理、数据交互等能力,提供数据同步、协同计算、应用分级部署等功能。

①协同计算:提供 V2X 平台系统协同计算功能,包括同层级平台协同计算及跨层级协同计算能力。

②数据同步:提供各级平台间业务数据和管理数据的同步功能,如业务数据的周期性数据同步及协同计算的实时数据同步等;同时,支持管理数据的同步,包括运维信息、运管信息、安全配置信息等。

③应用分级部署:提供应用动态分级部署能力,更加应用服务方式,提供在不同级别平台上的自动化协同部署能力。

9) 安全中心功能

提供 V2X 平台安全管控能力,具体包括漏洞扫描、流量监控、进程监控、安全设置等。

①漏洞扫描:提供对系统漏洞定时扫描功能,扫描对象包括操作系统、数据库、网络设备等。此外还提供完善分析报告的处理能力。

②流量监控:对系统之间接口的流量进行实时监控,对流量异常的情况能够进行告警并制订控制措施。

③非法进程监控:定时扫描系统中运行的进程,发现非法进行告警并关闭该非法进程。

④平台组件及补丁管理:对平台组件提供版本检测和依赖性管理,对出现的版本冲突事件进行报警;提供完善的补丁管理、分发功能,如提供支持将系统升级并统一分发给分布式系统中的各个节点。

⑤安全设置:提供数据安全管理和操作系统安全管理功能。数据安全管理,即对数据库进行基础的安全配置,保证数据库运行安全,如禁止数据库账户远程访问数据库、备份文件和数据库的数据、记录数据库操作日志等;操作系统安全管理,包括关闭不必要的服务、加固 SSH(安全外壳协议)的服务、控制文件和目录的访问权限、记录操作日志等。

10) 运管管理

运管管理主要包括终端管理、应用管理、外部平台管理、VCF 功能、区域/边缘资源管理、用户管理(账户、角色、权限)等功能。

①终端管理:提供终端注册/登录/注销、终端基本信息修改查询、参数配置、信息上报与监测等功能。

②应用管理:提供对应用基本信息的管理、应用上线、应用部署等流程管理,包括自有集成应用以及第三方应用。应用的基本信息包括应用名称、IP 地址、端口号、应用部署的位置、计费规则等。

③外部平台管理:外部平台指 TSP 平台、第三方应用平台、图商平台、政府交通信息

平台等。对外部平台提供基本信息的管理、第三方平台注册、数据查询/业务能力调用等流程管理。

④计费管理:提供各类基础服务的计费功能,包括实时计算转发服务(V2I、V2N 信息转发等)计费、应用托管服务计费、数据分析算法服务及能力调用计费、数据开放服务计费、网络能力开放服务计费等。

⑤区域/边缘节点管理:对区域平台、边缘节点的基本信息及运行情况进行监控和统计,包括区域/边缘服务覆盖范围、名称、平台 ID、接入终端数、部署的业务/应用类型等。

⑥用户中心:包括账户管理、角色管理和权限管理。其中账户管理包括查询用户账户、增加修改用户账号、对用户账号的分发管理等。角色管理包括角色的增加、删除、修改、查询处理以及对角色分配一定的权限。用户权限的管理,包括对用户信息表、角色表、用户角色关联表、菜单表、菜单角色关联表等的权限管理。

11) 系统运维

系统运维主要包括资源监控、异常告警、系统升级等功能。

①系统监控:提供系统的运行状态进行实时监控,保证平台安全稳定运行,包括对各级平台进行监控和维护,实时反映系统的运行状态,状态数据可视化与统计、导出、归档等。

②故障预警:提供系统软硬件故障预警功能,系统软硬件发生故障时,需要通过声音或者指示灯对故障进行告警,可通过不同颜色的指示灯或者不同的声音提示故障的严重程度。

③系统升级:提供系统灰度升级能力,并对升级过程进行完整记录,生成系统升级报告,完成升级后系统需进行自动化测试等。

④故障处理:主要包括故障恢复和故障记录两个方面。

⑤网络维护:主要包括网络设备管理、操作系统维护、文件管理等方面。

4.9.3　车联网 V2X 平台性能要求

车联网 V2X 业务数据具有高并发的特点,依据现有可参考的国际和国内标准,以基础的 5 大类信息(BSM、SPAT、MAP、RSI、RSM)进行估算,根据平台服务范围进行分析,终端接入平台的并发量预计如下:

①区县范围:V2X 平台需提供支持每秒百万条数据并发接入的能力。

②城市范围:V2X 平台需提供支持每秒千万条数据并发接入的能力。

③省/全国范围:V2X 平台需提供支持每秒上亿条数据并发接入的能力。

同时,V2X 业务具有高实时的特点,根据标准要求,V2X 在不同业务场景下的计算时延如下:

①辅助驾驶:V2X 平台计算时延不超过 50 ms。

②自动驾驶:V2X 平台计算时延不超过 20 ms。

小结

智能网联汽车软件技术近年来围绕"软件定义汽车"的技术方向向前发展,本章讲解汽车软件 RTOS、大数据与云边端计算、高精地图与定位技术、人工智能在智能网联汽车领域的热门应用等。

练习题

1. 填空题

(1)汽车电子电气架构的变革也使汽车的硬件体系趋于_____。

(2)车载语音技术的发展需要依赖于网络,必须采用基于服务端技术的_____技术。

(3)无人车主要分为三个模块:_____、_____、_____。

(4)车联网无线通信技术主要依赖两种技术:_____、_____。

(5)雾计算是新一代分布式计算,符合互联网的_____特征。

2. 选择题[(1)—(3)为单选题,(4)—(5)为多选题]

(1)以下( )不是无线 E911 对于位置定义方法。

A. AOS   B. AOA   C. TDOA   D. location signature

(2)车联网的基本网络架构不包含( )。

A. 端   B. 管   C. 云   D. IoT

(3)车联网移动远距离的通信不包括( )。

A. LIE   B. 3G   C. 4G   D. LAN

(4)CarPlay 车载能够与 iOS 设备整合的几项为( )。

A. Siri Eyes Free 模式   B. 卫星导航

C. 通话指令与控制   D. 音乐控制

(5)一般而言,无人驾驶系统一般有三大模块( )。

A. 环境感知模块   B. 行为决策模块   C. 超声模块   D. 运动控制模块

3. 简答题

(1)简述人工智能。

(2)简述 RFID 的技术原理。

(3)简述 DSRC 技术。

(4)简述 ETC 技术。

第5章
智能网联汽车ADAS主流系统应用场景 ·············○

随着电动化发展及特斯拉的示范带动效应,智能网联化成为重塑汽车行业的关键因素之一,软件定义汽车时代到来。智能网联汽车以智能化和网联化协同发展,在网联化基础上,将智能车辆和智能交通融合在一起最终形成完全自动化的驾驶阶段,即智能网联汽车,人车路云一体化是最终实现目标。ADAS相当长时间内仍旧是智能驾驶的主力。近几年ADAS的渗透率增长迅速,从原先局限于配置高端车品牌,到现在的中端车高配车型,以及部分辅助驾驶的模块也逐步渗透到低端车辆的高配车型。2019年搭载ADAS系统的车辆渗透率不足10%,增长空间广阔。

5.1 ADAS八大系统案例

ADAS是利用安装于车上各式各样的传感器,在第一时间收集车内外的环境数据,进行静、动态物体的辨识、侦测与追踪等技术上的处理,从而能够让驾驶者在最快的时间察觉可能发生的危险,以引起注意和提高安全性的主动安全技术。

ADAS采用的传感器主要有摄像头、雷达、激光和超声波等,可以探测光、热、压力或其他用于监测汽车状态的变量,通常位于车辆的前后保险杠、侧视镜、驾驶杆内部或者挡风玻璃。

如图5.1所示,ADAS八大系统如下:

图 5.1 ADAS 八大系统示意图

5.2 盲点侦测系统

由于汽车后视镜存在视觉盲区,变道之前就看不到盲区的车辆,如果盲区内有超车车辆,此时变道就会发生碰撞事故。大雨天气、大雾天气、夜间光线昏暗,更加难以看清后方车辆,此时变道就面临更大的危险。大多老司机都深有体会,盲点监测系统就是为了解决后视镜的盲区而产生的,如图5.2所示。

图5.2 盲点侦测(单位:mm)

盲点监测系统对行车安全的帮助:

减少并线安全隐患:即使是驾驶经验丰富的老司机,也对因此带来的安全隐患印象深刻。很多人都提及并线前在注意后视镜的同时,要略加回头扫视车身后侧,然而就是因为这个回头,往往都会造成不可预知的安全隐患。盲点监测系统就很好地解决了这一安全隐患,这套系统会借助隐藏在后保险杠左右两侧内的雷达传感器,对车身后方20 m左右的距离进行实时监测,一旦在驾驶员视线盲区范围内发现有车辆或其他障碍物,则立即向安装在后视镜边缘的接收装置发出指示,在后视镜上亮起的光标警告驾驶者,从而减少随意变道而造成的安全隐患,如图5.3所示。

提升整车安全性,如今越来越多的人选择汽车的时候,关注更多的则是其安全性。显然,盲点检测系统只是小小的装置,其对整体行车安全的提升幅度却并非毫不起眼,也并非乏善可陈。尤其在高速变道或者车辆众多突发情况极易出现城市道路变道时,其所起的作用往往超越了车辆其他安全配置,对避免事故,增加行车安全举足轻重。

改善恶劣天气行车隐患,大雾、大雨、下雪等恶劣天气及其夜间视线严重受阻时,盲点监测系统起重要的辅助作用,对行车安全起到了至关重要的作用。

图 5.3　盲点侦测对行车安全的帮助

5.3　泊车辅助系统

市面上已量产的泊车辅助系统主要有三类:最早普及也最为常见的第一代叫作 APA 自动泊车,随后出现的是将泊车与手机结合的第二代 RPA 远程遥控泊车,最后是最先进的第三代叫作自学习泊车。在不远的未来将会出现更为先进的泊车解决方案——VP 代客泊车,也就是暂未量产的第四代泊车辅助系统。

5.3.1　一代泊车辅助(APA 自动泊车)

APA 自动泊车是生活中最常见的泊车辅助系统。泊车辅助系统在汽车低速巡航时,使用超声波雷达感知周围环境,帮助驾驶员找到尺寸合适的空车位,并在驾驶员发送泊车指令后,将汽车泊入车位。

APA 自动泊车依赖的传感器并不复杂,包括 8 个安装于汽车前、后的 UPA 超声波雷达,也就是大家常说的"倒车雷达",以及 4 个安装于汽车两侧的 APA 超声波雷达,雷达的感知范围如图 5.4 所示。

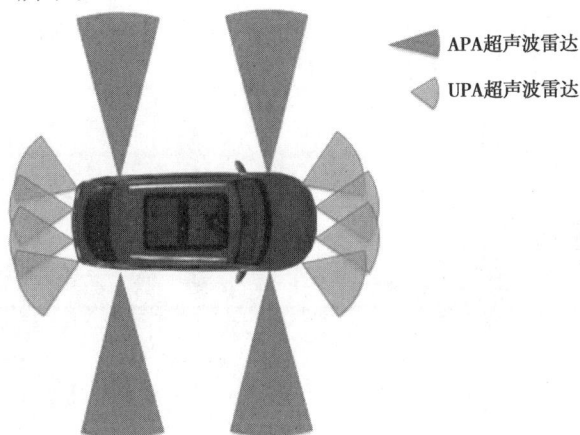

APA超声波雷达
UPA超声波雷达

图 5.4　一代泊车辅助超声波雷达感知

APA 超声波雷达的探测范围远而窄,常见 APA 最远探测距离为 5 m;UPA 超声波雷达的探测范围近而宽,常见的 UPA 探测距离为 3 m。不同的探测范围决定了它们不同的分工。

APA 超声波雷达的作用是在汽车低速巡航时,完成空库位的寻找和校验工作。随着汽车低速行驶过空库位,安装在前侧方的 APA 超声波雷达的探测距离有一个先变小、再变大、再变小的过程。一旦汽车控制器探测到这个过程,可以根据车速等信息得到库位的宽度以及是否是空库位的信息。后侧方的 APA 在汽车低速巡航时也会探测到类似的信息,可根据这些信息对空库位进行校验,避免误检,如图 5.5 所示。

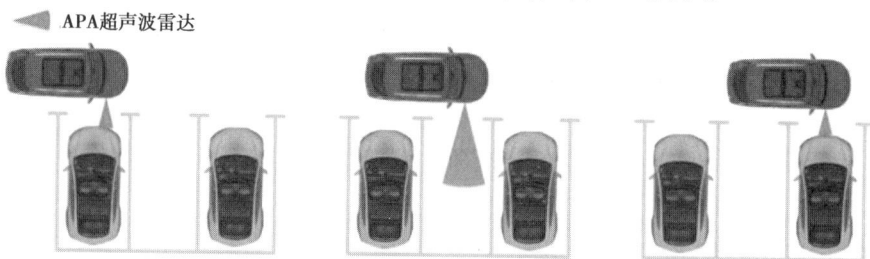

图 5.5　APA 超声波雷达的作用

使用 APA 超声波雷达检测到空库位后,汽车控制器会根据自车的尺寸和库位的大小,规划出一条合理的泊车轨迹,控制方向盘、变速箱和加速踏板进行自动泊车。在泊车过程中,安装在汽车前后的 8 个 UPA 会实时感知环境信息,实时修正泊车轨迹,避免碰撞。

APA 自动泊车辅助需要驾驶员在车内实时监控,以保证泊车顺利完成,属于 SAE Level 2 级别的自动驾驶技术。

5.3.2　二代泊车辅助(RPA 远程遥控泊车)

RPA 远程遥控泊车辅助系统是在 APA 自动泊车技术的基础之上发展而来的,车载传感器的配置方案与第一代类似。它的诞生解决了停车后难以打开自车车门的尴尬问题,比如在两边都停了车的车位,或在比较狭窄的停车房。RPA 远程遥控泊车辅助系统常见于特斯拉、宝马 7 系、奥迪 A8 等高端车型,如图 5.6 所示。

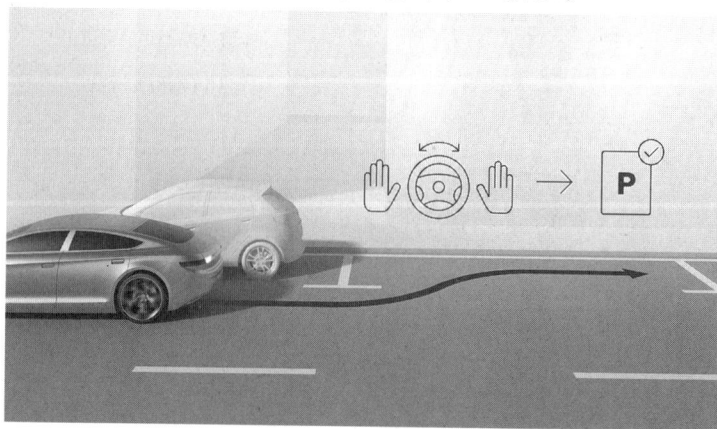

图 5.6　二代泊车辅助

在汽车低速巡航并找到空车位后,驾驶员将车辆挂入停车挡,就可以离开汽车了。在车外,使用手机发送泊车指令,控制汽车完成泊车操作。遥控泊车涉及汽车与手机的通信,目前汽车与手机最广泛且稳定的通信方式是蓝牙,虽然没有4G传输的距离远,但4G信号并不能保证所有地方都能做到稳定通信。

RPA远程遥控泊车辅助系统相比于第一代加入了与驾驶员通信的车载蓝牙模块,不再需要驾驶员坐在车内监控汽车的泊车过程,仅需要在车外观察即可。

5.3.3　三代泊车辅助(自学习泊车)

在汽车变得越来越聪明后,驾驶员的期望也越来越高。他们希望在大雨天下班时,不用自己冒雨取车,而是用手机发送指令后,汽车能自己启动,泊出车位,并行驶到他们面前。

为了实现这个功能,给驾乘人员带来更好的体验,工程师在汽车上加入了鱼眼相机。鱼眼相机的镜头就像鱼眼一样,能够看到超过180°范围的东西,在汽车四周各装一个鱼眼相机,将它们的图像进行畸变矫正后再拼接,即可实现360°的环境感知。

市面上的很多高端车型上配备的360°全景影像功能,就是基于以上原理拼接而成的"鸟瞰图"。为了给驾驶员提供更好的泊车体验,工程师在鸟瞰图的基础上做了更多文章,做出了"上帝视角",可以称为"真·360°高清全景影像系统",配合车上的大屏使用,效果更佳,如图5.7所示。

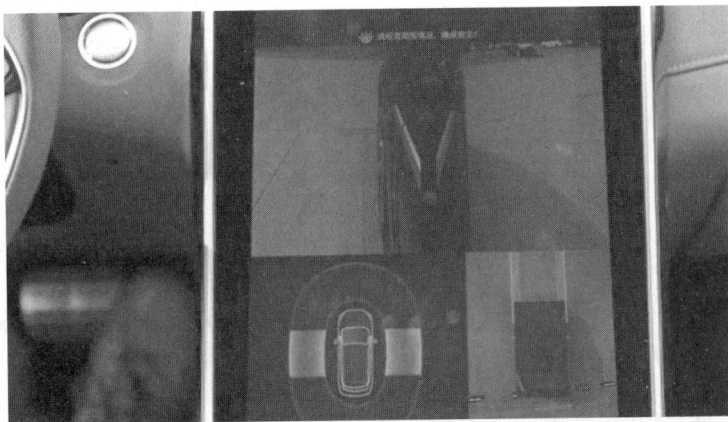

图5.7　泊车辅助系统的核心技术SLAM

泊车辅助系统的核心技术——SLAM(即时定位与地图构建)。SLAM最早应用于军事领域,随后是机器人领域,近两年才被广泛应用到汽车领域。用一个非常简单的例子了解SLAM技术。

当走进一个陌生的大房子时,每走一步都会在脑海中记录一些信息,比如这个房子有几层楼,卧室和洗手间在哪里,家具的摆放等,这些被记录的所有信息就是在脑海中建立的地图,房间的布局、家具的大小、位置关系等信息被称作这个图的特征。每走一步都会看到新的特征,脑海中的地图会越来越大、越来越丰富。一旦房子在脑海中建图完成后,即使身处房子的任一位置,都能根据看到的特征,立刻判断自己位于哪一层、哪个房间。这就是对建图和定位的简单描述。

基于相机实现的SLAM技术,被称为视觉SLAM。视觉SLAM需要从图像中提取特征信息,再配合视觉里程计的技术建立地图,基本原理与上述例子大同小异,如图5.8所示。

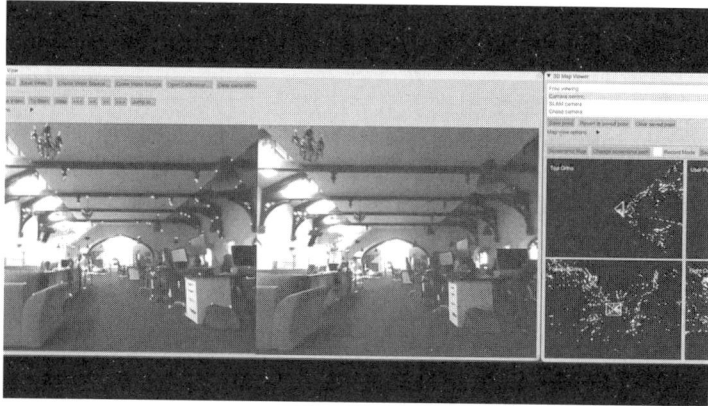

图 5.8　SLAM 特征图

左侧图像上的绿点就是采集图像中的特征,右侧4幅图中的黄色锥形是相机在三维世界中的位置,背景中的绿点就是不断采集到的特征集合,也就是地图。自学习泊车能够学习驾驶员的泊入和泊出操作,并在以后自主完成这个过程。

5.3.4　自学习泊车的学习过程

驾驶员在准备停车前,可以在库位不远处,开启"路线学习"功能,随后慢慢将汽车泊入固定车位,系统就会自学习该段行驶和泊车路线。泊车路线一旦学习成功,车辆便可做到"过目不忘"。

完成路线的学习后,在录制的相同起点下车,用手机蓝牙连接汽车,启动自学习泊车辅助系统,汽车就能够模仿先前录制的泊车路线,完成自动泊车。

驾驶员除了让汽车学习泊入车库的过程,还能够学习汽车泊出,并行驶到办公楼。聪明的汽车能够自动驾驶到我们面前,即使在大雨天也不用害怕冒雨取车。

自学习泊车辅助系统相比前两代加入了360°环视相机,而且泊车的控制距离从5 m扩大到50 m,有了明显提升。

5.3.5　四代泊车辅助(AVP 自动代客泊车)

最理想的泊车辅助场景应该是把车开到办公楼下后,直接去办正事,把找停车位和停车的工作交给汽车,汽车停好后,发条信息给驾驶员,告知自己停在哪里。在下班时,给汽车发条信息,汽车即可远程启动、泊出库位,并行驶到驾驶员设定的接驳点。

AVP 自动代客泊车的研发就是解决日常工作、生活中停车难的痛点,其主要的应用地点通常是办公楼或者大型商场的地上或地下停车场。

相比更为成熟的前三代泊车辅助产品,VP 除了要实现泊入车库的功能,还需要解决从驾驶员下车点低速(低于 20 km/h)行驶至库位旁的问题。为了尽可能安全行驶到库位旁,必须提升汽车远距离感知的能力,前视摄像头成为最优的传感器方案。地上/地下停车场不像开放道路,场景相对单一,高速运动的汽车较少,对保持低速运动的汽车来说,更容易避免突发状况发生。

常用的激光雷达和毫米波雷达没被选用的原因是,激光雷达的成本较高,在成本降下来之前,不在大部分车企的量产考虑范围内;毫米波雷达由于感知原理的限制,在低速下表现并不好,而且在地库中使用信噪比不高,也不做考虑。

实现AVP还需要引入停车场的高精度地图,再配合SLAM或视觉匹配定位的方法,才能够让汽车知道它现在在哪里,应该去哪里寻找停车位,如图5.9所示。

图5.9　AVP自动代客泊车

除了自行寻找停车位,具备AVP功能的汽车还可以配合智能停车场更好地完成自动代客泊车的功能。智能停车场需要安装一些必要的基础设施,如摄像头、地锁等。这些传感器不仅能够获取停车位是否被占用,还能够知道停车场的道路上是否有车等信息。将这些信息建模后发送给汽车,汽车就能够规划出一条更为合理的路径,行驶到空车位处。

目前AVP的技术已经比较成熟了,很多车企也与一级供应商(博世、安波福等)或者互联网公司(百度、欧菲、纵目等)做了概念验证项目。

泊车辅助系统的发展并不是一蹴而就,而是逐步发展而来的。从最初简单的超声波雷达的应用,到引入手机和车载蓝牙提供更为丰富的泊车功能,再到SLAM技术的引入,最后到各种车载传感器的融合与通信技术的应用。每一次的功能迭代都离不开车载传感器技术、基础设施建设、算法以及通信技术的成熟。

在5G、传感器技术、基础设施越发成熟的未来,汽车将会更加智能。在不远的未来,汽车也许不再只是一个简单的出行伴侣,更是一个在我们工作时,将自己共享出去的赚钱工具。

5.4　车道偏移预警系统

汽车车道偏移预警系统(Lane Departure Warning,LDW),如图5.10所示,这是继安全带、安全气囊后,在汽车上搭载的又一款侧重于安全性的汽车电子产品。

这种系统的主要作用,就是当汽车偏离原车道时,能够迅速判断该动作是否属于驾驶者的无意识行为,从而在0.5 s内做出反应。在对驾驶者进行明确警示的基础上,提醒驾驶者尽快纠正错误的驾驶行为,从而减少汽车因车道偏离而发生交通事故。

车道偏离警示系统,通过在中控台上的一个按钮启动。如果汽车在行驶过程中偏离原来的车道,但是没有相关转向操作,如打转向灯等,该系统就会发出警示音,或方向盘开始震动以提醒驾驶者注意。从而为驾驶员提供更多的反应时间,大大减少因车道偏离所引发的碰撞事故。

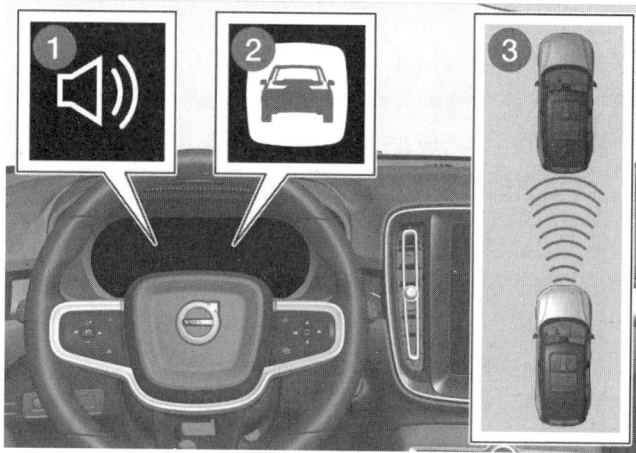

图 5.10　汽车车道偏移预警系统

交通运输部统计,约有 50% 的汽车交通事故是因为汽车偏离正常的行驶车道引起的。究其原因,主要有驾驶员情绪不稳定、注意力不集中或驾驶疲劳等几种情形。另据统计,23% 的汽车驾驶者一个月内至少在转向盘上睡着一次;66% 的卡车驾驶者在驾驶过程中会有打瞌睡的经历;而 28% 的卡车驾驶者在一个月内有在转向盘上睡着的经历。如此惊人的比例足以证明防止车道偏离的重要意义。

根据美国联邦公路局的估计,美国 2002 年所有致命的交通事故中 44% 与车道偏离有关,同时车道偏离也被看成车辆侧翻事故的主要原因。四个驾驶员中就有一个驾驶员经历车道偏离引起的伤亡事故。

这些数据表明,搭载车道偏离预警系统后,由于减少了非正常的车道偏离,汽车行驶的安全性将大大提高,交通事故的发生率也将显著下降。故此,LDW 系统正逐渐成为汽车安全技术的重要组成部分。

目前已搭载的车道偏离预警系统还有很多不完善的地方,受路况、天气的影响还是比较大的。随着汽车电子技术的发展和与汽车安全领域相关研究的深入,希望这些问题能逐渐得到解决,给驾驶者一个更安全的驾驶环境。

目前车道偏移预警系统 LDW 已在大众 CC、宝马 5 系、奔驰 E 级、英菲尼迪 M 系等车型上搭载,更多的车型也将陆续搭载 LDW 系统。

5.5　碰撞预防系统

汽车自动防撞系统是为了防止汽车发生碰撞的一种智能装置。它能够自动发现可能与汽车发生碰撞的车辆、行人或其他障碍物体,发出警报或同时采取制动等措施,以避免碰撞发生。

采用 AI 人工智能技术,与汽车驾驶相结合,实现汽车在复杂环境中通过智能算法、理解、认知、决策有预见地行驶。在人工智能技术的基础上结合无人驾驶技术和"深度学习"原理,不断推动自动驾驶领域发展,如图 5.11 所示。

智能防碰撞系统包括两大核心功能——智能防碰撞系统和智能天眼系统。智能防碰撞系统非常强大,对驾驶新手而言非常实用,包括驾驶习惯矫正系统、前车防撞预警、前方行人安全预警、车道偏离预警以及超速预警。系统会帮助汽车和驾驶员提前 2.7 s

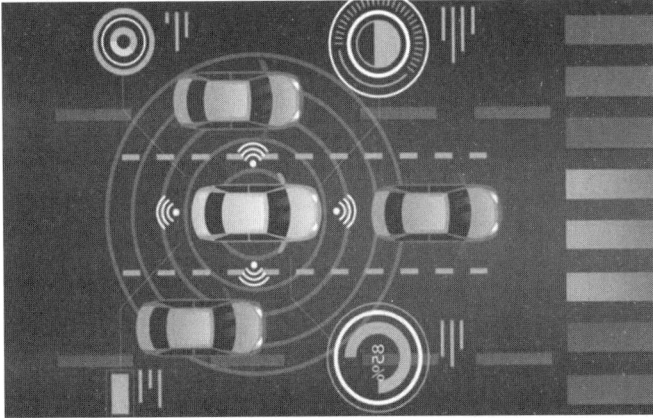

图5.11　人工智能实现碰撞预防

左右的时间发出警报提示险情,帮助驾驶者灵敏地做出反应,极大规避碰撞及事故发生,帮助驾驶者少"吃"罚单。智能天眼则通过实时动态地锁定车辆和行人的表现,将前方路况可能出现的安全隐患、突发状况直观显示在屏幕上,极大地避免驾驶中危险发生。

汽车防碰撞技术首先需要解决的问题是汽车与汽车的距离小于安全距离,就应该能够自动报警,并采取制动措施,主要功能有防撞预警、辅助停车、盲点探测等。

自动防撞系统由信号采集系统、数据处理系统、执行机构三部分组成。

①信号采集系统:采用雷达、激光、声呐、红外线、摄像头等技术自动测出本车速度、前车速度以及两车之间的距离。

②数据处理系统:计算机芯片对两车距离以及两车的瞬时相对速度进行处理后,判断两车的安全距离,如果两车车距小于安全距离,数据处理系统就会发出指令;另外一种是计算机芯片计算两车碰撞时间(TTC)计算危险程度,进而做出报警及刹车指令。

③执行机构:负责实施数据处理系统发来的指令,发出警报,提醒司机刹车,如司机没有执行指令,执行机构将采取措施,比如关闭车窗、调整座椅位置、锁死方向盘、自动刹车等。

一般防撞雷达系统装配在车辆的前方、侧方或者后方,完成前视防撞(防追尾碰撞)、侧视防撞(防更换车道时两车相撞)和后视防撞(防倒车时与车后阻碍物相撞)等侧重点各异的功能,为完成上述功能所应达到的技术要求,系统应具有测距、测速、测角的功能,如图5.12所示。

汽车之间的安全距离是怎么探测的,倒车时探测的安全距离精准吗?

目前,测定汽车之间安全距离的方法有三种:超声波测距、雷达测距和激光测距,其中较常用的是雷达测距,但

图5.12　微型近距离探测雷达

也不纯粹是雷达技术,而是将激光与雷达探测技术相融合,所适用产品为微型近距离探测雷达。

微型近距离探测雷达基于飞行时间原理(通过对目标连续发送光脉冲,然后用传感器接收从物体返回的光,通过探测光脉冲的飞行往返时间得到目标物距离),在12 m内精准探测,智能识别物体,无论是室内、地下车库还是环境恶劣的室外,都能稳定、精准、

高灵敏度探测周围距离。

对经常开车的人来说,汽车防碰撞系统真的帮了大忙,也让众多车主在安全驾驶的范围内又增加了一层保护,在驾驶的途中也多了份安心。

5.6　适路性车灯系统

车辆行驶于视线不佳的环境中,其车头灯是确保行车安全的一项重要因素,随着新光源的开发,车头灯类型也更多样化,目前常见的有卤素灯及 HID 灯,由于 LED 应用在其他照明设备上有不错的表现,所以目前各车厂或车灯厂也积极将 LED 作为车头灯的光源。

车辆设计除了车体结构的技术,目前还结合了电脑的技术,让车辆更人性化,在车头灯的部分同样随着此一趋势而推出一种适路性车头灯照明系统,简言之,即车辆行驶在不同环境或路况时,可依照环境或路况的改变,调整其照明角度、亮度及光型,为驾驶人提供最佳的视线范围,确保行车安全,如图 5.13 所示。

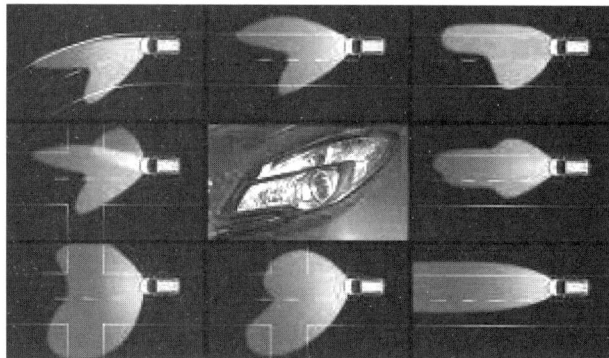

图 5.13　适路性车灯

适路性车灯系统设计由复数个光电子元件组成的头灯,控制光电子元件点亮,以控制光源在空间中呈连续分布,具体是车头灯部分光电子元件照射出一个照明区域,而另一部分的光电子元件则照射出另一个照明区域,借以组合成一种光型光源。

适路性车灯系统设计使用的主要技术手段是一种符合适路性车头灯照明系统的车用 LED 近灯,包含一个灯座,其上形成有复数个灯孔,复数个 LED 元件,固定在灯座的对应灯孔内;一个控制装置,内建一种光重叠控制方式,并连接至该 LED 元件的控制端,以控制复数个不同 LED 元件的亮灭,令其光源符合近灯的复数个光源光型,复数个近灯光源的形成包含部分共享的点亮 LED 元件。

5.7　夜视系统

汽车夜视系统是利用红外成像技术,使驾驶员在黑夜里看得更远更清楚,能够观察比普通汽车前大灯远 3~5 倍的距离,甚至可以达到 10 倍以上的距离。尤其是在雾、雪或雨天的条件下,利用汽车夜视系统可以非常清楚地观察前方路面情况,大大提高了驾驶安全性。

从技术上讲,如图 5.14 所示,夜视系统分为两种:被动红外夜视系统(远红外 FIR-

Far Infrared Ray)与主动红外夜视系统(近红外 NIR-Near-Infrared Ray)。

图 5.14　主动(左)与被动(右)夜视成像

5.7.1　被动红外夜视系统工作原理

被动红外夜视系统利用热成像相机接受人、动物等发热物体发出的不同红外辐射(远红外线)影射的图像,对物体自身发出的电磁辐射进行探测成像。被动夜视系统只对温度明显高于环境温度的物体做出反应。物体与环境温度的温差越大,图像显示越明显。

5.7.2　主动红外夜视系统工作原理

主动红外夜视系统采用红外光源发出的近红外线为主动照射目标,依靠多套照射系统和摄像机识别红外反射波,红外探测器接受目标反射的红外光线,通过 ECU 处理后输出到显示装置上,如图 5.15 所示。

近红外照明系统采用的是人造光源(LED、激光器等),利用自己发出的主动红外光源对视场进行主动照明,因此不发出热信号的物体也可以被发现。

图 5.15　夜视系统

5.8　主动车距控制巡航系统

主动车距控制巡航是汽车以一定的速度巡航,不需要驾驶员进行操作(踩油门),巡航需要一定的速度才能进入(这个可以标定,比如有些车的车速高于 50 km/h 才能进入),进入巡航会有一个初始速度(比如 50 km/h),且速度可以通过按钮进行调节(加、减、快加、快减),巡航的退出也有一系列条件,比如踩刹车时就会退出巡航,汽车本身状态不合适(有部件出问题)也会退出巡航,如图 5.16 所示。

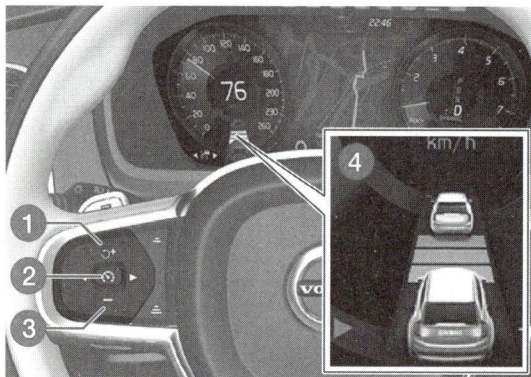

图 5.16　定速巡航

定速巡航相对来说比较简单（其实逻辑挺复杂），只是没有复杂的传感器、处理器等。定速巡航只适用于路况较好的情况，比如高速，车少路况。

5.8.1　自适应巡航

自适应巡航（ACC）比较智能，且一般在较低的速度下即能进入巡航，除了高速路况，还能适用于城市路况，走走停停的路都可以。

汽车的传感器（雷达）会根据前车以及本车的行驶状态（车距和速度），经过 ECU 的计算判断后，向执行器（节气门、制动、挡位）发送指令，以决定自己的行驶状态，是加速还是减速，还是退出巡航。

自适应巡航最基本功能是保持车辆纵向行驶，在有碰撞危险时，车辆会提示驾驶员并进行主动制动干预。

显然，ACC 在一定程度上减轻驾驶员的驾驶疲劳。

ACC 系统组成：首先是传感器，目前有雷达（长距雷达）、超声波测距传感器、红外测距传感器等。

传感器相当于"眼睛"。对眼睛来说，关键是要识别在本车道的前车，排除旁边车道车辆的影响。

眼睛接收到信号后，就传递给汽车大脑中的 ACC 巡航控制系统，该系统会查询一系列规章制度，以决定汽车该怎么行驶，这些规章制度就是 ACC 中的控制策略。

安全车距模型（就是汽车跟前车保持多少距离合适）是 ACC 系统的主要控制策略之一：不能过大，否则会导致后面车辆抗议；不能过小，否则有追尾风险；安全车距是最小停车距离与当前车速的函数。

安全距离，其实并不是一个固定的长度单位，而是所谓的 TTC，即假设保持当前相对速度，两车发生追尾所需要的时间。

在大脑告诉了汽车该怎么做之后，接下来就是执行机构的事了，执行机构相当于汽车的"手脚"。执行机构包括节气门、制动、挡位。通过这些机构的动作，对汽车进行操控。

5.8.2　ACC 的发展

ACC 相比其他的汽车电子控制技术，还略显不成熟。难点，在于对路况的适应性。

自适应巡航作为一种驾驶辅助,毕竟不能做到像人一样智能,能分辨所有的路况,且做出相应反应。

目前 ACC 还主要用于路况较好的道路(高速或高架),而且是主车道目标车辆的判断。而对于其他车道,以及多目标车辆的监测,有并线意图的车辆的预判,还做得不足。比如前车突然进入弯道,这时本车可能会认为安全距离过大,出现误判而突然加速进入弯道。以下是一些典型路况分析:

①当前方没有车辆,ACC 会以一定的速度巡航(巡航的车速在设定的车速限值范围内)。

②雷达监测范围内出现车辆,如果车速过快,此时汽车会减速,并会采用一定的车速跟随前车行驶,保持安全距离;若前车又切出本车道,则本车会自动加速至设定车速。

前方车道无车,此时车速是 80 km/h,如图 5.17 所示。

图 5.17　ACC 自适应巡航

前方车道出现车辆,车速下降,如图 5.18 所示。

图 5.18　ACC 自适应巡航

③当前车变向时,汽车会更换跟车目标。

④ACC 停走功能(如果有),会在汽车低速,甚至静止也能启用,这点在走走停停的城市工况比较有用。

该系统在低速时仍能够保持与前车的距离,并能够对汽车制动,直至静止,在几秒后,如果前车起动,ACC 也会自动跟随启动;如果停留时间较长,只需驾驶员轻踩踏板则能够再次进入巡航模式。

要实现带停走功能的 ACC,通常还需要摄像头的辅助,因为雷达识别目标的能力虽然强,但是受到杂波干扰非常厉害,还是需要摄像头的图像识别功能确认目标。而Mobileye公司的产品甚至可以只用摄像头实现ACC,当然,阴天下雨下雪估计就不行了。

同时,停车以后,绝大部分厂商的策略是必须由驾驶员确认之后才能再次起步,可以是按键确认,也可以是踩油门确认。

城市工况,此时车速25 km/h,如图5.19所示。

图5.19　ACC自适应巡航

等红灯时,汽车能自动刹车,车速降为0,前车起动后,本车自动跟随起动,如图5.20所示。

图5.20　ACC自适应巡航

⑤在进入弯道时,汽车会根据弯道的情况而调整车速;长距雷达的视野较小,弯道半径过大可能会丢失目标,所以目前最高等级的ACC也仅对150 m以上的弯道半径做性能要求。

ACC作为智能驾驶技术,将会是未来汽车的发展方向,就像无人驾驶一样,然而机器始终是机器,并不能完全代替人类,再智能的驾驶也只是辅助驾驶,不能完全依赖和信任。

5.9　驾驶人生理状态监视

生命体征监测对有儿童或宠物的家庭而言是非常重要的,在未来,生命体征监测技术将主要被应用于 SUV 等家庭用车。

驾驶员监控系统通过摄像头、传感器、眼球追踪等技术,监视驾驶员的警觉性,以在检测到驾驶员有困意或分心的时候提醒驾驶员。同时,也可感知疲劳、压力、心跳、血压、健康状况等,如图 5.21 所示。通过对驾驶员眼皮、头部位置和方向、眨眼频率、瞳孔扩展进行监控,以作出相应提醒。

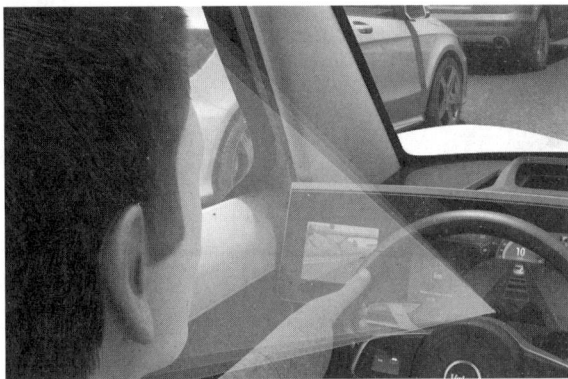

图 5.21　驾驶员监控

AllGo Systems 使用深度学习,提出了一种基于红外摄像机的实时 DMS(头部和眼睛跟踪、眼睛状态分析、监视眨眼频率、眨眼持续时间以及何时睁眼或闭眼,可用于实施驾驶员安全协议),如图 5.22 所示。

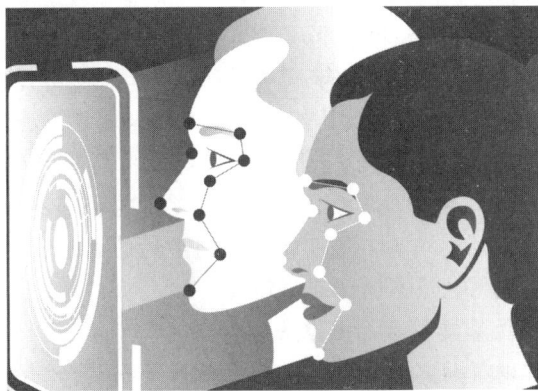

图 5.22　驾驶员监控

驾驶员监控系统,使用车内摄像头和计算机视觉技术,通过跟踪视线方向、瞳孔扩大、睁眼和眨眼速度检测驾驶员的疲劳和注意力分散情况,如图 5.23 所示。

而针对不同的情况会采用提示音、灯光、震动、减速、闪烁等警报形式,以完成提醒和反馈。

生物监测,也可实现对血压、心率、静脉等的监测,以帮助乘客实时了解自身状况。随着生物传感器的创新,测量健康参数和生命体征也变得更加方便,在车内可将生物识别传感器集成到靠背、安全带或坐垫中,以测量生命体征。

这也可以被应用于医疗和公共交通,如在丰田 E-care 中,就可以通过测量生命体征为医生和病患提供帮助,以得到及时救治。

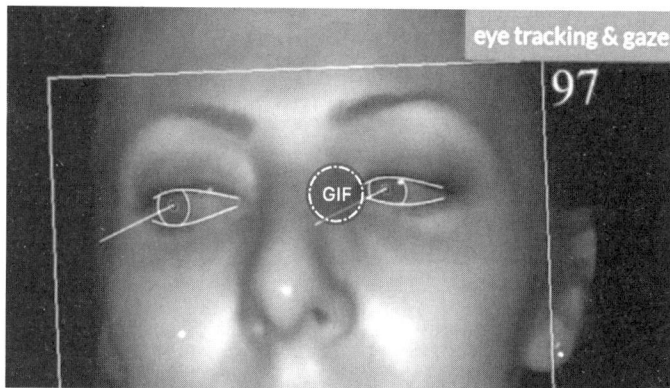

图 5.23　驾驶员监控

5.10　项目案例

飞思卡尔——驾驶员辅助系统(ADAS)

　　驾驶员辅助系统(ADAS)能够在复杂的车辆操控过程中为驾驶员提供辅助和补充,并在未来实现无人驾驶。ADAS 提供的功能包括自适应巡航控制、盲点监测、车道偏离警告、夜视、车道保持辅助和碰撞警告系统,具有自动转向和制动干预功能。预测式 ADAS 可部分控制车辆的移动,预防事故发生。这些自动安全功能为今后的自主驾驶汽车铺平了道路。从当今的安全辅助车辆,到未来的自主驾驶汽车,飞思卡尔凭借在汽车、MCU、模拟和传感器,以及数字网络产品组合等领域的技术,推动创新性的 ADAS 解决方案的发展。驾驶员辅助系统应用组成,驾驶员辅助系统基础型后视摄像头能够在复杂的车辆操控过程中为驾驶员提供辅助和补充,并在未来实现无人驾驶。ADAS 提供的功能包括自适应巡航控制、盲点监测、车道偏离警告、夜视、车道保持辅助和碰撞警告系统,具有自动转向和制动干预功能。预测式 ADAS 可部分控制车辆的移动,预防事故发生。这些自动安全功能为今后的自主驾驶汽车铺平了道路。

　　1)驾驶员辅助系统之基础型后视摄像头

　　后视摄像头系统可以帮助驾驶员发现车后的物体或人员,以便在确保安全的情况下倒车并顺利停车入位。系统中部署 100 万像素的高动态范围(HDR)摄像头,并通过非屏蔽双绞线实现高性价比的高速以太网连接和视频压缩。其他系统要求包括适当的物理层接口和电源。高度集成的 Qorivva MPC5604E 32 位 MCU 采用 Power Architecture 技术,能够处理视频流化和摄像头控制,将所需的通信带宽降低至 100 Mb/s 以下。MPC5604E MCU 采用低延迟视频压缩和智能带宽管理提高图像质量。MPC5604E MCU 支持与以太网 AVB 兼容的 IEEE802.1AS 时间协议(PTP),可实现摄像头同步曝光,如图 5.24 所示。目标应用:带有紧急刹车的倒车保护、盲点侦测、十字路口管理、行人侦测、环视泊车辅助系统。

　　2)驾驶员辅助系统之智能后视摄像头

　　智能后视摄像头可在本地对视频内容进行分析,以实现对物体与行人侦测。此外,它们还支持全面的本地图像处理及图形叠加创建,能够测量物体距离,并触发制动干预。这种功能可以帮助驾驶员安全倒车,方便他们停入车位。飞思卡尔解决方案具有高集成

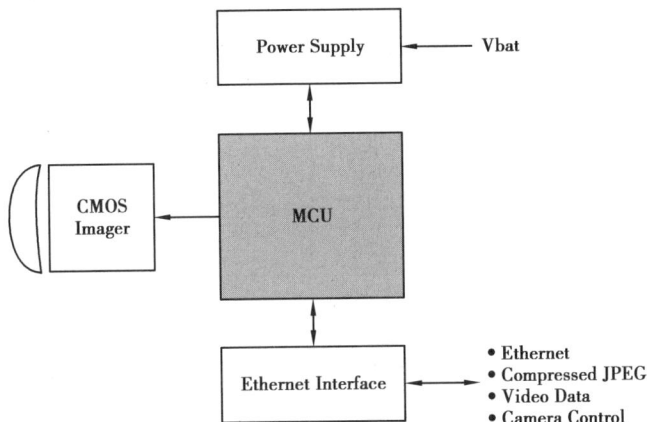

图5.24 基础型后视摄像头结构框图

度和低功耗的特点,支持开发极小规格的摄像头模块。智能后视摄像头与简易型模拟摄像头使用相同的接口,提供一种极具吸引力的升级换代途径,如图5.25所示。目标应用:前视摄像头模块、大灯辅助(HLA)、车道偏离警告(LDW)、车道保持辅助(LKA)、交通标志识别(TSR)。

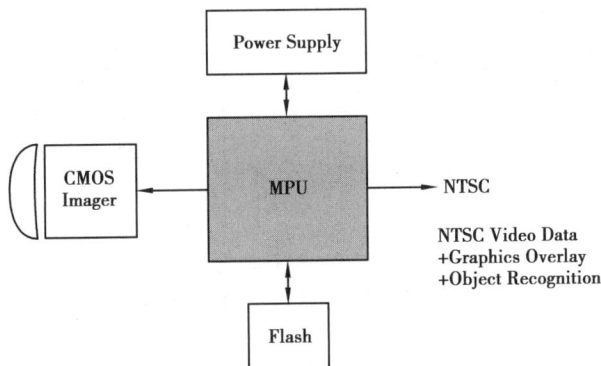

图5.25 智能后视摄像头结构框图

3)驾驶员辅助系统之环视泊车辅助系统

多摄像头环视泊车辅助系统可以采集车辆四周的图像,并以虚拟俯视图的形式在屏幕上显示。视角会根据行车轨迹而动态移动,提供车辆四周360°的画面。系统通常采用LVDS或快速以太网等经济高效型链路,部署4~5个高动态范围(HDR)100万像素摄像头。可以使用视频压缩减少所需的通信带宽并降低布线要求(例如,可以使用非屏蔽双绞线或同轴电缆),如图5.26所示。目标应用:盲点侦测、十字路口管理、泊车辅助、环视泊车辅助系统。

4)驾驶员辅助系统77 GHz雷达系统

77 GHz雷达系统支持带有或不带自动转向与制动干预功能的自适应巡航控制、防撞保护和碰撞警告系统。在碰撞警告系统中,雷达芯片组可以检测和跟踪目标,根据前方交通状况自动调整车辆的速度并控制与前车的距离,在即将发生碰撞时向驾驶员发出警告并启动紧急制动干预,如图5.27所示。目标应用:自适应巡航控制(ACC)、盲点侦测

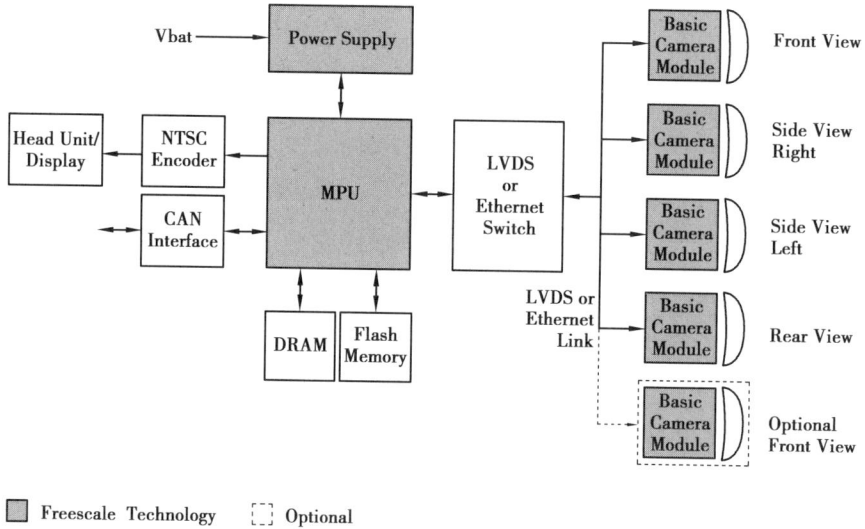

图 5.26　环视泊车辅助系统框图

（BSD）、紧急制动、前方碰撞警告（FCW）、间距警报、事故减轻与制动辅助、防撞侦测、后方碰撞保护（RCP）、停止和行驶。

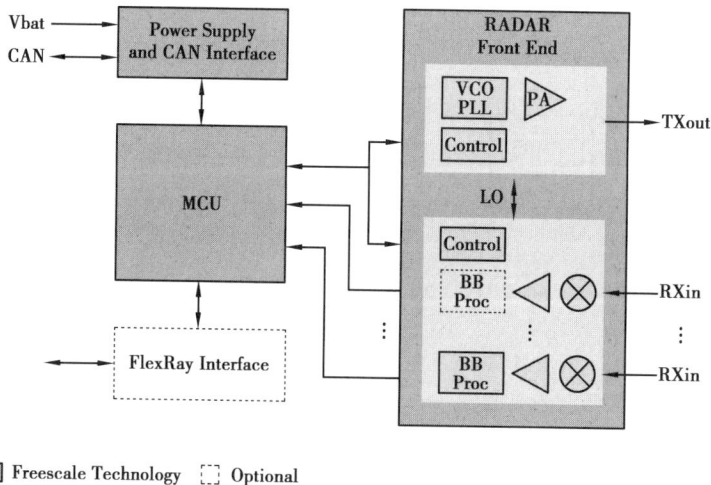

图 5.27　77 GHz 雷达系统框图

小结

　　ADAS 即高级驾驶辅助系统，作为实现无人驾驶的过渡阶段，近年来备受瞩目。总的来说，ADAS 就是利用车上安装的各式各样传感器，第一时间收集车内外环境数据，识别或侦测追踪静止或行进中的人或物，从而能够让驾驶者在最快的时间察觉可能发生的危险，以引起注意和提高安全性的主动安全技术。

　　ADAS 包含许多不同的技术，如 ACC 自适应巡航、AEB/CMbB 自动紧急制动、TSR/TSI 交通标志识别、BSD/BLIS 盲点检测、LCA/LCMA 变道辅助、LDW 车道偏离预警等。

练习题

1. 填空题

(1)第四代泊车辅助系统是_____。

(2)泊车辅助系统的核心技术是_____。

(3)智能防碰撞系统包括两大核心功能:_____、_____。

(4)自动防撞系统由_____、_____、_____三部分组成。

(5)夜视系统分为_____、_____。

2. 选择题[(1)—(3)为单选题,(4)—(5)为多选题]

(1)自适应巡航简称(　　)。

A. AOS　　　　　　B. AOA　　　　　　C. TDOA　　　　　　D. ACC

(2)AllGo Systems 提出了一种基于红外摄像机的实时(　　)。

A. DMS　　　　　　B. MDS　　　　　　C. SMP　　　　　　D. SMD

(3)以下(　　)不属于 ADAS 系统。

A. 盲点侦测系统　　　　　　　　　B. 泊车辅助系统

C. 碰撞预防系统　　　　　　　　　D. 自动跟踪系统

(4)ADAS 采用的传感器主要有(　　)。

A. 摄像头　　　　　　B. 雷达　　　　　　C. 激光　　　　　　D. 超声波

(5)测定汽车之间安全距离的方法有三种(　　)。

A. 超声波测距　　　　　　　　　B. 雷达测距

C. 激光测距　　　　　　　　　D. 随机测距

3. 简答题

(1)简述盲点监测系统对行车安全的帮助。

(2)简述 APA 自动泊车原理。

(3)简述汽车车道偏移预警系统作用。

(4)简述夜视系统工作原理。

第6章
智能网联汽车的信息安全 ⋯⋯⋯⋯⋯⋯⋯⋯⋯⋯⋯○

　　智能网联汽车作为物联网的重要节点之一,具有非常显著的终端设备属性。智能网联汽车包括车载传感器、控制器、执行器等设备。它融合了现代通信和网络技术,可实现车与X(车、路、人、云等)之间的智能信息交换与共享,在复杂的周边环境中智能感知并实时做出智能决策,帮助驾驶员实现对自己的联网智能车辆协同控制,最终取代人类实现"安全、高效、便捷、节能"的自动化智能驾驶。

　　《中华人民共和国网络安全法》于2017年6月1日正式实施,要求ICV制造商和车联网提供商采取必要的技术等措施,确保网络安全和稳定运行,有效应对网络安全事件,防止网络犯罪活动,并维护网络数据的完整性、机密性和可用性。

　　2016年11月,美国国家公路交通安全管理局发布的《汽车最佳网络安全指南》也明确表示,必须对联网智能车辆进行全面的网络安全测试,以防止车辆访问未经授权的网络,保护关键安全系统和个人数据。同时,智能网联汽车也需要具备从网络攻击中快速恢复的能力。

　　近两年,随着人们对智能网联汽车安全性的日益关注,国内外各种相关安全白皮书陆续发布,对智能网联汽车安全技术前景和车联网安全问题进行探索。人们不断讨论传统信息安全与网联智能汽车信息安全的异同。

　　借鉴传统信息安全理念,探索构建最适合智能网联汽车的信息安全思维方式和组织架构。本章将全面分析国内外智能网联汽车安全产业的现状和发展,分析智能网联汽车面临的安全问题,提出智能网联汽车信息安全方法论,构建智能网联汽车安全体系。并深入探讨网联智能汽车的关键安全防护技术,绘制典型的智能网联汽车攻击路线。

6.1　智能网联汽车信息安全介绍

　　当今世界,在互联网多模式发展和工业智能化趋势的背景下,传统制造业正逐步向"制造智能化"转型升级。在此背景下,在移动互联网、大数据、云计算等技术的推动下,汽车行业的智能化、网络化程度越来越高。网联智能汽车作为创新发展的新方向,引领汽车产业进入大规模、多领域系统集成的快速发展时期。主机厂、零部件厂商、互联网公司等技术研发和工业设计不断引入智能网联汽车、自动驾驶汽车、汽车共享、车联网等概念和技术。2017年4月,工信部、国家发展和改革委员会、科技部发布的《汽车产业中长期发展规划》,将网联智能汽车列为汽车产业的战略目标之一。

　　根据市场研究公司Strategy Analytics的报告,到2023年网联智能汽车市场规模将达1 300亿美元左右。预计到2025年,市场规模将继续扩大,达到2 400亿美元。随着智能化技术的进一步成熟和消费者对联网汽车的需求不断增加,该市场未来可能还会继续扩大。

随着汽车智能化、网联化和电动化程度不断提高,网联化智能汽车的信息安全问题也越来越严重。黑客利用信息操纵、病毒入侵等手段对汽车进行攻击,尤其是近年来频发的汽车信息安全召回事件引起了业界的高度关注。智能网联汽车的信息安全危机不仅可能给企业带来隐私泄密和经济损失,还会在车祸中造成严重后果,甚至成为国家公共安全问题。虽然目前智能网联汽车的安全漏洞尚未被广泛利用,但据统计,56%的消费者表示,信息安全和隐私保护将是他们未来购车时的主要考虑因素。可见,智能网联汽车的信息安全已成为汽车行业乃至社会关注的焦点。

6.1.1 国内外汽车企业信息安全现状

信息安全是汽车网络化、智能化发展的必然产物。每个汽车工业强国在发展智能汽车的过程中都不同程度地意识到信息安全的潜在危险,尤其是主机厂和汽车制造商,零部件制造商正在制定不同的应对策略。

日本及欧美一些国家由于数十年的产业积累,具有先天的资源优势,尤其是在核心芯片、关键零部件、研发体系、技术规范等方面。其中,美国在车联网技术、智能技术和芯片技术等方面优势明显,主张汽车考虑全生命周期所有流程的信息安全因素。

倡导标准和技术规范优先,欧洲有实力雄厚的整车及零部件企业,注重交通一体化,在信息安全方面,更注重车辆关键零部件安全、智能交通安全保障。

V2X 通信安全及相关产品开发及技术推广应用已完成,日本在汽车智能方面的发展比较先进,信息安全更侧重于自动驾驶汽车。

2015 年 2 月,美国马萨诸塞州参议员 Edward Markey 就智能电网技术的普及、汽车公司当前针对黑客的安全措施、个人数据的收集、存储和管理以及针对恶意攻击的数据安全措施等主题进行了调查,包括宝马、克莱斯勒、大众、本田、现代、奔驰、丰田、沃尔沃等公司。调查结果发现:大部分车企未意识到信息安全威胁,现有安全防护措施不规范或较为不规范,大部分车企无法实时或主动应对安全入侵,车企目前收集的用户数据没有保护措施,用途不明。近年来,特斯拉、宝马、克莱斯勒、丰田等多个国外汽车品牌的信息安全漏洞频频曝光,也凸显出目前国外汽车行业信息安全防护仍不足的严重问题。

在国内,汽车信息安全问题近两年来才逐渐受到关注,但是行业普遍缺乏系统认知,安全技术参差不齐。为此,2016 年底工信部委托车载信息服务产业联盟网络安全委员会对我国自主及在华外资车企、终端、零部件厂商等 15 家单位展开调研。通过调研发现存在国内整车厂基本没有专门信息安全管理机构,现有 TSP 供应商在服务平台信息安全建设方面较为初级且缺乏系统性解决方案,车主用户数据管理体系缺失,车辆系统安全漏洞修复机制匮乏,网联车辆用户实名认证无法保证等问题。

6.1.2 智能汽车信息安全标准规范

智能网联汽车信息安全标准规范研究方面,欧美日等世界汽车强国都在积极推动相关标准和技术规范制定工作。美国在谷歌、苹果、微软等互联网巨头以及福特、通用、特斯拉等汽车制造商的大力支持下,政府和行业对汽车信息安全关注较早。

2016 年 1 月,美国汽车工程师学会(Society of Automotive Engineers,SAE)率先推出了全球首部汽车信息安全指南 SAE J3061,为汽车产业提供了参考和建议。同年 10 月,美国 NHTSA 发布了《现代汽车信息安全最佳实践》,针对快速发展的智能网联汽车信息安全及隐私保护等问题推出了最佳实践框架结构。

欧洲依托强大的汽车制造商和零部件厂商,专注于汽车零部件及网络通信安全。欧盟委员会自 2008 年开始分别开展了 EVITA、OVERSEE、PRESERVE 等项目,从汽车硬件安全、车辆通信系统架构、V2X 通信安全等方面提出了解决方案和技术规范,部分技术成果已实现产业化应用。另外,欧洲电信标准协会(ETSI)针对智能网联汽车与智能交通系统(ITS)制定了系列信息安全标准,涉及 ITS 安全服务架构、ITS 通信安全架构与安全管理、可信与隐私管理、访问控制和保密服务等方面。

日本作为全球网联车辆的先行者,政府很早就开始重视智能网联汽车的信息安全问题,并且制订了相关对策和管理方针。2013 年,日本信息处理推进机构(IPA)根据国内汽车行业调研情况推出汽车信息安全指南,该指南从汽车可靠性角度出发,通过对汽车安全的攻击方式和途径分析定义了一种汽车信息安全模型"IPA Car",并提出了汽车生命周期安全保护措施。在国际上,世界车辆法规协调论坛(UN/WP.29)于 2014 年 12 月成立了智能交通与自动驾驶非正式工作组 ITS/AD,同时将汽车信息安全标准纳入协调范围,并于 2016 年 12 月组建了信息安全标准制定任务组,围绕汽车网络安全、数据保护及软件升级三部分内容开展相关国际法规及标准制定工作。2016 年 10 月,ISO/TC22 道路车辆技术委员会与美国 SAE 以联合工作组的形式成立了 ISO/SAE/JWG Automotive Security 信息安全工作组,正式启动了 ISO 层面的国际标准法规制定工作。

国内近两年也开始重视智能网联汽车的信息安全问题,在政府引导、产业联盟推动、标准委员会执行的模式下积极开展汽车信息安全系列标准制定工作。政府引导方面,国务院在 2015 年推出的《中国制造2025》提出建立智能制造标准体系和信息安全保障体系,首次将汽车信息安全纳入国家重大发展战略中。2016 年 11 月 7 日,国家发布了《中华人民共和国网络安全法》,明确要求包括车厂、车联网运营商在内的网络运营者需"履行网络安全保护义务,应依照法律、行政法规的规定和国家标准的强制性要求,采取技术措施和其他必要措施,保障网络安全、稳定运行,有效应对网络安全事件,防范网络违法犯罪活动,维护网络数据的完整性、保密性和可用性"。该法于 2017 年 6 月 1 日正式施行,在客观上对网联车辆运营者提升网络安全意识、积极采取网络安全防护措施具有重要意义。

产业联盟推动方面,2016 年 7 月在长春,由中国一汽集团和北京航空航天大学发起,依托于中国汽车工程学会成立的国内首个汽车信息安全委员会,主要致力于推动行业资源融合、标准立项、技术推广等内容。同年 11 月,由车载信息服务产业应用联盟(TIAA)发起,国家互联网应急中心、工信部情报研究所、中国电科第 30 研究所等成员单位牵头在成都正式成立了车载信息服务产业应用联盟网络安全委员会,主要立足于电子信息技术与汽车、交通行业的深度融合,推动网络安全技术体系和核心技术标准的形成,构建安全、和谐的车载信息服务应用环境。2017 年 2 月,TIAA 在第六届车载信息服务产业年会期间发布了《2016 年车联网网络安全白皮书》和《车联网网络安全防护指南细则(讨论稿)》,介绍了我国当前车联网网络安全政策、法规、标准、产品、应用等方面的实际情况与现实需求,总结了目前我国车联网的网络安全发展情况。

标准制定方面,全国汽车标准化技术委员会(简称"汽标委")于 2016 年推出了《智能网联汽车标准体系建设方案》(第 1 版),信息安全标准体系(204)作为其重要组成部分,支撑着智能网联汽车标准体系的整体架构。2016 年底,汽标委 ADAS 标准工作组组织行业内外汽车信息安全相关技术机构、企事业单位专家组成了汽车信息安全标准任务组,开展了国内汽车信息安全标准制定及联合国、ISO 等层面国际汽车信息安全标准法规协调的工作。

6.2　智能网联汽车信息安全的主要问题

随着网络通信技术的不断发展,汽车的网络化程度也在不断提高。人们借助各种网络通信技术实现了对汽车的更多控制,如导航定位,"车、人、路"三方通信等功能。智能网联汽车的发展为人们生活带来了各种便利,但也暴露出汽车容易被远程攻击、恶意控制的安全隐患,甚至存在入网车辆被大批量操控,造成重大社会事件的巨大风险。

6.2.1　T-BOX 安全问题

T-BOX 在汽车内部扮演"Modem"角色,实现车内网和车际网之间的通信,负责将数据发送到云服务器。T-BOX 是实现智能化交通管理、智能动态信息服务和车辆智能化控制不可或缺的部分。从某种程度上说,T-BOX 的网络安全系数决定了汽车行驶和整个智能交通网络的安全,是车联网发展的核心技术之一,T-BOX 系统架构图如图 6.1 所示。

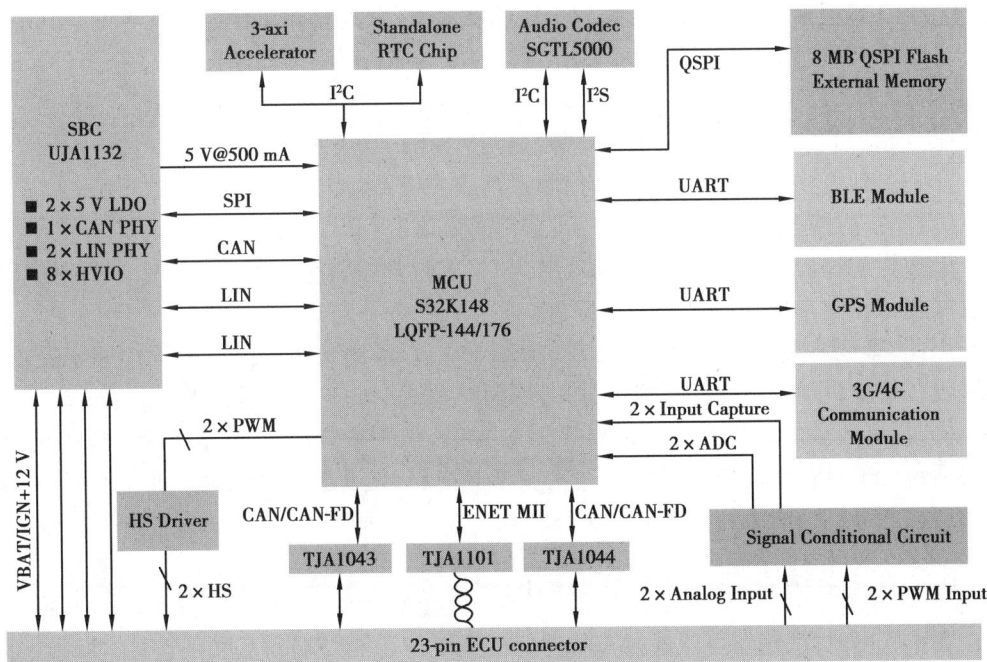

图 6.1　T-BOX 系统架构图

正常情况下,T-BOX 内部会产生车载消息指令,指令在传输层加密,无法直接查看具体信息内容。然而,恶意攻击者可以通过解析固件的内部代码解密消息会话的内容,从而轻松获得加密密钥和方法。特别是一些 T-BOX 出厂时会预留一个调试接口,如 T-BOX 硬件结构、调试引脚、Wi-Fi 系统、串口通信、MCU 固件、CAN 总线数据、T-BOX 指纹特征等盒子等,T-BOX 的软硬件安全保护将非常轻松。一旦 ARM 与 MCU 的串口协议数据被恶意劫持,攻击者就可以修改协议传输数据,进而修改用户指令或向 CAN 控制器发送欺骗性命令,实现本地控制和车辆远程控制处理。

6.2.2　IVI 安全问题

车载信息娱乐系统(In-Vehicle Infotainment,IVI)是在车体总线系统和互联网服务的基础上,利用车载专用中央处理器构建的车载信息娱乐系统。IVI 可实现包括 3D 导航、实时路况、IPTV、辅助驾驶、故障检测、车辆信息、车身控制、移动办公、无线通信、在线娱乐功能和服务等一系列应用。然而,车载娱乐系统的高集成度意味着所有接口都可以成为黑客的攻击节点,因此,IVI 的攻击面将超过车辆的任何其他组件。攻击者可以在特殊的软件更新期间访问权限进入目标系统,或者从目标车辆中"移除"IVI,断开 IVI 单元的连接,进行反向分析电路与接口获取内部源代码。

例如,2016 年宝马汽车娱乐系统 Connected Drive 暴露的遥控零日漏洞就包含了会话漏洞。恶意攻击者可以利用此会话漏洞绕过 VIN(车辆识别号)会话验证获取另一个用户的 VIN,然后使用 VIN 访问权限编辑其他用户的汽车设置。

6.2.3　终端更新安全问题

如果智能网联汽车不能及时更新,由于潜在的安全漏洞,将遭受多方面(如 4G、USB、SD 卡、OBD 等渠道)的恶意攻击,导致个人隐私泄露、车内软件和数据被盗等安全问题的发生,或对车辆控制系统造成恶意攻击。特斯拉、吉普等由于类似的信息安全事件,不得不实施汽车召回。因此,网联智能汽车需要通过 OTA 更新增强自身的安全防护能力。但是,OTA 更新过程也面临各种威胁和风险,包括以下三个方面:

①在更新过程中,更改更新包的控制系统或分析更新包的安全漏洞。

②在传输过程中,更新包被劫持,实施中间人攻击。

③在构建过程中,云服务器受到攻击,OTA 成为恶意软件的来源。此外,OTA 更新包还存在提权控制系统、ROOT 团队等隐患。

因此,车载终端必须具备自检更新请求的能力。车辆操作系统在更新自身分区或向其他设备传输更新文件和更新命令时,必须能够及时声明身份和权限验证设备端的合法性。同时,更新操作必须成功验证服务器的身份,识别被欺骗的服务器或高风险链接。在更新包传输过程中,应采取消息签名、加密等措施,防止篡改和伪造。如果升级失败,系统应该能够自动回滚到升级前的状态。

6.2.4　车辆操作系统安全性的问题

在车联网时代,汽车可以通过车载计算机系统与智能终端和互联网连接,实现娱乐、导航、交通信息等服务。车载计算机系统通常使用嵌入式 Linux、QNX、Android 等作为操作系统。由于操作系统代码庞大,存在不同程度的安全漏洞,操作系统本身的安全漏洞将直接导致企业应用系统安全智能终端抵御恶意攻击,控制风险。

此外,由于车联网应用系统复杂多样,特定的安全技术并不能完全解决应用系统的所有安全问题。一些常见的应用程序,如 Web 服务器程序、FTP 服务程序、电子邮件服务程序、浏览器、Office 软件等,都有自己的安全漏洞和错误设置带来的安全隐患,导致整体安全性下降。

此外,智能终端仍存在被入侵和控制的风险。一旦智能终端感染植入恶意代码,当用户使用智能终端与车载系统进行交互时,智能终端上的恶意软件就会被破坏,利用可能存在的安全漏洞车载电脑系统实施植入恶意代码、攻击或传播,导致车载电脑系统异常甚至控制汽车。

如果"Eternal Blue WannaCry"等勒索病毒感染车辆的计算机系统,会导致连接的智能汽车控制界面崩溃,对正常状态下的车辆造成干扰,甚至导致驾驶员对车辆失去控制。如果"失控"的车辆高速行驶,发生悲剧性车祸的概率极高。

如今的智能网联汽车内部有几十个 ECU,不同的 ECU 控制不同的模块。OBD 接口是汽车 ECU 与外界交互的唯一接口,具有以下功能:

①可以读取汽车 ECU 信息,如 17 位 VIN 码、ECU 硬件信息等。

②可以读取汽车当前状态,如当前车速、胎压等。

③可读取汽车故障码,快速定位汽车故障位置,清除故障码。

④能够测试汽车的预设动作行为,如上下车窗、熄火等。

⑤除上述基本诊断功能外,还具有复杂的特殊功能,如电动刷机、里程表改装等。

OBD 接口作为总线上的一个节点,不仅可以监控总线上的消息,还可以伪造消息(如传感器消息)欺骗 ECU,从而达到改变汽车行为状态的目的。通过汽车 OBD 接口植入中带有无线收发功能的恶意硬件,攻击者可以远程向硬件发送恶意 ECU 控制指令,强制车辆发动机高速停止,恶意转动方向盘等,以达到发生车祸的目的。

6.2.5　车内无线传感器安全问题

为了确保舒适和安全,智能网联汽车使用了大量的传感器网络通信设备。但传感器也存在窃听、通信信息中断和注入等潜在威胁,即使干扰传感器的通信设备,也会造成无人驾驶车辆分流、紧急停车等危险动作。

例如,汽车的智能无钥匙进入(Passive Keyless Entry,PKE)系统是一个由发射器、遥控中控锁控制模块、驾驶授权系统控制模块、三个接收器和相关线束组成的控制系统。本系统采用 RFID(射频识别)技术,在一般情况下,当车主接近车辆 1 m 左右的距离时,门锁会自动打开并解除防盗;当下车时,车门锁会自动锁定并进入防盗状态。但是,黑客可以从寻找无线发射器的信号模式、挖掘安全漏洞等开始行动,破译并最终在未经授权的情况下打开门。2016 年,有爆料称,黑客通过"记录和回放"PKE 无线信号,破解了特斯拉 Model S 的 PKE 系统。

6.2.6　车载网络传输安全问题

车内相对封闭的网络环境看似安全,但也有很多安全漏洞可以被攻击,比如胎压监测系统、Wi-Fi、蓝牙等短距离通信设备。

车载网络通信协议的安全保护措施较弱,如 CAN、LIN 等,由于使用在相对封闭的环境中,加上传感器计算能力有限,采用的安全保护措施较弱,没有进行更多的保密保护动作,除了简单验证,无法抗拒攻击者针对传感器信息收集、攻击包构建、协议分析和包重放。车内 ECU 单元通过 CAN、LIN 等网络连接。如果黑客进入汽车网络,可以任意控制 ECU 或发送大量错误信息导致 CAN 总线故障,从而导致 ECU 故障。可见,车内网络传输的安全性极为重要,如图 6.2 所示。

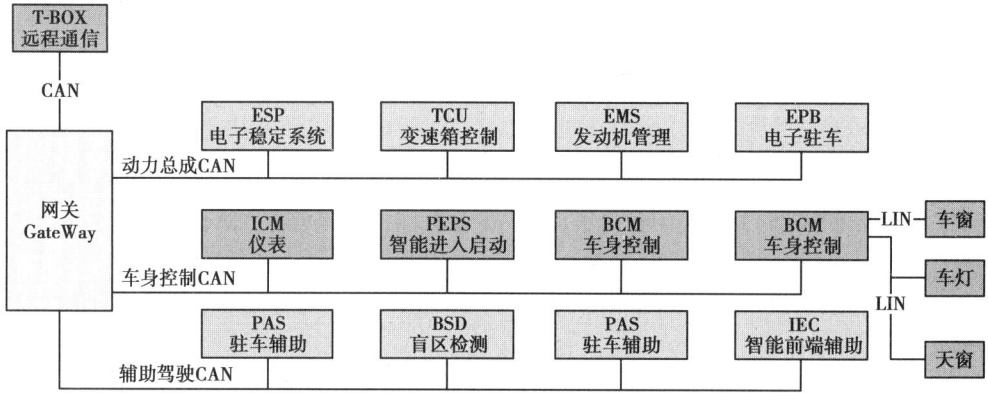

图6.2 车内网络传输概况

6.2.7 车载终端架构安全问题

目前,所有智能网联汽车都默认配备50～60个ECU,实现了移动互联的各种功能,甚至车与车的自由"通信",以及操作系统生态数据的流畅交换。因此,智能网联汽车的信息安全必须考虑车载终端架构的安全问题。

传统的车载软件只需要处理ECU通过传感器或其他电子控制设备接收到的数据。但是在ECU设计的早期,并没有检测每个CAN上传的数据包的功能,而在智能网联汽车时代,不仅从云端下载内容,还通过网络连接端口http接收数据下载内容://1293.cn/,大大增加了ICV被"黑"的风险。

车联网系统由平台、网络、车辆、终端等多个子系统组成,并在平台层与各应用服务商的子系统相连接。"Vehicle-X"(人、车辆、道路、互联网等)是Wi-Fi、移动通信网络(2.5G/3G/4G等)、DSRC等。

上述无线通信方式本身在网络加密和鉴权方面存在安全问题。因此,"Car-X"网络也保留了上述通信网络所面临的安全风险。此外,车载互联网的互联网应用平台作为互联网服务,不可避免地会因为互联网服务应用漏洞而面临安全威胁。

网络传输安全威胁是指车联网终端与网络中心之间双向数据传输的安全威胁,主要存在三种安全风险:

①认证风险:无法验证发送者身份、身份伪造、动态劫持等。

②传输风险:车辆信息未加密或不够强,密钥信息暴露,所有车型使用相同的对称密钥。

③协议风险:欺骗地将一种协议伪装成另一种协议的通信过程。

在自动驾驶情况下,汽车根据V2X通信内容确定行驶路线,攻击者可以利用虚假信息诱导车辆误判,影响车辆自动控制,造成交通事故。可以清楚地看到V2X通信的潜在威胁,如图6.3所示。

6.2.8 云平台安全问题

智能网联车控中心云平台也面临各种恶意威胁,除了病毒防护、中间件安全防护、访问控制防护,还要注意数据安全防护问题,防范http://1356。存储在cn/存储云中的数据(尤其是个人数据)意外丢失或被盗,被他人非法访问或使用。

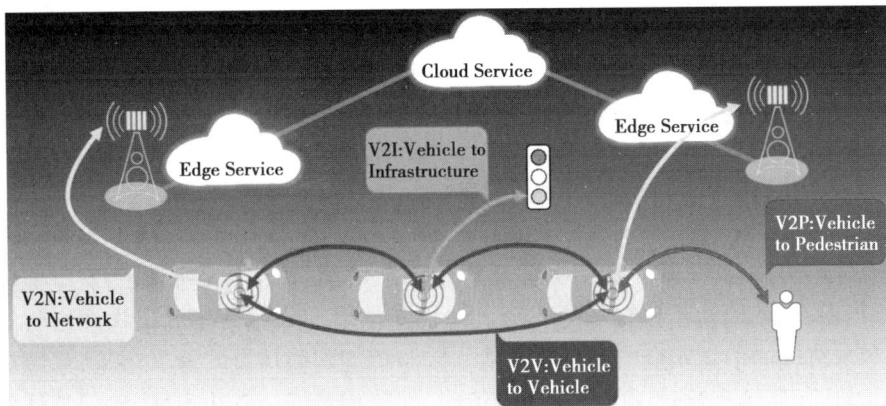

图 6.3　V2X 通信潜在威胁

目前大部分车联网数据采用分布式技术存储,主要的安全威胁包括黑客的恶意数据窃取和篡改、敏感数据的非法访问等,目前云平台数据安全问题主要分为以下三类:

①数据隐私:通过智能终端 GID 或 OBD 设备采集并上传至云平台的数据包括车主车辆相关隐私数据,如何保证用户隐私存储在车云中,它泄漏了吗?

②数据完整性:数据完整性是车联网大数据研究的基础,如何保证存储在云端的用户数据的完整性不受影响?

③数据恢复的可能性:用户访问存储在汽车云平台的数据,服务提供者必须正确无误地响应用户的请求,一旦发生安全攻击,服务提供者必须保证数据的可恢复性。

未来,随着智能网联汽车的不断发展,数据安全、访问控制等危险威胁将越来越多,云安全威胁不容忽视。

6.2.9　移动应用安全问题

当今市场上大多数智能网联汽车遥控应用程序甚至没有最基本的软件保护和安全功能。黑客只需对未受保护的应用程序进行反向分析和挖掘,即可直接查看远程服务提供者(TSP)的接口、参数等信息。一些车载遥控 App 即使采取了一定的安全防护措施,但安全强度还不够,黑客只需要一定的技能基础就可以轻松获取 App 的核心内容,包括 App 中存储的密钥、敏感的控制界面等。

2017 年 2 月,卡巴斯基披露许多汽车应用程序存在安全漏洞。目前,很多应用程序的车主个人信息在手机上只是以未加密的形式存储在车主中,黑客只需 root 用户手机即可将用户信息发送到用户名,进入 root 用户后台主机。黑客还可以诱使用户下载恶意软件、窃取登录信息,或使用其他恶意软件进行"覆盖"攻击,创建虚假登录界面,诱使用户在启动应用程序时登录信息,从而窃取信息。从理论上讲,黑客还可以进行多覆盖攻击,窃取用户的所有个人信息。

充电桩是电动汽车服务的重要基础设施运营。它的输入直接连接到交流电网,输出配有充电插头,用于为电动汽车充电。由充电桩组成的网络被称为"文件联网",如今很多文件联网解决方案都是通过传统的以太网或无线传输网络完成的。人们可以在充电宝提供的人机交互界面上刷卡,进行相应的充电方式、充电时间、打印费用数据等操作,充电宝显示屏包括充电金额、费用、充电时间和其他数据。

文件联网在给大家的出行带来便利的同时,也面临各种信息安全挑战。从计费网络传输的数据信息可能受到拦截、窃取、解密、被动攻击、非法冒充、恶意篡改等恶意威胁，计费文件内网默认不采取安全措施。桩联网可以控制充电桩的电压，可以随意修改充电量等数据，这将不可逆转地影响充电桩的健康发展。

6.3　智能网联汽车信息安全问题分析

从总体趋势来看，车载终端的种类和数量不断增加，车载终端面临的安全威胁种类增多，节点层、车载传输层和终端的安全风险也随之增加。航站楼的架构层级将继续增长。对车载终端的信息安全给予足够重视。按照智能网联信息安全方法论，系统分析漏洞和威胁风险，实施有针对性的安全防护策略，部署相关安全解决方案，确保整体安全防护的有效性和科学性。

同时，应充分关注智能网联汽车在移动终端、移动通信网络、移动接入管理和业务平台之间的网络传输风险，尤其是车联网终端与网络中心之间双向数据传输的安全威胁。

此外，未来随着智能网联汽车的不断发展，云安全威胁不容忽视。考虑到车联网中的数据采集和上传方式以及云平台的大数据存储和处理特性，需要尽快找到更适合智能网联汽车云平台的数据安全解决方案。

最后，随着智能网联汽车的快速发展，控制 App、充电文件等外部生态组件开始越来越频繁地接入汽车，每一个接入点都意味着一个新的风险点引入。考虑到 ICV 外部设备部件采购成本低、安全防护不足等特点，必将成为黑客攻击的焦点，备受人们关注。

6.4　智能网联汽车信息安全方法论

与传统的信息安全类似，任何类型的 ICV 入侵攻击都必须在需要实施的各个维度和级别上利用安全漏洞，因此软件（不同类型的 ICV 控制代码）阻塞硬件（所有类型的 ICV 都有物理组件）和生态系统是解决智能网联汽车信息安全的重点，但由于智能网联汽车智能终端的通用特性，现有的安全解决方案不能直接应用于安全防护，因此取决于智能网联的系统架构特点车辆，更要实施针对性的安全防护。对网联汽车的流通，不仅要穿透智能网联汽车内部微小的生态环境，还要结合其所处的场景环境。智能网联汽车有很多功能模块，为了实现各种防御策略，需要根据功能特性对这些模块进行划分。另外，智能网联汽车受到恶意攻击时如何应对紧急情况以及如何升级保护功能也很重要。

这里有一点要强调，智能网联汽车显著提升了智能化，让驾驶者享受更多的便利，但其复杂性也在增加。驾驶员是否正确使用智能网联汽车控制将直接影响智能网联汽车的信息安全，使其变得更差或更稳定。因此，在智能网联汽车的信息安全方法论中，也必须考虑"人"这一要素。

6.4.1　智能网联汽车信息安全生命周期

智能网联汽车的生命周期可以分为四个部分：规划设计阶段、生产阶段、交付阶段和处置阶段。智能网联汽车的信息安全保护必须贯穿全生命周期，可以充分集成，实现智能网联汽车全生命周期的信息安全保护。

①规划设计阶段：在新型智能网联汽车的规划设计之初，应将信息安全作为必不可

少的选项。汽车行业设计人员和信息安全人员要在智能网联汽车自身安全和信息安全两个方面进行联合可行性论证。在具体功能模块的设计过程中,需要综合考虑模块的功能、性能和信息安全,制订其威胁模型、安全防护模型、响应防御策略模型。多级安全测试验证整个设计方案的正确性、安全性和可行性。

②生产阶段:在原型车的开发和生产过程中,需要严格遵守信息安全开发指南,以避免在此阶段意外引入新的安全风险。同时,应定期进行安全评估,随时发现安全漏洞,随时修复。进入量产阶段后,必须对智能网联汽车进行严格的信息安全检查、监控和验证。

③交付阶段:威胁情报分析预警,智能网联汽车安全运营,安全事件应急响应密切相关,实现严密监控,及时准确响应。

④处置阶段:智能网联汽车进入最终处置阶段时,需要提前将各模块的数据信息彻底删除,并备份重要信息。

6.4.2　域隔离,纵深防御

在今天的智能网联汽车内部,通常会有几十个 ECU,不同的 ECU 控制不同的功能模块。智能是智能网联汽车的关键要素,增加了内部功能模块、恶意攻击面、安全防护的难度。随着汽车智能化程度和网络连接性的提高,车内的 ECU 模块越来越多,相同或相似,便于控制和节省空间。

ECU 将逐步集成,车载网络将逐步采用"域控制"的集成控制方式。根据信息安全保护的概念,需要通过在智能车内部的识别区、控制区、决策区等不同区域进行物理隔离或软件划分实现域的信息安全概念。

目前智能网联汽车的信息安全保护主要集中在车辆上,主要依靠具有信息安全保护功能的 T-BOX 或 IVI 对智能汽车进行保护,根据信息安全保护理念,车载侧保护只需要智能网络就可以实现连接。对汽车的整体安全,参考传统的信息安全纵深防御概念,"架构层—传输层—节点"的多层纵深防御体系层要为智能网联汽车进行打造,智能网一定要覆盖车辆的 T-BOX 周界和安全网关,配置 ECU 认证、域控制器、车载/车载网络监控等,提供多维度、全集成纵深防御系统。

在架构层,将信息安全的基本概念融入整车电子电气架构的 V 形开发过程中,实现电子电气信息安全评估、等级保护、安全审计和测试认证。架构开发、传输层车辆实现内部传输网络结构安全、访问控制、权限管理、可信平台和安全网关控制,在节点层实现轻量级加解密、数据签名、身份认证、可信认证。

6.4.3　生态环保及安全保护

智能网联汽车本身体积很大,但内部信息系统处理模块的体积却很小。同时,由于其包含车载传感器、控制器、执行器等设备,在车内营造了一个小而微的生态环境。因此,需要对汽车小微环境进行安全防护,各功能模块的安全功能要足够细化,能够处理小微生态环境下的各种复杂安全问题。还应该注意的是,可以在智能网联车辆的各个节点和内联网领域之间扩展足够细粒度的安全功能。

1)基于场景的信息安全防御

智能网联汽车在静止和行驶时会面临不同的恶意威胁。因此,需要结合智能网联汽车所处的现场环境特点,实施相应的安全防御策略,实现基于现场的信息安全防御。例如,高速网络队列控制减少了操作员的控制权限,提高了队列的整体安全控制。

2)提高驾驶员安全的培训

"人"是智能网联系统生态系统的重要组成部分之一,人为对智能网联车的错误配置以及从外部导入有问题的存储介质很容易导致智能网联车出现安全问题。因此,要把人作为智能网联汽车信息安全防护的重要组成部分,通过培训提高驾驶员的安全意识和安全驾驶能力,提高人的安全实力是智能网络的关键要素,降低人们引入恶意威胁的可能性。

3)应急响应与安全升级相结合的强可控性

在发生恶意攻击事件时,智能网联汽车必须实施强可控的应急响应,遏制恶意攻击在车载网络内的蔓延,进行安全策略强调限制。升级有问题的固件不仅需要首先修复安全漏洞,还需要关注升级本身的安全性,防止引入二次恶意威胁。

6.4.4 智能网联汽车安全保障体系

智能网联汽车是以车联网为信息传输载体,通过搭载先进的车载传感器、控制器、执行器等装置,使车辆具备复杂环境感知、智能化决策与控制功能,综合实现安全、节能、环保及舒适行驶的新一代智能汽车。而车联网主要包括车内网、车际网和车载移动互联网,具体而言,车内网是指通过应用成熟总线技术建立的标准化整车网络,车载移动互联网是指车载终端通过 3G/4G 等通信技术与互联网进行无线连接,车际网是指基于 DSRC技术和 IEEE802.11 系列无线局域网协议的动态网络,如图 6.4 所示。

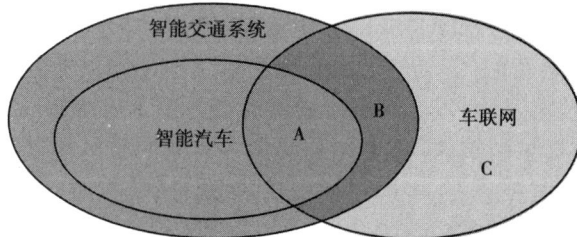

图 6.4 车联网、智能汽车及智能交通系统关系图

由于汽车电动化、智能化、网络化的发展趋势,传统电子电气架构在汽车和车联网中的隐患越来越突出。目前,国内外对网络化智能汽车信息安全系统的研究还处于研发阶段。美国 SAE 和欧洲 EVITA 已经开始关注汽车信息安全系统研究。例如,美国 SAEJ3061 文件涉及汽车信息安全工具的完整性等级、测试方法和测试等。同时,IEEE Conference on Communication and Network Security（CNS）、国际车联网与互联会议（ICCVE）等国际会议也更加关注汽车信息安全体系的建设。

与传统的信息安全系统相比,智能网联汽车的信息安全必须解决以下问题和难点:

①如何实现高效可靠的入侵检测和保护,避免车辆控制单元的直接控制。

②如何保障复杂通信环境的信息安全,提高车辆的防护能力。

③如何采取高效可靠的应对和恢复方案,减少经济损失和人员伤亡。

如何构建"检测—保护—响应—恢复"全生命周期智能网联汽车信息安全体系和智能网联汽车软硬件一体化防护体系,关键技术包括以下两点:

①针对复杂网络化智能车辆通信环境的高效可靠检测保护和高效响应恢复系统。

②面向网联智能汽车新电子电气架构演进的软硬件一体化保护系统。

通过对主动防护和多域分级入侵检测的信息安全模型研究,建立了新的无线通信安全防护机制和对车—车—云协同攻击的防御,设计了响应机制和针对不同级别的恢复策略。智能网络新型电子电气架构演进的软硬件一体化保护系统,形成了联网智能汽车"检测—保护—响应—恢复"全生命周期的信息安全体系,包括以下内容。

①构建主动防护和多域分级入侵检测的信息安全模型。

针对车载网络、车载传感器和车载通信系统的信息安全漏洞和威胁,分层加密认证,以太网骨干网和车载总线的入侵检测及分层保护,感知域、决策域的访问研究车辆通信系统长短距离通信接口的控制、数据管理和多域保护系统,以及认证、安全审计和主动防御。

②建立车—车—车—云协同攻击防御和无线通信安全防护机制。

进一步提高网联化智能汽车的攻击和漏洞防御能力,研究针对车—车、车—云协同攻击的防御方法,建立高效、分布式的实时车—车联防机制,打造可靠、长效的术语车辆。协同攻击防御系统,在云端共享信息,以"人—车—路—环境"无线通信与信息安全为目标,研究智能网联汽车在非理想信道状态信息下物理安全和机会连接的分布式网络安全,研究车与车之间的隐私保护机制。

③针对不同安全级别设计响应机制和恢复策略。

针对各种非法入侵攻击和网联智能汽车事故,研究网联智能汽车安全等级的分类,不同安全等级对功能安全、响应速度、影响和社会效应的映射关系,不同安全等级的"漂移"恢复策略云平台应急响应机制,研究基于需求识别、资源探索、方案评估、服务恢复与参数更新、服务恢复决策评估的智能汽车五层模型恢复过程不同安全级别和策略的标准。

④构建智能网联汽车新电子电气架构演进软硬件一体化保护体系。

针对现有车辆总线和电控单元中现有信息传输不安全、不可追溯、缺乏保护等问题,基于现有汽车总线和电控单元的演进,研究网联智能汽车新型电子电气架构的软硬件集成保护系统,研究电控单元的轻量化加密算法,以及基于机器时钟的电控单元,指纹技术识别溯源,电控单元与功能安全的映射关系,基于功能安全等级的软硬件加密,入侵检测系统用于总线消息检测。研究新电子和电气架构中先前策略的演变。

在研究新型电子电气架构的演进过程中,还需要关注新型嵌入式操作系统的设计框架,从架构层面保证操作系统的安全性。参考国际标准制定相关行业开发规范,确保系统设计和开发数据的完整性,注意解决内部代码检查过程中可能存在的安全风险,并详细记录已知的安全漏洞。

面向智能网联汽车"检测—防护—响应—恢复"的全生命周期和车联网"端—管—云"信息安全防护体系,构建多域分级入侵检测和主动防护模型信息安全及加强车辆汽车—车云协同攻击防御和无线通信安全防护机制,建立基于不同安全级别的应急响应和恢复策略,实现新型电子电气架构演进的软硬件一体化防护体系,如图6.5所示。

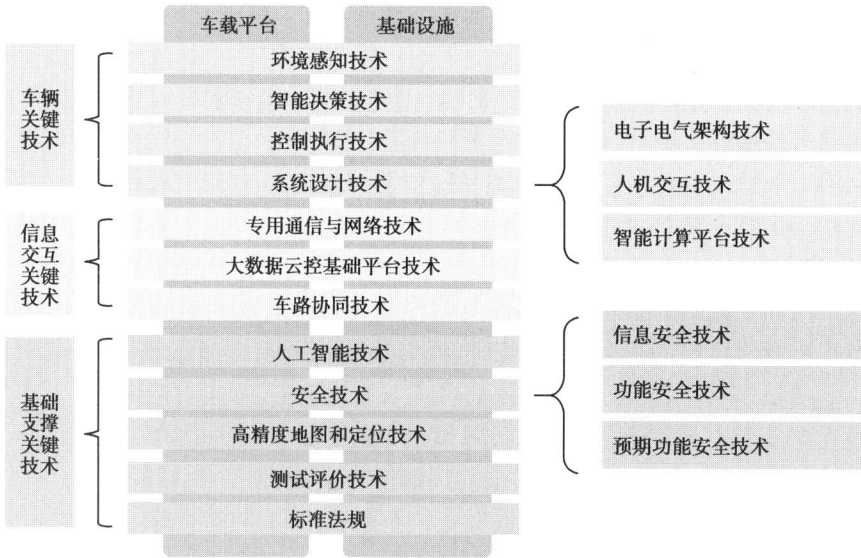

图 6.5　智能网联汽车信息安全技术路线图

6.5　智能网联汽车关键安全防护技术

智能网联汽车的安全防护不仅仅指车辆本身的信息安全,还包括通信、云平台和外部新兴生态系统在内的整体生态安全防护。同时,必须长期进行安全防护,识别潜在风险。因此,网络化智能汽车安全防护技术可以从终端、管道、云、新兴的外部生态系统、综合生态安全检测五个方面描述。

操作系统是智能网联汽车的核心部件,也是整个汽车系统的大脑。所有应用程序都在操作系统上运行。操作系统向上承载应用、通信等应用功能,执行底层功能,调用资源和管理。目前主要的智能网联汽车操作系统分为非开源和开源两个方向。非开源操作系统完全由车厂自行开发,如宝马 iDrive。主要的开源操作系统有 Android、QNX 和 Linux。大多数汽车制造商现在都使用开源解决方案。开源虽然可以大大降低开发成本,但有自身的安全风险,如已知和未知的漏洞风险、缺乏安全性和健壮性、缺乏对操作系统行为的理解等,都不容小觑。

虽然并非所有车企都具备自主开发操作系统的能力,但考虑智能网联汽车的独特性,以及在选择和使用系统运营时的成本、易用性、商业生态等因素,还需注重特殊需要。

对于开源系统漏洞问题,除了收集已知和选定的操作系统版本的漏洞列表,还应定期更新漏洞列表,同时扩展漏洞收集方式,确保各种漏洞能够及时了解,第一时间发现并解决,更新所有已知漏洞。

操作系统安全的首要目标是监视、保护和提醒操作系统对系统资源的调用,以确保与安全相关的系统行为始终处于受控状态,不存在某些行为或用户行为的执行。在用户不知情的情况下执行不可控的动作。同时,操作系统还必须保证能够控制自己的更新。操作系统的健壮性主要取决于操作系统的源代码,而源代码的安全性是整个操作系统健壮性和安全性的基础。通过对操作系统源代码的静态审计,可以快速发现代码中潜在的 bug 和安全漏洞,及时纠正潜在的 bug 和漏洞,既可以提高代码的健壮性,也可以提高代码的安全性。

作为整个 ICV 的核心部分,操作系统的复杂性可见一斑。所有文件、I/O、通信和数据之间的交互非常频繁。因此,需要保证每一个行为都是可控的和可管理的,监控所有应用程序和进程都可以访问所有资源并执行必要的访问控制,这对安全可靠的操作系统是必要的。

固件是存储在具有永久存储容量设备上的二进制程序。微控制器的核心 ECU,固件主要用于执行 ECU 的所有功能。它不仅提供硬件初始化和操作系统加载功能,还为高层软件提供调用接口以有效利用硬件资源,是 ECU 系统的重要组成部分。

随着网络化智能汽车的普及和完善,ECU 得到了广泛应用,而作为 ECU 核心部件之一的微处理器和微控制器也呈现出爆发式的增长趋势。固件作为 ECU 系统的重要组成部分,更加方便为用户提供灵活多样的使用方式,但也给汽车信息系统的安全带来极大隐患。例如,提取 ECU 固件并反向解析其代码,然后反编译更改相应参数,在 ECU 固件中插入恶意代码改变整个系统执行过程,或使用未经制造商认证的固件程序更新,所有这些都会威胁汽车的智能网络连接,对驾驶员的安全构成很大威胁。

对于 ECU 固件安全问题,目前的重点主要集中在固件代码提取、固件代码反拆与逆向工程、固件安全更新等方面。由于固件代码存储在具有永久存储功能的设备中,因此,需要特别注意设备是否支持加密算法,芯片上是否有保护记录,固件存储设备是否可以通过设置读取进行保护。建议将固件存储在微处理器或微控制器内嵌的固件存储单元中,以增加固件提取的难度。尽量去掉或禁用 ECU 上的 JTAG、RS232、USB 等外部调试接口,以降低固件被读取的风险。

固件代码可防止反汇编和逆向工程。一方面可以通过修改编译器定制指令集,尽量避免使用通用的微处理器或单片机指令集;另一方面也可以在固件代码中添加指令混淆或者花费指令,在不改变所有功能逻辑的情况下,改变所有代码的层次结构混淆代码,增加了反汇编和逆向工程的难度,增加了固件的可靠性。

在固件安全更新方面,车主需要使用汽车厂商认可的固件更新程序,请勿下载未经认证的第三方固件更新程序,禁止改装车辆 ECU 的固件。汽车制造商必须将认证添加到已发布的固件中。升级时,ECU 必须同时支持固件认证和完整性检查。更新完成后,支持回滚机制,保证更新失败后固件版本回滚,保证整个更新的安全可靠。

ICV 数据不仅包括存储在 T-BOX 中的车辆数据,还包括存储在应用程序中的用户数据以及存储在 TSP 云中的所有用户和车辆数据。除了数据存储安全,还包括数据备份安全和数据传输安全,这里主要讨论智能网联汽车数据安全保护的两个方面:密钥存储安全和轻量级密码算法。

在密钥存储方面,为了 T-BOX 内数据的安全,考虑可能存在的白盒攻击,目前主要的解决方案是硬件 eSE 芯片方案和软件白盒,密钥是预制的或动态分发的。eSE 芯片,所有加解密操作均在白盒或 eSE 中进行,可有效防止白盒攻击,保证密钥安全,保证 T-BOX 内数据存储安全。此外,数据在传输过程中必须经过白盒或 eSE 芯片加密,保证了数据传输的安全性。对于应用端的数据安全,由于大部分手机没有内置 eSE 芯片,目前主要的解决方案是软件白盒,保证数据存储和传输的安全。对于 TSP 云平台的数据存储安全,应采用系统化的信息安全建设,从物理、网络、计算、存储、信息与应用等方面构建信息安全防御体系,必须进行信息安全管理。在管理中予以考虑,有效降低数据泄露等安全风险。

由于 MCU 一般用于 T-BOX,资源非常有限,如果密码算法出现功耗过大、计算资源过多等问题,就会造成无法在 T-BOX 中实现的窘境。根据密码学应用环境和实施过程中的资源需求,提出了轻量级密码算法。"轻"是指普通密码提供的安全保护级别和实施所需的资源,具有以下特点:适用于资源有限、算力相对较弱的设备;可用于计算的存储空间通常很小;可将功耗限制在可控范围内;可以根据具体的应用场景选择合适的安全级别。因此,轻量级密码算法非常适合在资源受限的 T-BOX 环境中实现,目前主流的轻量级密码技术有 ISO 29192 上列举的轻量级密码算法。

6.5.1 安全密钥

智能网联汽车除了建立完整的密钥管理系统,还应特别注意密钥的存储。保护数据隐私和机密性的一种常见做法是实施数据加密,在这种情况下,合法用户需要访问的解密密钥也必须受到保护,因为一旦密钥被泄露,加密数据的安全性将受到威胁。这对开源 Linux 操作系统和存放在不可靠的 T-BOX 中的 Android 操作系统环境中的密钥来说尤其重要,因为它们可能无法提供足够的安全性保障。

在不受信任的操作系统上保持密钥安全的解决方案是使用白盒系统,尤其是 Android 操作系统。白盒系统将密钥信息隐藏在加密库中,密钥在程序执行的任何阶段都以巨大的查找表的形式存在,即只能输入明文得到密文,反之亦然,可以得到获取明文的操作。在这种情况下,入侵者无法获得隐藏在查找表后面的密钥,从而保证了信息安全。同时,需要支持动态密钥,保证在不改变密钥存储的情况下可以更换密钥,从而进一步提高密钥的安全性。

智能网联汽车中的 ECU 越来越多,代码行数也越来越多,软件在汽车价值中的占比不断提高,但开发周期被迫缩短,带来潜在风险。OTA 可以有效解决软件故障问题,无须去 4S 店或返厂,90% 以上的软件故障都可以通过 OTA 更新解决。

虽然如今的 OTA 技术已经非常成熟,但更新过程的安全性还是需要特别注意。更新智能网联汽车 ECU 时,需要配合安全更新机制,通过数字签名认证机制保证增量更新包的完整性和合法性;更新策略可根据时间、地域、设备数量等信息动态调整;在报文传输过程中,通过通信加密保证整个更新报文的传输安全,防止更新报文被截获或中间人攻击导致更新失败。在智能网联汽车 ECU 更新过程中,需要时刻监控更新过程,确保更新后 ECU 能够正常工作。同时,需要有相应的固件回滚机制,保证即使更新失败,ECU 也能恢复到原来的状态。整个 ECU 更新过程安全可靠。

6.5.2 网络传输安全

智能网联汽车的网络可分为车内网络、车间网络和车云网络,网络的拓扑结构复杂多样。因此,保证网络传输过程中的数据安全显得尤为重要,提高智能网联汽车的网络安全性具有重要意义。ICV 网络的传输安全主要体现在三个方面。

①实施网络加密技术。在数据传输过程中,如果传输网络受到攻击,传输的数据就会被篡改,影响数据安全。因此,有必要加强网络加密技术对传输的数据进行加密。根据网络的层次结构,安全性也必须具有一定的层次结构。结合安全管理的内容,需要加强 TCP/IP 协议的各级防范措施,实施层层加密技术,保障网络安全服务。因此,网络上

的各种协议都是加密的。另外,在设计网络加密结构时,注意加密所使用的加密系统,选择适合网络的密钥。在对网络接口层进行加密时,需要加强相邻节点之间在线传输的保护形式,加强加密的透明性。在对数据传输层进行加密时,需要加强对节点和传输数据的保护机制,对于用户来说,加密操作必须是透明的。在源用户和目的用户之间传输数据时,加密操作是不透明的。

②对传输的信息实施安全保护策略。传输信息安全保护策略主要涉及分级保护,从技术角度对方案进行设计管理,规范其中的安全性。其中,要有一套完整的标准和规范,严格执行安全保密制度,按信息安全程度划分网络,对网络安全管控实施全面保护和控制。加强网络安全监测,做好边境防护。强化内控和安全保密政策,完善涉密人员安全保障政策。同时,还需要加强网络信息安全管理,实现信息传输的高效和安全。

③加强可靠计算机的实施。建立可靠的信息技术平台,从可靠的基础数据入手,以密码的形式实现计算机网络系统的安全。此外,可信技术平台可以保证用户身份的唯一性和工作空间的完整性,以及环境配置的安全性,从根本上防止黑客入侵,增强数据传输的可信度。这种信任延伸到计算机系统,可以保证网络环境可信度的提高,实现网络信息的安全传输。此外,网络中的信息传输也需要加强防火墙的应用,提高信息传输的可靠性。

6.5.3 网络周边安全

由于 ICV 的极端移动性和网络类型的多样性和复杂性,网络边界已经消失,传统的边界安全解决方案不再适用于 ICV。在此背景下,传统的边界安全正在向微边界甚至无边界安全转变。

ICV 网络边界具有三个特点:安全边界的扩展性、分散性和不确定性使边界无法找到,难以隔离边界;可接入 ICV 的设备种类较多,导致接入安全风险点增加;ICV 身份验证很困难。针对目前智能网联汽车的边境安全状况,可以从以下几个方面加强。

在车辆架构设计中,使用网络分段和隔离技术。对不同网段(如车内不同类型的网络,以及移动通信网络、Wi-Fi 等)进行限制控制(如白名单、数据流、数据内容等),数据进行安全控制和安全监控。同时,车载侧关键网络边界设备(如 T-BOX、中央网关等)必须提供边界安全保护功能。例如,车辆的入侵检测系统用于保护 ECU 的安全,并防止黑客攻击 ECU。

在终端设备接入 ICV 网络之前,需要为终端□□□□权机制,以保证终端设备的可靠性,防止未经鉴权的终端设备接入 ICV□□□□□□□□□□威胁。

在云车联网中,除了采用安全的接入□□□□□□□□□□□□□□□通过不同的安全通信子系统接入网络,还□□□□□□□□□□□□□□□和云平台进行双向认证,保证双方的合法□。

6.5.4 云平台安全

智能网联汽车 TSP 云平台(汽车远程服务提供商)的安全控制及合规模型以及新一代的自适应安全架构,与通用云平台安全相似,具体架构如图 6.6 所示。

①物理环境安全:在物理层,通过门禁系统、视频监控、环境监控、物理门禁等措施,对云运行的物理环境和环境设施进行安全保障。

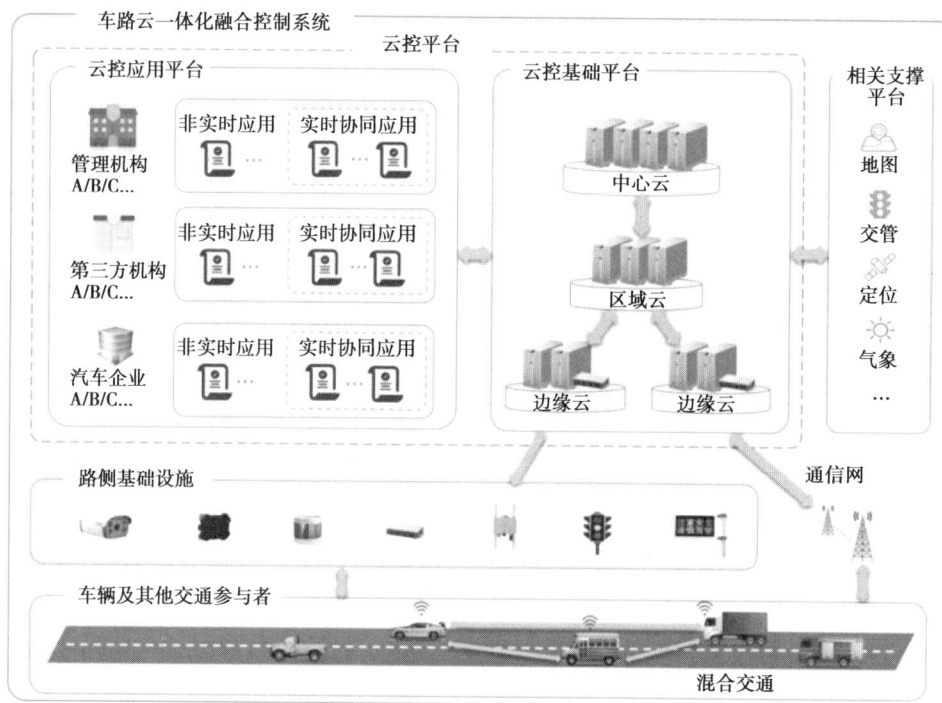

图6.6 智能网联汽车协同互联云平台安全架构

②计算机存储安全:对主机/服务设备进行安全配置和加固,实施主机防火墙、主机 IDS 和恶意代码防护、访问控制等技术手段保护虚拟主机,确保主机能够持续提供稳定的服务。

③可信计算:确保硬件和软件系统的行为/执行安全,包括安全输入/输出、内存安全和远程身份验证等服务。

④网络安全:在网络层,基于全域划分,通过防火墙、IPS、VLAN ACL 进行边界隔离和访问控制,利用 VPN 技术保证网络完整性、网络通信和用户认证访问、入侵检测在重要网络区域(IDS)实施系统,实现对网络攻击的实时监控和预警,实施流量监控和清理设备以抵御 DDoS 攻击,实施恶意设备监控和代码保护系统防止恶意代码。需要说明的是,这里的网络包括物理网络和虚拟网络,通过整体防御保证网络通信安全。

⑤安全管理:按照 ISO 27001、COBIT、ITIL 等相关标准和要求,制定安全管理体系,涵盖安全设计与获取、安全开发与集成、安全风险管理、安全运维管理、安全事件管理、业务连续性管理等标准和程序,并设立相应的安全管理机构和人员,建立技术支撑平台,确保系统得到有效管理。

⑥信息安全:进行数据保护,加强数据保护,防止数据隔离、数据加密、防止数据泄露、残留数据保护、文档管理权限、数据库防火墙、数据审计、备份和离线数据。

⑦应用安全:保护应用程序的安全;通过 PKI 等机制识别用户身份,执行严格的访问控制策略;对关键操作的各种授权等措施,保护应用层的安全;网页篡改、网站安全监控等应用安全防护解决方案,确保特定应用的安全。

⑧可信安全管理平台:构建和管理基于 PKI、身份管理等的安全基础支撑设施,管理平台综合运用成熟的安全管控措施,打造良好的安全实施机制,保障系统的顺畅运行,提

供各级所需的各种安全能力。

6.5.5　云平台管理

ICV 安全可视化管理是指将车辆中所有 ECU、固件、操作系统和应用程序的安全风险和威胁实时上报制造商的云平台,并将整车的安全情况呈现给用户。帮助用户快速了解车辆的安全状况,识别异常和入侵,了解智能网联安全事件的发展趋势,全面关注和感知智能网联汽车的安全状况,对智能网联汽车的所有综合安全信息进行安全态势分析和安全分析警告事件。此外,系统应提供全面的智能网联汽车威胁入侵检测和分析功能,支持多图式威胁和风险预警方法,威胁和风险一目了然,提供安全威胁事件的详细信息,实现智能网联汽车安全。告警策略包括设置告警范围和阈值。

ICV 威胁的攻击行为和过程往往隐藏在大数据中。用户捕捉数据背后隐藏的线索,监控和防范潜在的 ICV 安全威胁,阻断 ICV。识别威胁源,保障智能网联汽车安全运行,对智能网联汽车数据进行多维分析,利用高效的交互式挖掘分析工具,对零散碎片进行集中、统计、检索、过滤、提取和分析。智能轨迹挖掘与分析,帮助用户洞察智能网联车辆的安全态势,更加主动、灵活地应对复杂、未知、多变的威胁和风险。

车联网智能手机 App 主要进行简单的车辆控制动作,如开门、开空调、开灯、启动车辆等。最近,已经出现了通过移动应用程序直接攻击汽车的案例。例如,软件开发者可以使用任何汽车前挡风玻璃上的 VIN 码,通过手机客户端认证获取车主身份和车辆负载能力等信息,并获得对车内空调的正确控制。随着移动应用在智能网联汽车上的推广,尤其是安卓应用的推广,类似的攻击将更加频繁,类似的安全问题尤为突出。

智能移动网联汽车应用的安全性涵盖范围很广,其生命周期可分为设计开发阶段、投放阶段、运维阶段三个部分。

①设计开发阶段:移动应用安全应该从设计开发阶段就涉及,从框架、业务、规范、基础功能模块等维度进行统一的安全设计,使安全框架总体上能够满足长期原则规划、重用、标准化、可扩展性和集成。代码工程符合一般安全原则,大大提高应用安全性,降低后续漏洞风险,减轻应急运维阶段安全压力。

②投放阶段:在移动应用发布前,需要对其进行加固,以解决移动终端系统开源(半开源)带来的安全漏洞。通过反编译、完整性保护、内存数据保护、本地数据保护、OS 库保护、源代码混淆等技术保障移动应用的安全。

③运维阶段:移动应用程序一旦启动,应监控其执行状态,包括移动应用程序执行过程中的漏洞和分发渠道中的盗版。及时发现并解决各类漏洞事件,防止潜在的业务、财务和声誉损失。

6.5.6　智能网联汽车安全检测

ICV 本身就是一个完整的生态系统,包括车辆安全检测、Vehicle-TSP 云平台——移动应用通信与业务交互检测、移动 App 安全检测、TSP 云平台安全检测,需要对这四个部分进行定期安全检查。

①车辆安全检测:主要针对 CAN 总线协议、ECU、T-BOX 和 IVI 系统进行。一方面,CAN 总线协议检测需要判断 CAN 协议的一致性,车辆的 CAN 总线是否符合 AUTOSAR 标准;另一方面,需要对其鲁棒性进行评估,以确定总线上的干扰传输是否会导致整个

CAN 总线异常。ECU 测试需要对其硬件、固件、更新等进行测试,包括调试接口评估、硬件总线设计、硬件设计中的电磁兼容性、固件的可逆性、可读性、防拆解等方面。确保固件程序的安全性,评估 ECU 更新的安全性,包括更新安全、增量更新包认证和完整性验证,以及安全回滚机制。T-BOX 和 IVI 安全测试可以专注于硬件和软件安全测试。硬件安全主要关注核心设备安全、主板安全、接口安全;软件安全应侧重于数据存储安全、篡改保护、外部通信安全、操作系统安全等方面的评估和测试。

②Vehicle-TSP 云平台——移动应用通信与业务交互检测:车辆与 TSP 云平台的通信是通过 T-BOX 进行的,手机 App 也通过 TSP 云平台对车辆进行控制和交互。在这部分安全检查中,主要评估三者之间的通信和数据传输的安全性,例如,在通信过程中是否考虑网络层安全(如使用 4G 或 VPN),车辆传输指令数据是否经过加密处理和传输数据的完整性验证,保证通信三方的授权,使黑客无法通过中间环节获取车辆的这个指令数据。此外,还需要检测三向通信对双向通信认证的支持。

③移动 App 安全检测:主要包括源代码、资源文件、数据存储、传输以及业务功能方面的安全检测,确保 App 在发布过程中的安全性。

④TSP 云平台安全检测:基本上和通用云平台检测类似,检测 TSP 云平台是否具有 OWASP Top 10 或者 CWE Top 25 安全威胁,如图 6.7 所示。

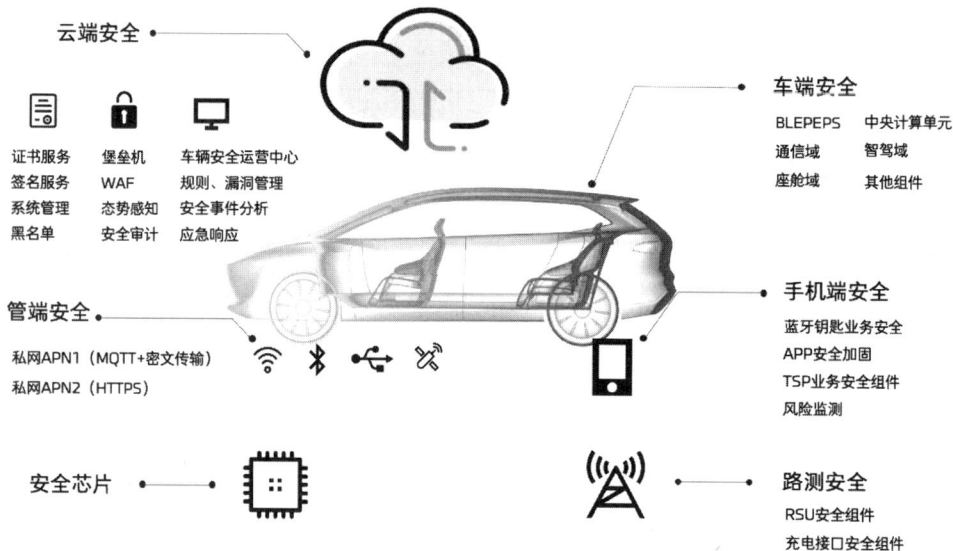

图 6.7 TSP 云平台安全检测

6.6 典型智能网联汽车攻击路径

一般来说,分析一条攻击路径,除了分析被攻击的设备,还需要分析攻击者本人。每个攻击者都会有不同的攻击意图和身份,例如,黑客攻击智能网联汽车只是为了测试其技术实力,展示其高超的技能;或者为了报复店长,4S 店维修工对智能网联汽车发起网络攻击,扰乱 4S 店运营。什么类型的攻击者,出于什么目的,这些都是我们在分析攻击时必须考虑的因素。

另外,攻击者在攻击时,选择的攻击方式和攻击角度也不同。例如,DDoS 攻击主要使用远程攻击,如果通过无线通信访问车载主机并渗透车载网络,则必须使用短程攻击。

从攻击入口来看,由于网络化智能车辆攻击面较多,攻击者可以从任何地方发起攻击。典型的攻击者首先会花费大量时间对一个或多个攻击点进行攻击研究,并掌握其漏洞和使用方法。这时候一般会使用物理攻击和近场攻击。执行单点攻击穿透后,攻击者会精心设计攻击路径,从车辆外部开始进行远程攻击。最后,对汽车进行控制。

在本章节,将从直观的攻击路径、攻击树和车辆所涉及的电子系统角度讨论典型的智能网联车辆攻击场景。

6.6.1　窃取车辆 GPS 跟踪数据

GPS 轨迹数据可以清楚地记录车辆的位置,属于互联网时代的个人隐私范畴。但是,它也会为车辆犯罪(如车辆盗窃等)提供非常便利的条件,犯罪分子在获得车辆的地理位置信息后,可以选择合适的时间和地点进行盗窃。此外,GPS 轨迹数据泄露也会对车主的人身安全造成潜在威胁,是一个非常严重的安全隐患。

在智能网联汽车时代,车辆 GPS 轨迹数据通常会存储在车辆主机和 TSP 云平台上,云平台的车辆 GPS 轨迹数据泄露很多人已经非常熟悉,此处不做重点讨论。在这里主要介绍如何通过手机针对智能网联汽车的车载主机实施对车辆 GPS 轨迹数据的窃取。窃取车辆 GPS 轨迹数据攻击路径图,如图 6.8 所示。

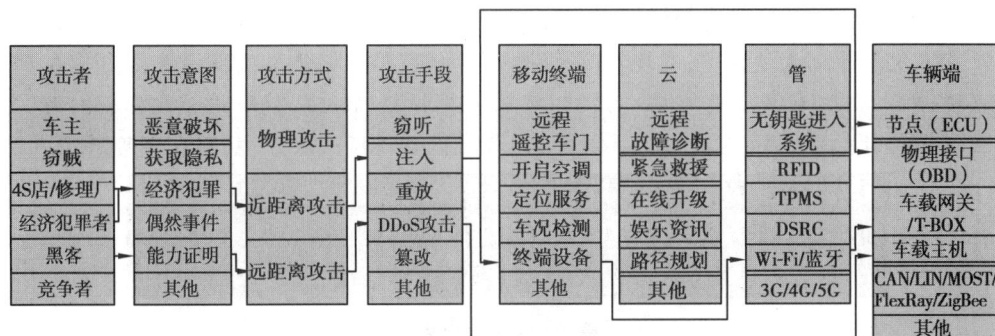

攻击者	攻击意图	攻击方式	攻击手段	移动终端	云	管	车辆端
车主	恶意破坏	物理攻击	窃听	远程遥控车门	远程故障诊断	无钥匙进入系统	节点(ECU)
窃贼	获取隐私		注入	开启空调	紧急救援	RFID	物理接口(OBD)
4S店/修理厂	经济犯罪	近距离攻击	重放	定位服务	在线升级	TPMS	车载网关/T-BOX
经济犯罪者	偶然事件		DDoS攻击	车况检测	娱乐资讯	DSRC	车载主机
黑客	能力证明	远距离攻击	篡改	终端设备	路径规划	Wi-Fi/蓝牙	CAN/LIN/MOST/FlexRay/ZigBee
竞争者	其他		其他	其他	其他	3G/4G/5G	其他

图 6.8　窃取车辆 GPS 轨迹数据攻击路径图

如上分析可见,恶意攻击者可以通过近距离攻击方式,使用移动终端连接车载主机蓝牙或者 USB 接口,窃取车辆 GPS 轨迹数据。

恶意攻击者会在移动设备中预先植入恶意软件,当移动设备通过 USB、蓝牙等连入车载主机后,发起对车内网关的攻击,窃取车辆 GPS 轨迹数据,从而实现盗取用户敏感数据的目的。

6.6.2　攻击主动刹车功能

主动刹车是车辆安全的核心部分,刹车系统受到攻击将会对驾驶员生命造成严重威胁。随着智能网联汽车的发展,攻击者可以攻击的路径也会增多,除了近距离对车辆主动刹车系统进行攻击,还可以远程对其进行攻击。这类攻击可以多种形式进行,如攻击者可以完全抑制有效制动,或通过延迟制动及降低主动制动器的制动质量达到攻击目的。

根据以上描述,在智能网联汽车通过云平台进行升级时,修改升级固件注入恶意程序,达到攻击主动刹车系统 ECU 的目的;想要证明自己技术实力的黑客则可能选择远距离攻击方式,通过 DDoS 进行攻击,主要攻击 DSRC 或者 3G/4G,从而达到最终攻击主动刹车系统 ECU 的目的。攻击者攻击路径和攻击维度多种多样,既涉及车辆通信单元,也涉及车内传感器、车内通信网络。同时攻击者既可以远程对车辆主动刹车系统进行攻击,也可以通过操纵传感器、车内环境温度信息等手段进行车内近距离攻击。

6.7 项目案例

长城汽车——智能网联汽车渗透实战

为了推动智能网联汽车信息安全发展,长城汽车启动了智能网联汽车渗透测试工作。随机选取 20 辆目前在售车型进行渗透测试。结合渗透实践结果,聚焦智能网联汽车信息安全中检出率高、影响严重的问题进行重点分析。

1)系统调试模式开启

(1)测试内容

尝试是否可以在 IVI 交互界面进入工程模式,进入工程模式后通过 adb 或 USB 等方式成功连接 IVI 查看是否有安全验证机制;若有,使用暴力破解等手段获取系统登录名及密码;登录成功后,尝试取得系统 root 权限。

(2)测试结果

在本次渗透测试过程中,发现60%的被测车辆可以触发进入工程模式,其中66.6%的车辆进入 IVI 工程模式没有安全认证,可以直接提权(root),获取调试权限;33.4%进入工程模式时需要口令,但是口令易破解,同样可以获得调试权限,如图6.9所示。

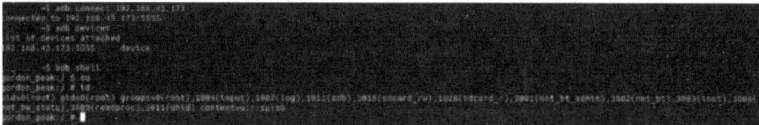

图6.9 渗透测试

(3)问题分析

获取调试权限后,可以查看 IVI 系统运行信息、系统文件、日志文件、用户信息等;可以注入恶意程序,恶意刷写固件,影响车辆功能;可以篡改系统配置,启停系统服务,导致系统功能失效;可以获取密钥,解密 IVI 与 TSP 平台通信内容,分析业务逻辑,进一步获取车辆控制权。

(4)防护建议

上市前对 IVI 系统进行安全扫描,关闭调试模式,隐藏工程模式入口,部署多种独立安全机制,形成多层次防护体系。

2)敏感数据明文存储

(1)测试内容

通过进入车载信息交互系统工程模式,搜索、查看系统运行信息、系统配置文件、日志文件、用户信息等敏感数据,尝试读写关键系统文件、导出关键信息。

(2)测试结果

在本次渗透测试过程中,发现部分被测车辆存储用户及车辆敏感数据没有进行加密,且存储路径存在暴露风险,如私钥、语音助手对话日志、用户通信录信息等。进一步提权后,可对敏感数据进行读写、复制、导出、删除等操作。

(3)问题分析

在当前技术背景下,智能网联汽车的软件升级,绝大多数依赖车载信息交互系统作为车辆的边界节点,即云端将软件升级包通过该节点转发至车内其他部件,因此,妥善管理密钥成为安全设计的必要环节。一般情况下,密钥会妥善存储在安全芯片或系统内部。在本次测试过程中,发现存储在 IVI 系统中的密钥明文存储。攻击者利用密钥可打包任意内容的伪造升级包,通过云端批量刷入控车脚本至用户车辆,导致“僵尸车”出现,如图 6.10 所示。

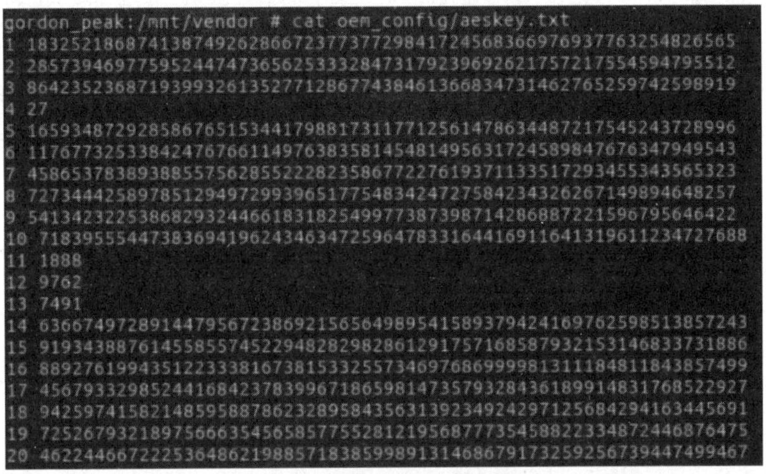

```
gordon_peak:/mnt/vendor # cat oem_config/aeskey.txt
1 1832521868741387492628667237737729841724568366976937763254826565
2 2857394697759524474736562533328473179239692621757217554594795512
3 8642352368719399326135277128677438461366834731462765259742598919
4 27
5 1659348729285867651534417988173117712561478634487217545243728996
6 1176773253384247676611497638358145481495631724589847676347949543
7 4586537838938855756285522282358677227619371133517293455343565323
8 7273444258978512949729939651775483424727584234326267149894648257
9 5413423225386829324466183182549977387398714286887221596795646422
10 7183955544738369419624346347259647833164416911641319611234727688
11 1888
12 9762
13 7491
14 6366749728914479567238692156564989541589379424169762598513857243
15 9193438876145585574522948282982861291757168587932153146833731886
16 8892761994351223338167381533255734697686999981311184811843857499
17 4567933298524416842378399671865981473579328436189914831768522927
18 9425974158214859588786232895843563139234924297125684294163445691
19 7252679321897566635456585775528121956877735458822334872446876475
20 4622446672225364862198857183859989131468679173259256739447499467
```

图 6.10　整车企业密钥明文存储

(4)防护建议

密钥等关键数据存储于安全芯片或系统内部加密存储区域,个人信息在采集、传输、存储、删除时需得到用户授权,关键信息加密存储,车辆量产前关闭非必要日志功能。

3)车内外通信未加密

(1)测试内容

利用流量监听工具,捕获车载信息交互系统与外部服务器及内部设备的通信流量,查看通信内容是否可以分析。

(2)测试结果

在本次渗透测试过程中,60%的被测车辆可以监听车载信息交互系统与外部服务器以及内部设备的通信流量,其中超过半数的车辆未对传输内容加密,采用明文进行传输。

(3)问题分析

在测试过程中发现,部分车辆的车载信息交互系统与外部服务器明文通信,传输 VIN、密码等敏感信息,部分车辆的车载信息交互系统与内部设备之间明文传输与 CAN 报文相关的敏感信息。更有甚者,与 CAN 直接相连并明文通信,尝试给该 CAN 接口发送数据可导致其无法再使用,如图 6.11 所示。

(4)防护建议

根据场景,采用安全的通信协议、身份认证、完整性校验、访问控制等措施,抵御重放攻击、拒绝服务攻击、报文篡改等威胁,实现车内外通信数据保密性、完整性和可用性。

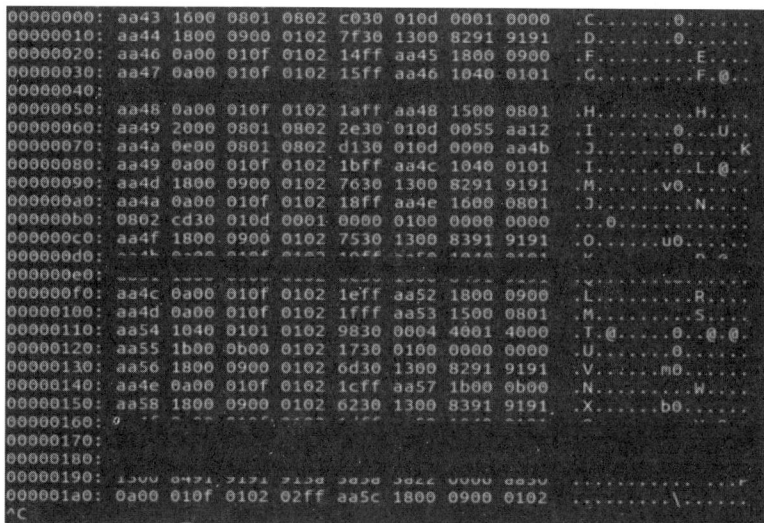

图 6.11　与 CAN 直接通信

小结

　　如果将智能网联汽车描述为"四个轮子组成的计算机",但汽车的属性使这个特定"计算机"的结构更加复杂,其中发生的连锁反应是解决信息安全问题的挑战激增。在空间和资源的限制下,提供最合适、最适用的安全保护,就像给蜗牛盖章一样。

　　智能网联汽车属于车联网"终端管云"架构中的终端环节,要解决智能网联汽车终端的安全问题,必须解决同时传输管道和云控制安全问题。

　　智能网联汽车也有类似的系统架构,考虑智能网联汽车所处的多状态应用场景环境,智能网联汽车的信息安全保护应该覆盖整个生命周期的时间。关注场景化适配的空间维度,深入车内微小、微观的生态环境的微观维度。

　　智能网联汽车的信息安全正在动态发展,本章试图从根本上挖掘其中的规律,不断推进智能网联汽车信息安全的建设。

练习题

1. 填空题

(1) 黑客利用_____、_____等手段对汽车进行成功的攻击。

(2) 智能网联汽车包括_____、_____、_____等设备。

(3) T-BOX 实现_____和_____之间的通信,负责将数据发送到云服务器。

(4) 网联智能汽车需要通过_____更新增强自身的安全防护能力。

(5) 网络传输安全威胁是指_____、_____之间双向数据传输的安全威胁。

2. 选择题[(1)—(3)为单选题,(4)—(5)为多选题]

(1) 不属于智能网联汽车的生命周期部分的是(　　)。

A. 规划设计阶段　　　　　　B. 生产阶段　　　　　　C. 交付阶段　　　　　　D. UAT 阶段

(2) ECU 将逐步集成,车载网络将逐步采用(　　)集成控制方式。

A. 域控制　　　　　　　B. 服务控制　　　　C. 实体控制　　　　D. SD 控制

(3)T-BOX 在汽车内部扮演(　　)角色。

A. Modem　　　　　　　B. Controller　　　　C. CDN　　　　　　D. ADSL

(4)IVI 可实现包括(　　)等系列应用。

A. 故障检测　　　　　　B. 车辆信息　　　　C. 车身控制　　　　D. 无线通信

(5)车辆操作系统在更新包传输过程中,应采取(　　)。

A. 消息签名　　　　　　B. 加密等措施　　　　C. 防止篡改　　　　D. 防止伪造

3.简答题

(1)简述车载信息娱乐系统。

(2)简述 OTA 在更新过程中所面临的威胁和风险。

(3)简述智能移动网联汽车应用生命周期。

第7章
智能网联汽车发展与展望 ○

7.1 智能网联汽车发展面临的问题

智能网联汽车自动驾驶功能的实现主要依赖于环境感知传感器、自动驾驶计算平台、网联通信设施、人机交互系统等。其中,环境感知传感器相当于智能网联汽车的五官,环境信息的获取主要依赖于这些传感器。目前,全球范围内达到 L3 及以上自动驾驶汽车通常搭载有摄像头、激光雷达、毫米波雷达和超声波雷达,搭载的数量、布置方案呈现多样化,同时也依赖于传感器的性能。随着传感器技术升级迭代和传感器成本的降低,未来有可能出现部分传感器功能强化、部分传感器弱化或被替代的情况。自动驾驶计算平台相当于自动驾驶汽车的大脑,感知系统采集的数据通过计算平台进行融合处理,然后进行路径规划,做出车辆控制指令。网联通信设施是实现 V2X 功能的核心,助力于实现车路相连、车车相连、车人相连的功能,加强远距及盲区的信息获取能力,是车辆越过单车智能,实现智慧交通系统的关键要素。人机交互系统是智能网联汽车的另一个重要板块,未来智能化、人性化、多样化的人车交互系统将使自动驾驶功能的接管和移交过程变得更加安全和易用,在降低事故率的同时还能实现多媒体娱乐、导航等功能。

7.1.1 智能网联汽车法规和标准待完善

我国智能网联汽车相关法律法规及标准尚未形成完整的体系,目前国家多个部委和团体联盟已经规划并且有序开展编制工作。在法律法规方面,由于智能网联汽车技术尚未成熟,现阶段实现真实交通场景的融入还存在较大的安全隐患,只针对封闭测试场、开放及半开放测试区制定了允许上路的相关法规,同时严格要求只有通过各个地方封闭测试区的测试并且拿到路试牌照后才能在指定自动驾驶测试区进行路测。近年来,国家已经开始针对自动驾驶应用场景、车路协同领域的标准、智能网联汽车的网络安全、数据安全、信息安全、个人隐私保护等方面建立相关的法律法规。

7.1.2 L2 市场渗透率将逐步放大,L3 落地方案条件不成熟

目前,L2 辅助驾驶功能已成为在售车型主流配置方案,L3 级别的量产化受制于技术和成本尚未实现规模化量产。随着汽车市场的发展趋势和消费者认知的强化,L2 级别的辅助驾驶(ADAS)离规模化商业变现更接近,车型渗透率也逐渐增加,面临产业快速膨胀的机会。一方面由于消费者对 ADAS 的接受度提高以及使用习惯的养成,大量车企将其作为新车型的卖点和科技水平的象征;另一方面在于有关法规的推进和国家政策的支撑。如图 7.1 所示,为统计的在售车辆 ADAS 配置搭载率,可知三成以上市面车辆在不同

程度上搭载了 ADAS 的相关功能,搭载率已经具备规模化应用程度。

在售汽车ADAS配置搭载率（含停产车型）

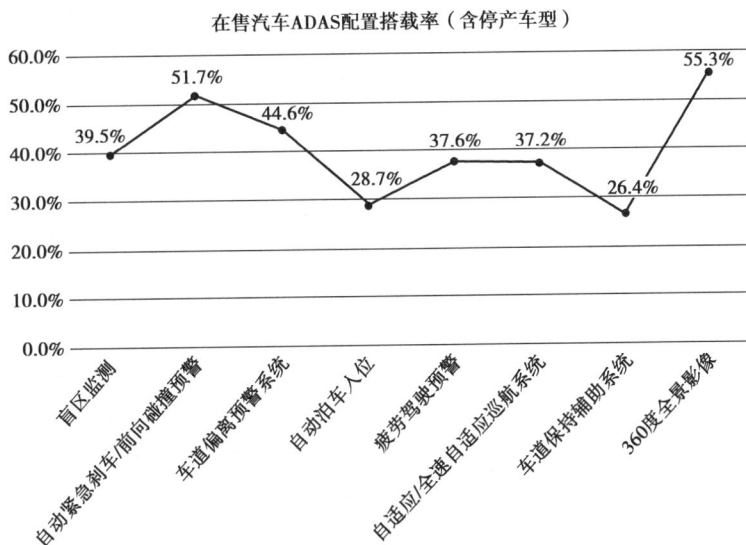

图 7.1　在售车辆 ADAS 配置搭载率

L3 自动驾驶目前是汽车主机厂尚未逾越的一道鸿沟,主要壁垒在于技术方案的可靠性和成本。在技术架构方面,L3 的集成方案通常要搭载激光雷达作为环境感知系统的重要组成部分。部分有实力的一线品牌对 L3 开展过专项攻关,但尚未有成熟产品落地。据有关媒体披露,奥迪取消 L3 级自动驾驶项目,将团队数百名员工转向 L2 和 L4 级自动驾驶技术研发。奥迪为此曾经花费 5 年以上的研发时间,投入了上千人的研发团队,从一线品牌放弃 L3 的举措来看,L3 技术落地还是存在很大的难度。

7.1.3　V2X 车路协同成为单车智能迈向智慧交通系统的核心关键

1）车路协同的应用有望降低单车成本

车路协同是一种自动驾驶补充方案,能够在一定程度上弱化单车传感器的功能和性能要求。从原理来讲,车端传感器的功能可以通过道路端传感器补偿实现,道路端通过RSU（路测单元）将获取到的环境数据传递给车端,通过坐标系变换将路端环境信息转化成车端环境信息,发送至计算平台进行数据融合。这样,只要能保证道路端数据的实时性、完整性和可靠性,可以通过降低单车传感器搭载的数量和性能实现单车集成成本的降低,而基于 RSU 的路端数据通过类似广播的方式让所有在道路行驶的车辆共享,实现资源集中和高效处理。

2）车路协同将降低自动驾驶计算平台算力负荷

自动驾驶计算平台是智能网联汽车的大脑,各路传感器获取的数据都要在这里融合、决策并输出决策和控制信号。算力是评价计算平台性能的重要指标,也是直接关系造价成本的核心参数。在单车智能方案中,要增强环境感知能力,往往通过增加传感器性能和数量的方式实现,这意味着实时处理信息量增大,由于自动驾驶对数据传输延时性极为敏感,因此对计算平台的算力也提出了更高的要求。基于此背景,多接入边缘计算成为比较实用的网络结构,可以部分缓解计算平台的压力。

3)5G 技术的应用将拓宽数据通道,降低通信时延

基于 5G 高速数据传输的特征,可以实现海量传感器信息的传输。从功能角度来看,车端可以利用多元异构的传感器获取更加丰富的车辆周边环境动态信息,在一定程度上提高自动驾驶的安全性;道路传感器之间可以进行实时的信息通信,实现路径优化、安全信息广播等,包括周边行人防预警、盲区车辆碰撞预警等场景;边缘云与区域云的数据传输也可以通过 5G 的无线方案。从性能角度分析,5G 的高速传输特征可以有效降低端到端的通信时延,提高安全性能。

7.1.4 智能网联汽车应用与商业化落地尚处于探索阶段

目前,我国智能网联汽车的应用主要围绕各地的智能网联汽车测试区开展,部分企业将率先在公共交通、共享出行、物流等领域探索性地落地自动驾驶车辆。总体上,目前我国智能网联汽车还处于形成产业雏形的阶段。以商用无人驾驶的应用主要分为两部分:一是公共交通道路,未来面向高速公路等干线物流卡车的无人驾驶;二是在一定条件下的受限制区域,如港口、矿山、短途无人配送、城市及园区环卫等。

1)工程用途车辆的应用:自动驾驶矿车

位于鄂尔多斯市的三台无人驾驶矿车在此试运行。三台用于剥离和堆放土方的无人驾驶翻斗车,分别是两台同力重工 I65 和一台潍柴 YZT3885A。每辆车上集成有 4 个激光雷达、5 个摄像头和 4 个毫米波雷达。在封闭的装载区、600 m 的主干线和排土区范围内,它们以低于 30 km/h 的匀速按照既定路线行驶。据调研统计,由于不需要车内驾驶员,三台无人驾驶的翻斗车,至少可以节省六个司机的成本,但需要后台人员对其安全性进行监控,如图 7.2 所示。

图 7.2　自动驾驶矿车

2)固定路线公共交通应用:自动驾驶公交车

2018 年 12 月 28 日,湖南湘江新区智慧公交示范线首发仪式在长沙市举行。湖南湘江新区智慧公交示范线路全长 7.8 km,沿途停靠 11 个站点,双向总计 22 个站点,一期计划投放 4 辆中车电动智能驾驶公交试运行。目前开放道路 L3 等级的 4 辆中车电动智能驾驶公交试运行,依托国家智能网联汽车(长沙)测试区,该项目将打造集研发"车—路—云"应用于一体的智慧公交全国示范线。这也是国内率先进行商业化自动驾驶,依托国家智能网联测试区,从封闭道路测试到半封闭以及开放道路测试的应用案例。该自动驾驶功能实现的亮点是 V2X 的应用,这也是该自动驾驶项目的核心和主推技术,如图 7.3 所示。

图7.3　自动驾驶公交车

3)特定区域公共交通应用:自动驾驶出租车

广州开发区开启 RoboTaxi(以自动驾驶技术提供出行服务)试运营服务。车辆采用日产纯电动车型作为原型车,搭载文远知行的 L4 级自动驾驶软硬件解决方案。第一阶段将投放数十辆 L4 级自动驾驶出租车,服务范围覆盖黄埔区、广州开发区核心 $144.65\ km^2$ 的城市开放道路,将为区内市民提供日常的自动驾驶出行服务。在试乘运营工程中,每辆车还配备了安全员,防止车辆出现安全问题,如图7.4 所示。

图7.4　自动驾驶出租车

7.2　智能网联汽车前景展望

智能网联汽车是全球汽车产业发展的战略方向,已成为全球大国竞争的重要科技领域。加快制定兼顾创新支持与安全监管的综合性产业政策体系,对中国抢占新一轮汽车产业变革制高点、培育经济发展新动能具有重要意义。目前,智能网联汽车正加速进入早期商业试点甚至规模运营的全新发展阶段,从局部科学试验模式逐步转向全面商品及营运模式,迫切需要统筹新业态发展路径、新技术测试验证、新产品监管使用,进一步系统性建立覆盖战略规划、法律法规、标准规范等全要素的综合性产业政策。

世界各国出台了一系列智能网联汽车产业支持政策,覆盖战略规划、研发创新、法律法规、标准规范等全产业链条领域,但总体上聚焦道路测试及应用示范阶段,整体技术路径、商业运营模式、管理机构职责分工、配套设施体系仍处于较模糊阶段,且各国各有侧重,尚未形成业界公认的体系化政策模式。中国经过长期发力,已建立较为完整的智能网联汽车产业政策体系,但面对商业化加速下的法规完善、研发应用支持等新发展时期需要,以及全球贸易竞争加剧下更为凸显的基础元器件、核心操作系统、底层设计工具等产业链制约瓶颈,亟待呈体系推进面向商业运营的智能网联汽车产业政策突破创新。

中国采取战略标准并重,聚焦产业支持及测试示范管理政策制定,从部委行动上升为国家战略,中国着力完善智能网联汽车顶层设计及基础支撑环境,逐步形成以发展规划及标准建设为核心的产业政策体系。战略规划方面,从工业和信息化部《车联网(智能网联汽车)产业发展行动计划》、11部委《智能汽车创新发展战略》到国务院《新能源汽车产业发展规划(2021—2035年)》,智能网联汽车逐渐上升为国家战略,封闭测试、道路测试、示范应用、试运营、商业运营的发展路线基本明确。标准建设方面,奉行成体系布局、专项突破的推进模式,2017年制定了《国家车联网产业标准体系建设指南(智能网联汽车)》,明确统一的标准体系架构,并在此基础上,陆续制定了《基于LTE的车联网通信安全技术要求》(YD/T 3594—2019)、《汽车驾驶自动化分级》(GB/T 40429—2021)等技术规范。智能网联汽车产业发展形势未来五年是智能网联汽车场景式规模部署及早期商业探索的快速突破期,世界各国力图从规模上路、使用、监管、商贸及生态构建等产业核心环节搭建完整产业发展支持政策体系,有力促进既有政策障碍破除及新技术发展基础强固。

1)发挥战略路线顶层引领作用

立足技术发展阶段性特征、已有基础及自身潜能研判,在理念上从赶超转变为领跑自信,加快明确智能网联汽车产业发展路线图,包括从场景到全域的应用时间表、主流技术方案、产业链空间分布及区域互补策略等部署计划。推进上下协同,鼓励有条件的地区在国家宏观路线的基础上出台富有地方特色的推进路线,例如,汽车工业强市侧重智能网联汽车整车制造前装量产工艺转型(实现汽车制造与其他智能装置整体一次性生产,避免后期改装)、旅游区偏重集散枢纽到景区的无人公交应用等。

2)有序推进法规政策制定完善

面向智能网联汽车合法上路、合规商用、合理执法等近期迫切需求及长期发展需要,一是推动既有相关法规适应性修订或编制智能网联汽车专用法规。建议率先探索智能网联汽车豁免上路机制,支持标准尚未完善但技术稳定成熟的细分场景开展运营收费,同时逐步制定面向全面商用的认证、准入、责任认定等法规;二是建立滚动更新型支持政策。在当下技术探索阶段,鼓励并资助在有条件的区域开展试运营,未来规模扩大及逐步成熟后,则偏重模式规范及效益奖惩。

3)提升关键核心技术研发能力

技术尚未完全成熟、新技术对既有交通体系影响的不确定性是当前制约自动驾驶发展的底层瓶颈,建议提升关键核心技术研发支持力度,通过重点研发计划、重大科技专项、企业税收优惠等措施,对车规级量产零部件、复杂环境智能决策控制算法及平台、自适应敏捷组网等理论和技术的突破给予资助。

4）加快搭建新型开放配套设施

紧扣新基建战略窗口期，充分发挥5G、卫星互联网、智能交通等细分领域与智能网联汽车的协同共进作用。一是研究制定智慧道路建设规划及保障政策，明确智慧道路功能等级划分、部署计划、建设运营职责及资金资助政策等；二是推进面向全量测试服务的封闭测试场建设，由当前的场景测试及评估，向基于实际运行情况的多功能一体化测试、混行驾驶能力评估、按需响应服务模式等全量测试服务转变，提升测试场评估科学性。

5）提升产业生态协同创新能力

鼓励企业协同突破、差异化发展。一是支持产业链上下游联合开展技术攻关及应用，推进激光雷达等关键零部件、整车制造、决策控制整体解决方案、车路协同设备、出行服务商等产业链上下游企业强强联合，形成产业链各环节产销高效对接的可持续发展格局；二是支持团体标准突破，鼓励企业、科研机构、高校组建具有国际影响力的联盟平台，优先资助团体标准制定，并支持向行业标准、国家标准乃至国际标准迭代，以点带面加快培育行业国际竞争力，抢占关键领域话语权。

小结

智能网联汽车发展已进入商业应用试点乃至规模落地的关键转折期，成为世界各国抢占未来经济发展制高点的关键举措之一，将加速带动汽车、电子、信息通信、道路交通运输等相关行业的发展。加快推动形成适应并促进智能网联汽车新技术、新模式、新业态发展的滚动型综合性产业政策体系意义重大。相关部门全面深入阐述当前世界主要国家和地区在智能网联汽车产业政策发展历程的基础上，对智能网联汽车产业政策发展趋势进行研判，形成覆盖政府上层引导、企业底层自驱、行业协同共建的完整产业政策体系建设策略。结合当前智能网联汽车技术发展水平，提出的产业政策发展策略侧重考虑智能网联汽车由科研试验向合法上路过渡的阶段性需要，从而进入面向未来全面推广应用阶段。

练习题

1. 填空题

（1）_____传感器相当于智能网联汽车的五官。

（2）全球范围内达到 L3 及以上自动驾驶汽车通常搭载_____、_____、_____和超声波雷达。

（3）L3 级别的量产化受制于_____、_____，尚未实现规模化量产。

2. 选择题［（1）—（3）为单选题，（4）—（5）为多选题］

（1）（　　）是评价计算平台性能的重要指标，也是直接关系造价成本的核心参数。

A. 算力　　　　　　　　B. 动力　　　　　　　　C. 交付　　　　　　　　D. UAT

（2）车端传感器的功能可以通过（　　）补偿实现。

A. 位置传感器　　　　　B. 环境感知传感器

C. 道路端传感器　　　　D. 液位传感器

（3）自动驾驶（　　）是智能网联汽车的大脑。

A. 计算平台　　　　　　B. 云平台　　　　　　C. 存储平台　　　　　　D. 数据平台

（4）智能网联汽车的（　　）方面建立了相关的法律法规。

A. 网络安全　　　　　　B. 数据安全

C. 信息安全　　　　　　D. 个人隐私保护

（5）可以通过降低单车传感器搭载的（　　）实现单车集成成本的降低。

A. 数量　　　　　　　　B. 性能　　　　　　　C. 质量　　　　　　　D. 重量

3. 简答题

（1）简述智能网联汽车前景展望。

（2）简述智能网联汽车发展面临的问题。

参考文献

[1] 关金平,朱耿鹏,陈乙周,等.智能网联汽车 V2X 与智能网联设施 I2X[M].北京:电子工业出版社,2022.

[2] 李柏,葛雨明.智能网联汽车协同决策与规划技术[M].北京:机械工业出版社,2020.

[3] 鲍勃·麦昆.网联汽车与智慧城市的大数据分析[M].王昕彦,孙德林,梁桂航,等译.北京:机械工业出版社,2020.

[4] 丹尼尔·瓦茨尼克,马丁·霍恩.自动驾驶:未来更安全、更高效的汽车技术解决方案[M].高振海,胡宏宇,沈传亮,等译.北京:机械工业出版社,2021.

[5] 丹达·B.拉瓦特,钱德拉·巴吉拉查娅.智能网联汽车信息物理系统:自适应网络连接和安全防护[M].罗璎珞,译.北京:机械工业出版社,2018.

[6] 王庞伟,张名芳.智能网联汽车电子技术[M].北京:机械工业出版社,2021.

[7] 秦孔建,吴志新,陈虹.智能网联汽车测试与评价技术[M].北京:机械工业出版社,2022.

[8] 杨聪,孔祥斌,张宏志,等.智能座舱开发与实践[M].北京:机械工业出版社,2022.

[9] 张宇飞,王春波,段佳冬.智能网联汽车先进驾驶辅助系统原理及应用[M].北京:机械工业出版社,2022.